밀턴 에릭슨의
심리치유 수업

천재 정신과 의사의
마술적인 치료 사례와 교훈이 담긴 일화들

밀턴 에릭슨의
심리치유 수업

밀턴 H. 에릭슨 지음

시드니 로젠 엮고 해설 | 문희경 옮김

어크로스

| 차례

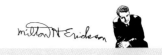

특효약 • 치료를 상상한 환자-자가 치유 • 하지 않으려면 해야 한다-이중구속 • 최면 치료의 전 과정-상징과 은유

수수께끼 풀기 • 이 방에서 저 방으로 가는 몇 가지 방법 • 이제 금메달을 따도 괜찮네 • 첫 번째 홀에서만 열여덟 번 경기한 골프 선수 • 미국 사격팀의 훈련법 • 증오를 호기심으로 바꾼 색깔 • 의족으로 얼음판 건너기 • 타라우마라 인디언의 달리기 • 마른 침대에서 자는 방법 • 그러니 꿈을 꾸어라 • 담배를 피우세요 • 살을 찌우는 다이어트 • 폭식을 처방하다 • 두 환자의 차이점 • 제 착각이었어요 • 우호적인 이혼 • 팔은 입으로 움직인다 • 1밀리미터만 닫을게요 • 창문은 열어야 하고, 틈은 메워야 한다 • 손톱 하나에서 손가락 열 개로

혼자서는 못 자는 아이 • 유행 좇는 아이 • 쉬운 여자 • 비만, 술, 담배와 멀어지는 기술 • 방귀를 뀌고 사라진 학생 • 시나몬 얼굴 • 건선은 적고 감정은 많네요 • 한 번도 발기하지 못한 남자 • 손가락 빠는 열다섯 살

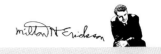

풍성하게 엮인 치유의 이야기

밀턴 에릭슨의 이야기 ─ 에릭슨이 환자에게 들려준 이야기와 먼 길을 찾아온 제자들에게 들려준 이야기 ─ 는 독창적이고 매혹적이다. 또한 탁월한 설득의 기술을 보여준다. 이야기가 아주 훌륭하기 때문에 정신의학 서가의 한구석에 숨어 있어서는 안 된다고 말하는 이들도 있다. 치료를 목적으로 하지만, 그보다 폭넓은 전통, 곧 마크 트웨인Mark Twain*으로 대표되는 미국 문화의 익살과 해학에서 한 축을 이룬다는 뜻이다.

내가 에릭슨의 놀라운 공적을 처음 접한 것은 1963년 팰러앨토의 정신건강연구소Mental Research Institute에서 저자이자 편집자로 일하기 시작했을 때였다. 나는 제이 헤일리Jay Haley**와 함께《가족치료기법Techniques of Family Therapy》이라는 책을 집필하기 위한 자료를 준비하

---

* 1835~1910, 미국의 소설가이자 사회비평가.
** 전략적 가족치료의 선구자.

고 있었다. 에릭슨과 나눈 장시간의 대화를 녹음한 헤일리가 내게 에릭슨에 관한 이런저런 이야기를 들려주었는데, 나는 그 이야기에 넋을 잃고 빠져들었다. 이 일을 계기로 나는 가족치료 분야에 입문했고, 내 삶에 엄청난 영향을 받았다. 그때부터 열여덟 해가 지난 뒤 영광스럽게도 에릭슨의 이야기를 엮은 시드니 로젠에게서 이 책의 서문을 부탁받았다.

치료자healer와 시인, 과학자와 음유시인의 경계선에 서 있는 에릭슨의 남다른 입지 탓에 그의 작업을 설명하기란 결코 만만치 않다. 에릭슨의 이야기를 글로 옮겨놓으면, 여전히 훌륭한 이야기이긴 하지만 왠지 모르게 만족스럽지 않다. 에릭슨이 이야기를 들려주다가 간간이 말을 끊고, 빙긋이 웃고, 날카롭게 눈을 치뜨는 표정까지 전달하지 못할 뿐 아니라 좌중을 압도하는 목소리와 말투까지 오롯이 담아내지 못하기 때문이다. 한마디로 말해서, 글로 옮기면 에릭슨이 사람들의 마음을 어떤 식으로 은근히 사로잡는지 제대로 전달하지 못한다.

시드니 로젠이 이 난제를 풀었다. 그가 어떻게 해냈는지 알 길이 없다. 에릭슨은 로젠을 제자이자 동료이자 친구로 여기고 이 책의 편저를 맡겼다. 그리고 그의 직감은 늘 그랬듯이 옳았다. 로젠은 우리의 손을 잡아 에릭슨의 존재 속으로 슬쩍 밀어넣는 방법을 안다. 거기에는 막힘이 없어 보인다.

언젠가 나는 플로리다에서 잠수 쇼를 구경한 적이 있다. 관객들은 석회암 샘을 판유리로 둘러친 지하 원형극장에 앉아 있었다. 물이 어찌나 맑고 투명한지, 판유리 가까이에서 헤엄치는 물고기들이 마치 허공을 비행하는 것처럼 보일 정도였다.

이 책을 읽는 경험도 그때와 비슷했다. 아마도 에릭슨의 천부적인 수단인 관계의 장relational field*을 우리가 강렬하게 체험하게끔 로젠이 자연스럽게 전달해준 덕분일 것이다.

'수업을 마치며'의 첫 문장은 에릭슨이 로젠에게 무의식의 본질을 일깨워준 말이다. 에릭슨이 추억이나 개인사, 남다른 생각이나 기이한 사실을 이야기 안에 엮어넣듯이, 로젠은 이야기에 해설을 달면서 에릭슨과의 사적인 만남을 끼워넣고 어떤 이야기에서 연상되는 사연을 소개하거나 로젠 자신이 환자를 치료할 때 에릭슨의 이야기를 어떻게 활용하는지 소개하고, 그와 더불어 이야기에 나오는 여러 가지 기법을 설명한다. 로젠의 해설은 에릭슨의 이야기를 지탱해주는 관계의 장인 셈이다.

그뿐이 아니다. 에릭슨과 마찬가지로 로젠도 글을 쓰는 게 아니라 말을 하는 듯 보이고, 문체도 전문가처럼 딱딱하지 않고 친근하다. 실제로 로젠이 의도했든 아니든 그의 해설은 이야기의 색채와 광택을 돋보이게 한다. 그럼에도 전체가 어느 한 요소의 효과를 뛰어넘는다. 로젠은 에릭슨 치료법에 정통한 치료자로서 이야기 한 편 한 편에 진지한 관심을 기울이며, 사실상 에릭슨의 심리치료 수업에 관한

---

* 에릭슨의 최면치료는 환자 개인이 아니라 치료자와 환자, 어머니와 자식, 환자와 가족, 자아와 자아 사이의 관계를 대상으로 한다.

이야기인 이 책을 독자에게 선사한다.

　로젠의 해설이 에릭슨의 이야기 안팎으로 자연스럽게 흐르는 방식을 설명하기 위해 '두 번째 수업―내 무의식의 방으로 들어가기'의 첫 부분을 예로 들어보자. 도입부의 짧은 일화에서 에릭슨은 즉흥적으로 연설해야 하는 상황에 놓이자, 오랜 세월 비축해온 아이디어와 경험의 저장소에 대한 확신이 있기 때문에 미리 준비하지 않아도 된다고 마음을 다잡는다. 로젠은 이렇게 우리가 무의식에 저장된 힘을 믿어야 한다는 주제를 부각하고 곧이어 '첫눈 내린 날'이라는 짧은 이야기를 끼워넣어서 에릭슨의 어린 시절의 기억과 그 기억이 저장된 순간의 기억을 소개한다. 이어서 같은 주제의 이야기 두 편을 더 소개한다. 마지막 이야기에서는 에릭슨이 네 살이 되도록 말을 하지 않자 그것을 이상하게 생각하는 사람들에게 그의 어머니가 "우리 아들도 때가 되면 말을 할 겁니다"라고 말한 일을 소개한다. 로젠은 이 이야기가 환자들에게 최면 상태로 들어가는 법을 알려줄 때 들려주면 좋은 이야기라고 간략히 언급한다.

　다음으로 '돼지 등 긁어주는 법'이라는, 매우 인상적인 이야기가 나온다. 젊은 시절 에릭슨이 대학 등록금을 벌기 위해 책 외판원으로 일할 때, 어느 성깔 있는 늙은 농부에게 책을 팔려고 시도한 이야기다. 농부는 눈길도 주지 않은 채 에릭슨에게 썩 꺼지라고 호통을 쳤다. 에릭슨은 별 생각 없이 납작한 돌멩이를 주워 농부가 여물을 먹이던 돼지들의 등을 긁어주기 시작한다. 그러자 농부는 마음을 바꾸어 에릭슨에게서 책을 산다. 그러면서 "자네가 돼지 등 긁어주는 법을 알아서일세"라고 말한다.

　로젠은 이 이야기에 해설을 붙이면서 그가 이 이야기를 처음 들었던 때의 일화를 소개한다. 로젠이 에릭슨에게 왜 자신에게 《최면치료Hypnotherapy》*의 서문을 맡겼는지 묻자 에릭슨은 이 이야기를 들려주었다고 한다. 에릭슨은 로젠의 어떤 면을 보고 서문을 맡기고 싶었는지 일러주고는 "자네가 돼지를 긁어주는 방식이 마음에 드네"라고 덧붙였다.

　이 일화는 이 책이 하나의 태피스트리처럼 얼마나 풍성하게 짜여 있는지 보여주는 대목이다. 로젠은 이야기 하나하나를 추억이 깃들어 애지중지하는 소장품처럼 다루면서 한 개인으로서나 치료자로서 깨달은 각양각색의 의미를 독자와 함께 나눈다. 내가 그 농부처럼 영리한 사람이라면 이 책을 살 것이다. 시드니 로젠은 돼지 등깨나 긁을 줄 아니까.

린 호프먼
（《가족치료기법》 저자）

---

* 1979년에 밀턴 에릭슨과 어니스트 로시(Ernest Rossi)가 집필한 최면치료 사례연구.

수업에 앞서

1980년 3월 27일 목요일, 뉴욕에 있는 내 사무실에서 밀턴 에릭슨이 세상을 떠났다는 소식을 전화로 알려왔다. 유타 주 스노버드에서 스키 여행 중이던 나는 소식을 듣자마자 에릭슨의 아내 베티 에릭슨이 떠올라 전화를 걸었다.

베티 말로는 에릭슨이 여느 때처럼 금요일 강의를 마친 뒤 저서 열두 권에 서명을 해주었으며, 토요일에는 낮 동안 조금 지쳐 보였다고 했다. 그런데 일요일 이른 아침에 갑자기 호흡이 끊겼다. 베티 에릭슨이 일단 인공호흡으로 호흡을 되살렸다. 구급대원들과 함께 에릭슨을 병원으로 옮겼는데, 수축기 혈압이 40 정도여서 도파민 주입을 시도했지만 혈압이 더는 올라가지 않았다. '패혈성 쇼크'로 판명되었다. 베타 연쇄상 구균 감염이라는 진단이 나왔고, 복막염 증상도 있었다. 항생제를 다량 투여해도 반응이 없었다.

미국 각지에 사는 에릭슨의 가족들이 모여들었다. 대가족이 모두 헌신적이어서 에릭슨의 4남 4녀와 손자손녀, 증손자까지 모였다. 온 가족이 반+혼수상태인 에릭슨의 병상을 지켰다. 가족의 전언에 따르면 에릭슨은 평소 말하던 대로 죽음을 맞은 모양이다. 만면에 웃음을 띠고 가족과 친구들에 둘러싸여 세상을 떠난 것이다. 향년 78세였다.

베티 에릭슨은 장례식에 관해 이렇게 말했다. "무리해서 오지 마세요, 시드. 장례식은 조촐하게 치를 생각이에요. 그리고 다른 여러 도시에서도 추도식을 열 계획이라고 하네요." 다행히 나는 솔트레이크시티 공항까지 차로 달려가서 단거리 비행으로 피닉스에 도착할 수 있었다. 피닉스의 평온하고 따스한 공기는 내가 있던 산속의 찬바람 부는 추위와 극명한 대조를 이루었다.

과연 장례식은 조촐했다. 시신을 화장하고 재는 스쿼피크 산*에 뿌렸다. 밀턴 에릭슨의 제자들인 제프리 지그Jeffrey Zeig, 로버트 피어슨, 케이 톰프슨, 어니스트 로시Ernest Rossi가 추도사를 낭독했다. 피어슨의 마지막 말이 기억에 남는다. "에릭슨은 혼자서 정신의학계와 맞서 싸워 승리했습니다. 저들은 아직 모르지만……." 로시는 피닉스에서 에릭슨의 부고 전화를 받기 직전에 울면서 잠에서 깨게 만들었던 꿈의 내용을 노래와 시로 암송했다.

장례식이 끝나고 베티 에릭슨이 내게 줄 것이 있다고 말했다. 밀턴 에릭슨과 살바도르 미누친Salvador Minuchin**이 주고받은 편지였다. 미

---

* 에릭슨이 치료의 일환으로 환자들에게 등산을 권하던 산이다.

** 1921~. 아르헨티나 출신의 심리학자. 가족과 가족 구성원은 구성원 간의 관계를 통해 이해할 수 있다는 구조적 가족치료 접근법의 선구자.

누친은 에릭슨이 눈을 감기 일주일 전쯤 에릭슨을 처음 만났다. 에릭슨은 마지막 편지를 영영 읽지 못한 채 눈을 감았지만, 베티 에릭슨이 예의를 갖춰 대신 답장을 보냈다. 베티는 미누친에게 그의 편지를 이 책에 인용해도 되는지 허락을 구했고, 미누친은 흔쾌히 허락했다.

마지막 편지는 이렇게 시작한다. "선생님과의 만남은 영원히 기억에 남을 경험이었습니다. 제가 살아오면서 만난 비범한 분들은 손에 꼽을 정도로 적은데, 선생님이 그중 한 분입니다."

그리고 편지는 이렇게 이어진다. "저는 선생님이 단순한 순간을 들여다보고 그 순간의 복잡성을 설명하는 모습과 스스로 인지하지 못하는 경험의 저장소를 활용할 줄 아는 인간의 능력을 확신하는 모습에 크나큰 감명을 받았습니다."

나는 1979년에 피닉스를 방문하는 동안 밀턴 에릭슨의 초대로 그의 진료실 옆 작은 오두막에서 지냈다. 덕분에 에릭슨의 서재에서 장서를 훑어볼 기회를 얻었는데, 저자가 직접 에릭슨에게 감사의 말을 적은 책이 많은 것을 보고 깊은 인상을 받았다. 최면과 심리치료뿐 아니라 다양한 분야의 서적들로, 예를 들면 구르지예프Gurdjieff*에 관한 책도 있고, 도시 계획에 관한 책도 있고, 문학에 관한 책도 있었다. 저자들이 에릭슨에게 남긴 글은 주로 열렬한 찬사에 가까웠다. 예컨대 "저에게 지식과 인지의 차이를 가르쳐주셔서 고맙습니다" 같은

----

* 아르메니아 출신의 신비주의자로 애니어그램의 창시자.

내용이었다.

　나는 1940년대와 1950년대부터 밀턴 에릭슨의 작업을 뒤따른 사람으로서 에릭슨이 여든 즈음하여 드디어 더 많은 대중에게 인정받고, 또 그의 치료법과 접근법의 혜택을 입은 사람이 늘어났다는 소식이 무척 반가웠다. 물론 최면 전문가 사회에서 에릭슨은 오래전부터 지도자로 알려졌다. 에릭슨은 미국임상최면학회American Society of Clinical Hypnosis의 창간 편집자였다. 1950년대에는《브리태니커 백과사전》의 '최면' 항목을 작성했다. 전문가들이 에릭슨에게 최면과 의식 변성 상태에 관한 자문을 구하는 일이 많았다. 1950년대에 에릭슨은 올더스 헉슬리Aldous Huxley*에게 최면을 걸어서 함께 의식 변성 상태를 연구했다. 마거릿 미드Margaret Mead**는 40년 넘게 에릭슨과 연구하고 실제로 미국임상최면학회의 회원이 되었다.《라이프Life》에서 1940년대에 에릭슨의 연구를 논의한 바 있다. 1952년 에릭슨은 메이시 콘퍼런스Macy Conference***에 적극 참여했다. 이 학회에서는 마거릿 미드, 그레고리 베이트슨Gregory Bateson****, 저명한 정신분석가인 로런스 큐비Lawrence Kubie 같은 권위자들이 사이버네틱스cybernetics***** 분

....

* 　《멋진 신세계》를 쓴 영국의 소설가이자 비평가.
** 　미국의 인류학자. 인류학에 심리학적 방법을 도입하고 발전시켰다.
*** 　1942년에 출범하고 생물학자, 컴퓨터공학자, 인류학자, 철학자들로 구성된 최초의 학제 간 학회.
**** 영국 출신의 미국 문화인류학자. 사이버네틱스 연구를 시작으로 말년에는 동물학·심리학·인류학·인종학까지 다양한 연구에 몰두했다. 마거릿 미드와 부부 관계이기도 했다.
***** 생물과 기계를 포함하는 계(系)에서 제어와 통신 문제를 종합적으로 연구하는 학문.

야를 구성하는 여러 가지 문제를 논의했다. 그러나 아직까지는 보통 사람들과 심지어 다수의 심리치료자들조차 에릭슨이라는 이름을 들어보지 못했다. "에릭슨"이라고 하면 다들 "아, 그래요, 에릭 에릭슨 Erik Erikson[*]이요?"라고 되묻곤 했다.

밀턴 에릭슨에 대한 관심이 갑자기 커진 계기는 17년 동안 그와 함께 연구하고 가족치료 분야의 선구자가 된 제이 헤일리의 저술을 통해서였다. 최근에는 에릭슨의 이론이 NLP, 곧 신경언어프로그래밍 Neuro-Linguistic Programming의 창시자인 리처드 밴들러Richard Bandler와 존 그라인더John Grinder의 저서라든가 워크숍을 통해 널리 전파되었다.

에릭슨이 이끄는 집단상담에 참가하려는 대기자가 길게 줄을 섰다. 에릭슨이 세상을 떠나기 직전에 상담을 예약하려고 연락했던 사람들은, 예약이 1년 넘게 차 있으며 1980년 12월 피닉스에서 열릴 예정인 국제에릭슨최면학회International Congress on Ericksonian Hypnosis가 끝날 때까지는 더 이상 예약을 받지 않는다는 안내를 받아야 했다.

내가 전문가 강연에서 최면을 시연하고 이따금 비디오를 보여주면 에릭슨을 직접 만나고 싶어 하는 사람이 많았다. 그러나 대부분 에릭슨을 직접 만나는 것은 불가능했다. 그래서 나는 에릭슨의 가르침 가운데 이런 전문가들과 그 밖의 많은 사람에게도 에릭슨과 직접 만나는 느낌을 전달하고 그의 치료법의 본질을 가장 잘 전달할 만한 요소가 무엇인지 고민했다.

---

[*] 독일 출신의 미국 정신분석가로, 심리사회적 발달이론을 제시했다.

나는 1978년 에릭슨이 그의 세미나에 참가한 어떤 정신과 의사와 나눈 대화를 떠올렸다. 어느 순간 에릭슨은 그 의사를 돌아보고 빙그레 웃으며 이렇게 물었다. "아직도 그저 이야기나 들려주는 것이 치료라고 생각하시오?" 에릭슨의 치료법이 그저 "이야기나 들려주는" 것은 아니지만 이야기를 들려주는 과정은 분명 그의 치료법에서 중요한 요소 가운데 하나였다.

1979년 8월, 밀턴 에릭슨이 내게 그의 '이야기teachry tales'*를 다룬 책을 써도 좋다고 했다. 그리고 그해 11월, 이 책의 공저자가 되어주기로 결정한 그는 세상을 떠나기 석 달 전쯤 출판계약서에 서명했다.

이 책의 '이야기'는 에릭슨이 오랜 세월 환자와 학생들에게 들려준 것이다. 말년에 에릭슨은 거의 날마다 심리치료자들과 만나서 연속으로 네다섯 시간 가까이 상담과 수업을 진행했는데, 수업 중에는 최면과 치료, 인생을 논하고 주로 교훈이 담긴 우화, 곧 '이야기'를 들려주었다.

이 책의 이야기에 등장하는 이름은 대부분 가명이다. 다만 에릭슨의 가족은 이름을 밝히는 데 반대하지 않으리라 믿고 실명으로 적었다. 성별을 따로 명시한 경우 외에는 환자나 학생을 '그'라고 표기했다. 계속 '그나 그녀'라고 하면 글이 번잡스러워지기 때문이다. 이것은 언어가 우리의 향상된 의식 수준을 아직 따라잡지 못한 한 가지

---

* 에릭슨의 치료 사례 및 교훈이 담긴 다양한 일화들.

사례다.

　자료 수집을 도와준 일레인 로즌펠드Elaine Rosenfeld, 데이바 웨인스타인Dava Weinstein, 조앤 폴부르드Joan Poelvoorde, 아낌없이 지지하고 격려해준 어니스트 로시, 소중한 시간을 내서 값진 의견을 개진해준 제프리 지그에게 감사한다. 베티 에릭슨에게 특별히 고마운 마음을 전한다. 내가 에릭슨의 작업의 품격을 떨어뜨리지 않도록 며칠 동안 원고와 가족의 이야기를 읽어주고, 세세한 부분까지 정확성을 기하도록 고집을 부려준 것에 감사드린다. 베티 에릭슨의 기준에서 벗어나는 점이 있다면 당연히 모두 내 책임이다.

시드니 로젠

1981년 뉴욕

아주, 아주 어린 시절 과거의 한때로 돌아가보세요.

내 목소리가 당신과 함께합니다.

그리고 내 목소리가 당신의 부모님, 이웃, 친구,

선생님의 목소리로 바뀔 겁니다.

당신이 교실에 앉아 있군요.

작은 소녀가 무척 행복해 보입니다.

까마득한 옛일이라 아주 오래도록 잊고 지내던

어떤 일로 말이지요.

밀턴 H. 에릭슨

다시 일어서기 위해

+

강력한 동기를 부여하는
4가지 이야기

"이제 인생을 즐길 때도 되지 않았습니까?"

에릭슨은 종종 생애의 초기 발달 단계—아기가 제 손을 알아보고, 일어서는 법을 배우고, 걷는 법을 배우고, 말하는 법을 배우는 단계—를 한 인간이 자기만의 절차와 성장 감각을 키우는 과정으로 설명했다. 에릭슨이 내게 생애 초기의 학습을 떠올리도록 유도하는 이야기를 들려주었을 때 나는—최면 상태에서—새로운 과제나 기술을 익힐 때 엄청난 노력을 기울이고 자주 당혹스러워했던 일을 다시 체험할 수 있었다. 그러면서 이런 기술을 성공적으로 학습한 사실을 온전히 깨달았다. 그러니까 현재의 삶에서 주어진 여러 가지 난관을 극복하는 법도 배울 수 있었다는 뜻이다.

제이 헤일리가 《비범한 치료Uncommon Therapy》에서 지적하듯이 에릭슨은 정상적인 발달에 관해 뚜렷한 관점을 드러냈다. 에릭슨이 모든 사람을 똑같은 틀에 끼워맞추려 했다는 뜻이 아니라 누구에게나 건강하고 정상적인 본성이 있다고 믿었다는 뜻인데, 이것은 카렌 호나이Karen Horney*가 '현실 자아real self**'라고 일컬은 개념과 비슷할 것이다. 에릭슨은 성장과 발달이 왜곡되고 오도될 수 있는 다양한 가능성을 알았지만, 환자를 그만의 '참된 길'로 이끌어주는 것이야말로 치료자가 할 일이라고 여겼다.

이런 맥락에서 에릭슨은 젊은 시절 자기 집 마당에 들어와 어슬렁거리던 말 이야기를 들려주었다. 그 말에는 주인이 누구인지 알 수 있는 표시가 없었다. 에릭슨은 자기가 말을 주인에게 돌려보내겠다고 나섰다. 그리고 말에 올라타 큰길로 몰고 나가서 말이 가고 싶어 하는 쪽으로 가게 내버려두었다. 말이 길을 벗어나 들에서 풀을 뜯거나 정처 없이 어슬렁거릴 때만 붙잡아주었다. 마침내 말이 몇 킬로미터 떨어진 이웃집 마당으로 들어가자, 그 집 주인이 에릭슨에게 물었다. "어떻게 저 말이 여기서 나간 우리 집 말이라는 걸 알았소?"

에릭슨은 이렇게 대답했다. "나는 몰랐어요. 말이 알았지요. 내가 한 일이라고는 말이 길을 벗어나지 않도록 잡아준 것뿐입니다."

치료나 교육을 시작할 때는 참된 길이 시작되는 곳으로 돌아가는 것이 도움 될 때가 많다. 다음에 소개할 '걸음마 수업'이라는 이야기가 좋은 사례다.

---

* 독일의 신(新)프로이트학파 정신분석학자.
** 우리가 지각하는 존재의 핵심으로, 우리가 누구이고 실제로 어떤 사람인지를 의미한다.

이야기 1
걸음마 수업

우리는 의식 차원에서 많은 기술을 배우지만, 그 뒤에는 배운 사실을 잊은 채 그 기술을 써먹는다. 알다시피 나는 소아마비로 온몸이 마비되었는데, 염증이 심해서 감각 마비까지 왔다. 눈동자만 움직일 수 있었고, 다행히 청력은 손상되지 않았다. 나는 눈 말고는 아무것도 움직이지 못한 채 침대에 누워서 홀로 외로이 지냈다. 외딴 농장에서 누이 일곱에 형제 하나, 양친과 보조 간호사 한 명과 함께 살았다. 이런 처지로 어떻게 혼자 즐길 수 있었을까?

나는 주변 사람들과 주변 환경을 관찰하기 시작했다. 그러다가 누이들이 '좋다'는 것을 '싫다'고 표현하기도 한다는 것을 곧 깨달았다. 또 '싫다'고 말하면서 '좋다'는 뜻을 표할 수 있다는 것도 알았다. 한 누이가 다른 누이에게 사과를 주면서 망설일 수 있다는 것도 알았다. 그렇게 나는 비언어적 표현과 신체 언어를 공부했다.

이제 막 기는 법을 배우기 시작한 어린 여동생이 있었다. 나도 일어서서 걷는 법을 배워야 했다. 여동생이 기어다니다가 일어서는 법을 익히는 모습을 내가 얼마나 유심히 관찰했을지 상상이 갈 것이다. 우리는 우리가 일어서는 법을 어떻게 배웠는지 모른다. 어떻게 걸었는지도 모른다. 길에 다른 보행자나 차가 없다면 여섯 블록 정도를 곧장 걸어갈 수 있다고 생각할 것이다. 그러나 실제로는 일정한 보폭으로 일직선으로 걷지 못한다는 사실을 모른다.

우리는 걸을 때 자기가 어떤 식으로 걷는지 모른다. 또 일어서는 법을 어떻게 배웠는지 모른다. 우선 손을 위로 뻗어 몸을 일으키는 것부터 시작했다. 그러자 손에 힘이 들어가고, 체중을 발에 실을 수 있다는 것을 우연히 발견했다. 이것이 매우 복잡한 과정인 까닭은, 체중이 발에 실리면 무릎이 구부러지고, 무릎을 똑바로 펴려고 하면 엉덩이가 떨어지기 때문이다. 다음으로 두 발이 엇갈렸다. 그리고 무릎과 엉덩이가 내려가서 일어서지 못했다. 다시 발이 엇갈렸고, 이내 넓게 벌리고 버티는 법을 배웠고, 이제 몸을 일으켜 한 번에 한쪽씩 무릎을 곧게 펴는 법을 배워야 하고, 이걸 배우자마자 엉덩이를 일으켜 세우는 데 집중하는 법을 배워야 했다. 그런 다음 엉덩이와 무릎을 똑바로 세우고 동시에 두 발을 멀리 떨어뜨리는 데 집중하는 법을 배워야 했다! 이제 드디어 두 발을 멀리 떨어뜨린 채 손으로 바닥을 짚고 설 수 있었다.

그다음 수업은 3단계로 진행된다. 먼저 체중을 손 하나와 두 발에 분산시키는데(왼손을 든다), 한 손은 몸을 전혀 지탱하지 않는다. 솔직히 힘든 동작이지만, 그래도 덕분에 똑바로 일어서서 엉덩이를 세우고, 무릎을 펴고, 두 발을 떨어뜨리고, 한 손(오른손)으로 단단히 짚는다. 다음으로 몸의 중심을 옮기는 법을 알아낸다. 고개를 돌리고 몸을 돌려서 몸의 중심을 바꾼다. 손을 움직이고 고개를 돌리고 어깨와 몸을 움직일 때 몸의 중심이 바뀌어 발생하는 모든 변화를 조율할 줄 알아야 하고, 그다음에는 반대쪽 손으로도 모든 과정을 다시 반복해서 익혀야 한다. 이제 아주 힘든 과정이 남아 있다. 두 손을 모두 들어서 이리저리 움직이고, 서로 떨어뜨린 채로 바닥을 단단히 딛은 양발에 의지하는 법을 배워야 한다. 그리고 엉덩이를 똑바로 일으켜 세우고, 무릎을 똑바로 편 채 집중력을 분산시켜서 무릎과 엉덩이, 왼팔과 오른팔, 머리와 몸에 모두 신경 써야 한다. 마침내 기술을 충분히 익혔으면 이제는 한 발로 중심을 잡아본다. 아주 굉장한 사건이다!

어떻게 온몸을 통제하면서 엉덩이를 똑바로 일으켜 세우고 무릎을 펴고 손의 움직임과 머리의 움직임과 몸의 움직임을 감지할까? 게다가 한 발을 앞으로 내밀고 몸의 무게 중심을 옮기다니! 무릎이 구부러지고 주저앉았다! 다시 일어나서 다시 시도했다. 드디어 한 발을 앞으로 내미는 법을 배워서 한 걸음을 내디뎠다. 괜찮아 보였다. 그래서 다시 해보았다. 꽤 그럴듯해 보였다. 다음으로 세 번째 걸음을─같은 발로─내딛다가 넘어졌다! 오른발 왼발, 오른발 왼발, 오른발 왼발을 바꾸는 데 시간이 꽤 걸렸다. 이제 팔을 흔들고 고개를 돌리고 오른쪽과 왼쪽을 돌아보고 계속 걸으면서, 무릎을 펴고 엉덩이를 세우는 데는 더 이상 신경 쓰지 않았다.

에릭슨은 장애가 우리에게 장점을, '남보다 아주 좋은 장점'을 줄 수도 있다고 암시한다. 그는 학습이 최고의 오락이 될 수 있다고 말한다. 그는 몸이 완전히 마비됐을 때 "이런 처지로 어떻게 혼자 즐길 수 있었을까?"라고 묻는다. 이어서 그가 어떻게 관찰력을 길렀는지 설명한다. 그리고 배우는─평소에는 의식하지 않는 일을 배우는─즐거움을 이야

기하고, 걸을 때의 무의식적인 동작과 움직임을 예로 든다.

에릭슨은 그가 실제로 일어서는 법을 배운 과정을 설명하면서 운동 감각에 대한 인식을 강조했는데, 이 이야기를 듣는 사람들은 각자의 운동감각에 집중하게 된다. 일어서려고 서투르게 시도하면서 두 발이 자꾸 엇갈리는 동작은 우리가 새로운 뭔가를 배울 때 경험하는 모든 서투른 시도와 비슷하다.

에릭슨은 아기가 일어서서 걷는 법을 배울 때 겪을 만한 경험을 설명하면서, 이야기를 듣는 사람들이 영아 수준으로 퇴행하게 만든다. 사실 이 이야기를 들으면 누구나 최면 상태로 들어가 퇴행할 것이다. 이 이야기에서는, 누구나 처음에는 기본적인 기술을 의식적으로 배우지만 그 기술이 무의식적이 된다는 데 방점이 찍힌다. 이 이야기를 최면 유도 장치로 활용하면 퇴행을 촉진하고 자동성을 끌어낼 수 있다. 이 이야기에서 부정적인 진술("넘어졌다")은 과거시제다. 그리고 현재시제로 바꿔서 긍정적인 암시("몸의 중심을 옮긴다")를 끼워넣는다.

이 '생애 초기의 학습 과정' 이야기는 어떤 치료 프로그램에서든 처음 시작할 때 도움이 된다. 환자를 신경증이 발병하기 이전의 시점으로 돌아가게 함으로써 일시적이나마 고착된 사고방식을 허물기 때문이다. 나아가 학습은 지금도 어렵고 옛날에도 어려웠지만, 꾸준히 노력하면 결국 해낼 수 있다고 환자에게 일깨워준다. 어쨌든 환자도 이제는 노력하지 않아도 걸을 수 있다는 점을 인정해야 하기 때문이다.

에릭슨은 또한 우리가 일단 삶의 구성 요소를 갖춰놓고 이런 기본 구성 요소를 미래까지 가져간다고 지적한다. 농촌에서 태어난 에릭슨은 땅에 작물을 심고 나중에 거두어들이는 데 늘 관심이 많았다. 이 이야기에서 에릭슨은 우리가 학습하는 과정을 예시하여 심리치료의 구성 요소들 가운데 하나를 규정한다. 그는 학습 과정을 위협적이지 않고 흥미롭게 만든다. 더불어 다른 이야기에서 거듭 강조되는 몇 가지 요점, 이를테면 사물을 면밀히 관찰하는 과정을 설명한다. 에릭슨은 사람들을 관찰하면서 학습했다. 그는 "당신은 여기에 배우러 왔습니다"라는 말로 단서를 제시하고, '학습 과정'—배움에 열린 자세—을 자극한다. 마비는 불능 상태이며, 환자는 스스로 불능 상태가 되는 데 관여한다. 그런데 에릭슨은 자신의 마비 상태를 도움이 되는 상태로 바꾼다. 시골에 혼자 남은 그는 자기 말고는 어느 누구에게도 기대지 못하는 채로 관찰하기 시작했다.

누이가 다른 누이에게 사과를 권하면서도 망설일 수 있다고 언급할 때, 에릭슨은 그 자신이 사과—학습—를 권하면서도 머뭇거릴 수 있다는 뜻으로 한 말일까? 아니면 우리가 스스로에게 뭔가를 권하면서도 마음 한구석에서는 머뭇거릴 수 있다는 뜻일까? 에릭슨은 어느 한 가지 메시지를 전달하는 것이 아니라 사실 다면적인 메시지를 전달한다. 그리고 사과는 에덴동산, 곧 창세기의 시작을 연상시킨다.

에릭슨은 "내가 얼마나 유심히 관찰했을지 상상이 갈 것이다"라고 말하면서 '상상'이라는 말을 썼다. 물론 그의 최면 작업이 형상화와 상상으로 진행된다는 뜻으로 한 말이다. 그리고 이 말로 최면 유도를 시작하고 환자의 주의를 집중시킨다.

제프리 지그는 이 이야기를 이렇게 논평했다.

"에릭슨은 우리의 주의를 주무르고 그 자신의 주의를 가지고 놀 줄 알았다. 그는 내내 빙그레 웃으며 온갖 이야기를 들려주었다. 그는 즐거워하면서 우리를 놀이에 초대했다. 놀고 싶지 않다면 그것은 우리의 문제였다. 그는 우리를 계속 초대하지만, 우리가 거절한다고 해서 상처받지는 않았다.

우리는 여전히 문제의 표면만 건드렸다. 나는 에릭슨의 작업을 충분히 이해한다고 생각하지만, 그와 함께 앉아 그가 무엇을 하는지 논의해보면 우리가 표면만 건드리거나 아니면 한 꺼풀 벗겨낸 정도만 안다는 사실을 깨달을 것이다. 에릭슨은 겉껍질 안에 두 겹을 더 염두에 둔다. 그는 사과라는 상징을 제시하면서 두세 겹 안을 들여다볼 수 있었다. '어린아이는 사과를 어떻게 생각할까?' 또는 '어릴 때는 사과로 무엇을 할까?'라는 식으로 질문할 것이다. 사과를 선생님께 드린다. 그러면 사과는 존경의 상징이 된다. 에릭슨은 사람들의 무의식을 이해했다. 그래서 치료자가 이런 유형의 단어나 상징을 제시하면서 환자에게 어떤 연상이 일어날지 예측할 수 있다는 사실을 알았다. 어떤 사람을 관찰하면 그 사람이 무엇을 연상하든 포착해서 그 연상을 따라갈 수 있다. 이렇게 깊이 있는 접근은 사실상 비길 데가 없다. 우리는 일어서는 법을 어떻게 배웠는지 모른다. 그러나 일어서본 경험에 관한 정보는 가지고 있다."

이것은 에릭슨의 중요한 원칙 가운데 하나다. 말하자면 우리는 저마다의 자연스러운 역사에서 문제를 해결하기 위해 도움을 구할 만한 자원을 발견할 수 있다는 것이다. 에릭슨은 이 이야기로 사람들에게 자신이 미처 자각하지 못하는 역량이 있다는 사실을 일깨워준다.

에릭슨은 "그러자 손에 힘이 들어가고, 체중을 발에 실을 수 있다는 것을 우연히 발견했다"고 말하면서 '계획된 우연'을 치료에 활용할 수 있다는 견해를 제시한다. 환자를 어떤 상황에 밀어넣고 환자 스스로 뭔가를—그가 뭔가 알아챈다면—발견하게 하는 것이다.

"이것이 매우 복잡한 과정인 까닭은, 체중이 발에 실리면 무릎이 구부러지고, 무릎을 똑바로 펴려고 하면 엉덩이가 떨어지기 때문이다." 에릭슨은 '똑바로'와 '일어서다' 같은 단어로 우리의 무의식에 단서를 준다. 그러면 나중에 치료에서 이런 단어나 구문이 나올 때 전체 학습 과정과 학습 태도가 자동으로 떠오른다.

이야기 2
죽기 전의 목표는 석양을 보는 것

나는 1919년 6월에 고등학교를 졸업했다. 그해 8월, 옆방에서 의사 셋이 어머니에게 "아드님은 내일 아침이면 죽습니다"라고 말하는 소리를 들었다.

평범한 아이였던 나는 그 말이 싫었다.

시골 주치의는 시카고의 다른 의사 둘에게 전화해서 자문을 구했는데, 그들 역시 어머니에게 "아드님은 아침이면 죽습니다"라고 말했다.

나는 화가 끓어올랐다. 어머니에게 아들이 아침이면 죽을 거라고 말하다니! 치가 떨렸다.

　무덤덤한 얼굴로 내 방에 들어온 어머니는 내가 헛소리를 하는 줄 알았을 것이다. 내가 방에 있는 큰 서랍장을 침대 옆으로 돌려서 놓아달라고 부탁했기 때문이다. 어머니는 서랍장을 침대 옆 한쪽으로 옮겼고, 나는 마음에 들 때까지 계속 이리저리 옮겨달라고 요구했다. 서랍장이 창문을 가려서였다. 석양을 보지 못하고 죽는다면 불행한 일이 아닌가! 석양은 절반만 보였다. 그러곤 사흘 동안 혼수상태에 빠졌다.

　나는 어머니에게 아무 말도 하지 않았다. 어머니도 내게 아무 말 하지 않았다.

　이 감동적인 이야기는, 1970년 내가 에릭슨을 찾아가서 어린 시절의 기억을 되짚어 과거의 이름들을 떠올리도록 도와달라고 했을 때 그가 들려준 이야기다. 나는 곧 어린 시절의 기억, 심각한 열병인 성홍열을 크게 앓았던 기억을 떠올렸다. 그러나 이름을 기억하고 싶은 바람은 이루어지지 않았다. 나중에야 나 스스로 한계를 받아들이도록 에릭슨이 간접적으로 암시한 사실을 깨달았다. 한계에 대한 암시는 에릭슨의 아버지가 그의 어머니 장례식에서 했던 말에도 담겨 있었다.

　"내 어머니의 장례식에서 아버지가 이렇게 말씀하셨지. 한 사람과 일흔네 번째 결혼기념일을 맞이해서 좋았소. 일흔다섯 번째도 함께했으면 더 좋으련만, 사람이 전부 다 가질 수는 없는 노릇이잖소."

이 일화와 앞의 이야기에서 에릭슨은 살아 있는 것 자체가 행운이라고 에둘러 말하고 있다.

그리고 서랍장과 석양을 언급하면서, 삶을 즐기거나 나아가 삶을 연장하기 위해 그가 즐겨 처방하는 방법 하나를 소개한다. "늘 가까운 미래의 실질적인 목표를 바라보라." 이 이야기에서 그의 목표는 석양을 보는 것이다. 물론 이 목표를 성취하려면 먼저 장애물을 치워야 했다. 그는 혼자 힘으로 장애물을 옮길 수 없어서 어머니에게 부탁해야 했다. 여기서 핵심은 그가 서랍장을 옮겨달라고 한 이유를 어머니에게 말하지 않았다는 점이다. 항상 어떤 행동의 이유를 댈 필요는 없다. 그래도 목표—직접적이고 성취할 수 있는 목표—는 꼭 있어야 한다.

이야기 3
사라진 암

나는 굉장한 일이 일어날 수 있다고 생각한다.

주립의학학회 회장인 어느 외과 의사가 내게 여성 환자를 보냈다. 의사는 그 환자에게 자궁암 수술을 집도한 뒤, 다른 종류의 암인 결장암 수술도 해야 했다.

이후에도 환자는 결장 아랫부분이 수축된 상태여서 지독한 고통에 시달렸다. 배변할 때 끔찍이 고통스러워서 그 부분을 조금씩 천천히 확장시켜달라고 그 외과의를 찾아간 터였다. 그 의사는 내게 "최면으로 이 환자를 도울 수 있을까요? 환자에게 세 번이나 수술을 하고 싶지 않습니다"라고 도움을 요청했다.

그래서 나는 환자에게 최면을 걸었다. 나는 환자에게 당신은 두 가지 종류의 암에 걸렸으며, 지금은 결장 아랫부분이 수축된 상태라 무척 고통스러운 것이라고 말했다. 그리고 몹시 고통스러울 테니 결장을 확장시켜야 한다고 말했다. 나는 환자에게 날마다 수영복으로 갈아입고서 자동차 타이어를 수영장에 띄우고 그 위에 앉으면 확장될 때 고통이 훨씬 덜할 거라고 말했다.

환자는 날마다 내가 하라는 대로 했다. 외과 의사는 확장 과정이 훨씬 빠르게, 비정상적으로 빠르게 진행됐다고 알려줬다. 환자가 그 전처럼 고통을 호소하긴 하지만 말투가 달라졌으며, 예전만큼 고통스러운 것 같지 않다고 했다.

1년쯤 지나 그 환자가 나를 찾아와 끌어안고 입을 맞추고는, 인생이 얼마나 아름다운지 이야기했다. 환자는 결장이 다 나았다. 의사는 환자에게 정상 결장으로 돌아왔다고 진단했다. 결장에서 암이 사라졌으며, 재발하지 않았다.

———

에릭슨은 최면으로 기적을 일으킬 것처럼 말한 적이 없다. 그래도 그는 우리 모두에게 아직 써보지 않은 천부적인 힘이 있다고 여러 차례 강조했다. 적절한 암시로 동기를 부여하거나 방향을 제시하면 타고난 힘을 활용할 수 있다. 에릭슨이 "최면이 암 치료에 도움이 될까요?"라는 질문에 대한 답으로 이 이야기를 들려줄 때는 주로 고통을 경감

시키는 측면에서 최면의 가치를 말하는 것이다. 수술을 비롯한 기존의 치료법과 함께 최면을 시도하면 환자가 생존할 가능성이 높아질 수 있다는 뜻이다.

이 이야기를 통해 에릭슨은 누구나 약간의 조치만 취하면—수영장에 타이어를 띄우고 그 위에 앉아서 쉬면—통증이 크게 줄어들 거라고 암시한다. 그리고 이후의 치료 분위기를 설정하면서 비교적 편안하게 치료를 진행할 수 있다고 암시한 것이다. 더불어 치료가 "훨씬 빠르게, 비정상적으로 빠르게 진행"될 거라고도 암시한다. 마지막으로는 환자가 고통에 시달리고 병이 치명적일 가능성이 높긴 하지만 치료에 성공할 거라고 암시한다. 에릭슨의 지시, 곧 여기서는 통증에 대한 비교적 편안한 치료법이 최면 상태에서 전달되기 때문에 깨어 있는 상태에서 지시할 때보다 효과가 더 강력하게 나타났다.

에릭슨은 이 이야기를 통해 집단 안에서 정서적으로나 정신적으로 '꽉 막힌' 듯 보이는 누군가에게 메시지를 전하는 것 같다. 그는 특정한 누군가에게 전하는 메시지라는 것을 알리기 위해 눈으로는 한쪽을 보면서 말로는 다른 쪽을 가리키거나, 그 사람과 마주 볼 때 말투를 바꾸거나, 그 사람을 외면하는 식으로 행동하기도 했다.

이야기 4
부부 싸움을 끝낸 한마디

내게 두통 치료를 받은 필라델피아의 한 남자가 자기 이모와 이모부를 나한테 보내며 이렇게 말했다. "두 분이 결혼하고 허구한 날 싸우세요. 결혼한 지는 30년이 넘었고요."

부부가 나를 찾아왔다. 나는 이렇게 물었다. "싸움은 지겹게 하셨잖아요. 이제 인생을 즐길 때도 되지 않았습니까?" 그뒤로 그들은 아주 즐겁게 살았다. 그리고 그들 중 아내가 자기 언니를 설득해서 내게 보냈다. 바로 필라델피아 남자의 어머니가 몹시 불행했기 때문이다.

⎯⎯⎯⎯⎯⎯⎯⎯⎯⎯

에릭슨은 그가 환자에 대한 후속 조치를 제대로 하는지 의문을 표하는 사람들에게 이 이야기를 통해 그 특유의 간접화법으로 대답한다. 두통 치료가 효과적이었다는 사실을 '필라델피아 남자'가 자기 이모와 이모부를 그에게 보냈다는 말로 밝힌다. 그리고 부부의 상태가 좋아진 사실은 그의 이모가 자기 언니, 즉 필라델피아 남자의 어머니를 그에게 보내려 한 데서 명백히 드러난다. 에릭슨은 사례 보고의 서두에 치료에 성공한 환자를 언급하는 경우가 많다.

에릭슨은 아마 집단의 누군가가 마음속으로 에릭슨이나 그 자신과 싸울 때 이 이야기를 들려주었을 것이다. 그는 "싸움은 지겹게 하셨잖아요"라는 말을 강조한다.

이 이야기는 믿기 어려울 수 있다. 그러나 단순한 이야기가 주는 호소력 때문에 여기에 실었다.

나는 에릭슨이 부부에게 이처럼 단순하게 제안한 배경을 좀 더 들려달라고 부탁했다. 라포르rapport를 형성하는 데는 얼마나 걸렸는지, 부부에게 최면을 걸었는지 말이다.

에릭슨은 이렇게 말했다. "나는 그저 깨어 있는 상태에서 최면에 들게 했는데, 그것이 얕은 최면으로 발전한 거야. 그들 부부에게 이렇게 말했지. '이제 인생을 즐길 때도 되지 않았습니까? 두 분은 30년 넘게 싸웠어요. 이제 행복한 결혼생활을 누릴 시간이 얼마 남지 않았어요.' 그러자 그들이 고마워하더군.

치료자들 중에는 자기네가 변화를 이끌어내고 환자가 변하도록 도와줘야 한다고 생각하는 사람이 부지기수야. 치료는 산꼭대기에서 눈덩이를 굴리는 것과 같아. 눈덩이가 굴러떨어지면서 점점 커지고 눈사태를 일으켜 산처럼 되는 거라네."

내 무의식의 방으로 들어가기

✛

기억과 지식의 저장소를 활용하는
12가지 이야기

"무의식은 오랜 시간이 흐른 뒤에도
다시 불러낼 수 있는 기억과 기술의 저장소다."

이야기 1
나는 배울 만큼 배웠다

내가 뉴욕 오스위고 대학교에 방문했을 때, 정신과 교수 에스타브룩스는 이렇게 말했다. "오늘 저녁 교사들을 위한 모임에서 강연하시도록 일정을 잡아놓겠습니다." 주민들이 많이 참석할 예정이었고, 강당에 들어가기 전에 강의와 별개로 할 일이 많았다. 그래도 전혀 걱정되지 않았다. 나는 내가 말할 수 있다는 것을 알고, 생각할 수 있다는 것을 알고, 이제껏 살면서 배운 게 많다는 것을 알기 때문이었다.

———————————

이 일화와 다음 두 개의 일화에서 에릭슨은 우리의 장기 기억과 무의식에 저장된 지식을 얼마나 신뢰하는지 보여준다. 그는 무의식이란 오랜 시간이 흐른 뒤에도 다시 불러낼 수 있는 기억과 기술의 저장소라고 강조한다. 그는 윌 로저스Will Rogers의 이 말을 자주 인용했다. "우리를 괴롭히는 것은 우리가 모르는 것이 아니다. 우리가 아는 것이 사실이 아닐 때야말로 골치 아픈 일이다." 에릭슨은 여기에 이렇게 덧붙이곤 했다. "알지만 아는 줄 모르는 것은 더 큰 문제다."

이야기 2
첫눈 내린 날

11월 12일 오후 4시 직전, 위스콘신 로웰 마을에 그해의 첫눈이 내렸다. 교실의 셋째 줄, 창문 바로 옆자리에 앉은 아이는 이런 의문을 품었다. 나는 이 장면을 얼마나 오래 기억할까?

나는 단지 의문을 품었을 뿐인데…….

나는 정확하게 기억했다. …… 1912년 11월 12일이었다. 그날 가랑눈이 조금 흩날렸다.

이야기 3
일각고래를 아세요?

어릴 적 농장에 살 때 우리 집에는 책이 두 권 있었다. 미국사와 영어대사전. 나는 사전을 A부터 Z까지 읽고 또 읽었다. 어휘력이 엄청나게 쌓였다. 그 뒤로 한참 세월이 흘러 몬태나에서 강의할 때, 어떤 의사가 나를 저녁식사에 초대했다. 식사 도중 그 의사가 기이한 나선형 물건을 꺼내더니 내게 물었다. "이게 뭔지 아십니까?"

나는 "네, 그건 일각고래의 뿔이잖아요"라고 대답했다.

그는 이렇게 말했다. "이걸 보고 알아맞힌 사람은 선생님이 처음입니다. 고래잡이였던 제 조부께서 일각고래의 저 뿔을 구하셨지요. 저희 집에 내내 있었지만, 저는 이 물건에 관해 떠들고 다니지 않았어요. 사람들에게 잘 살펴보게 하고는 그냥 계속 궁금해하게만 했지요. 그런데 선생님께서는 어떻게 일각고래의 뿔인 줄 아셨습니까?"

나는 이렇게 대답했다. "대여섯 살 때쯤 대사전에서 일각고래 그림을 봤습니다."

이야기 4
때가 되면 말할 겁니다

나는 네 살이 되도록 말을 하지 않았다. 나보다 두 살 어린 여동생도 말하기 시작한 터라 사람들은 나를 걱정했다. 네 살 먹은 아이가 아직 말을 못 한다고 이상하게 보았다.

내 어머니는 대수롭지 않다는 듯 "우리 아들도 때가 되면 말을 할 겁니다"라고 말했다.

이 이야기에서는 무의식이 반드시 적절한 때에 적절한 반응을 끌어낼 수 있다고 믿은 에릭슨의 관점이 드러난다. 이제 막 최면 상태에 들어간 환자에게 이 이야기를 해주면 환자가 말을 하고 싶은 충동을 느

끼거나 무의식적인 메시지를 비언어적으로 드러낼 때까지 기다리도록 격려해줄 수 있다.

이야기 5
돼지 등 긁어주는 법

어느 여름 나는 대학 등록금을 마련하기 위해 책을 팔러 다녔다. 오후 5시쯤 어느 농가의 안뜰에 들어가 농부에게 책을 팔아달라고 말하자, 농부는 이렇게 말했다. "이보게 젊은이, 나는 아무것도 읽지 않아. 아무것도 읽을 필요가 없어. 난 그저 우리 돼지들한테만 관심이 있네."

"열심히 돼지를 먹이시는 동안 잠깐 옆에 서서 말씀을 나눠도 될까요?" 내가 물었다.

농부가 말했다. "그러든가. 말은 해도 되지만, 젊은 친구, 자네가 얻는 건 없을걸세. 나는 돼지들 먹이느라 바빠서 자네 말을 귀담아들을 새가 없거든."

어쨌거나 나는 책 이야기를 꺼냈다. 어린 시절을 농장에서 보낸 나는 이야기하면서 무심코 납작한 돌멩이 하나를 주워 돼지 등을 긁었다. 농부가 나를 돌아보더니 하던 일을 멈추고 말했다.

"돼지들이 원하는 대로 등을 긁어줄 줄 아는 사람이라면 나도 그 사람에 대해 알고 싶구먼. 오늘 저녁은 나하고 같이 먹고 우리 집에서 공짜로 하룻밤 묵고 가면 어떻겠나. 책은 내가 사주겠네. 자네는 돼지를 좋아하는구먼. 돼지들이 원하는 대로 등을 긁어줄 줄 알아."

———————————

여기서 에릭슨은 목적을 달성하기 위해—책을 팔기 위해—무의식 중에 최선의 방식으로 정확하게 행동한 일화를 소개한다. 그는 '무심코' 돌멩이를 주워 돼지 등을 긁어주면서 농부에게 말을 건넨 대목을 강조한다. 농부는 자기와 비슷한 부류라는 느낌이 드는 사람에게 무의식적으로 반응했다.

물론 에릭슨이 책을 파는 법이나 남을 조종하는 법을 가르쳐주는 것이 아니다. 그는 순수하게 농부에게 공감할 수 있었다. 그 역시 농촌에서 자랐기 때문이다. 그가 효과적인 행동—돼지 등을 긁어준 행동—을 할 수 있었던 이유는 자신을 거리낌 없이 표현했기 때문이다. 에릭슨은 그가 무의식을 믿고 농부도 그 자신의 무의식을 믿고서 젊은 에릭슨에게 반응한 것처럼 우리에게도 각자의 무의식을 믿으라고 촉구한다.

이 이야기에는 또한 내가 '환자와 함께하라'고 명명한 에릭슨의 원칙이 드러난다.

에릭슨이 내게 이 이야기를 들려준 것은 1979년 8월, 내가 그의 저서 《최면치료》의 서문을 나에게 맡긴 이유를 물었을 때였다. 그는 돼지 등 긁어주는 이야기를 꺼내기 전에 이렇게 말했다. "나는 자네를 좋아하네. 자네가 내 아내에게 황금 개구리를 줬잖아." (1970년 에릭슨을 처음 방문할 때 나는 로스앤젤레스에서 뉴욕으로 돌아오면서 살아 있는 듯한 뱀과

도마뱀붙이, 개구리 수집품을 가져왔다. 에릭슨에게는 아름다운 노란 개구리를 선물했다.)

에릭슨은 이렇게 설명했다. "자네는 내게 좋은 인상을 주었지. 나는 자네가 마음에 들었네. 자네는 진실하고 정직하고 마음 씀씀이가 좋아. 자네는 영리하고, 그저 개구리를 좋아한다는 이유만으로 뉴욕에서 샌 프란시스코나 로스앤젤레스까지 기꺼이 다녀올 줄 아는 사람이야! 이 방에서 나는, '저 친구는 조각품을 좋아하는군' 하고 생각했어. 자네도 내게서 같은 인상을 받았을 거야. '저 선생은 정말 조각품을 좋아하시는군'이라고 말야. 저 사람에게는 의자에 앉아 정신분석 하면서 돈 버는 일 말고 뭔가 더 있어. 저 사람에게는 다른 관심사가 있어. 그리고 개구리는 정신분석과 심리치료, 문학과 그 밖의 것들과는 거리가 꽤 멀지. 자네는 관심사가 다양해."

에릭슨은 이야기를 마치면서 아주 맑고 푸근한 눈길로 나를 똑바로 바라보면서 그가 정말로 말하고자 하는 바를 강조했다. "자네가 돼지를 긁어주는 방식이 마음에 든다네." 에릭슨은 여느 결정을 내릴 때처럼 공동 연구자를 선택할 때도 자신의 무의식을 믿는다는 사실을 명확히 밝혔다.

이야기 6
시험문제를 미리 알다

내 실험 대상 하나는 나와 여러 차례 실험을 함께 진행해온 아주 괜찮은 사람이었다. 그는 심리학으로 석사학위를 받은 뒤 아직 진로를 확실하게 정하지 않고 있었다. 우리는 그를 실험 대상으로 정했는데, 그는 자신에게 무의식이 있다는 사실을 깨달아갔다. 나는 그에게 의학서적을 빌려주었고, 그는 의대에 진학했다.

그가 최고 학년이 됐을 때, 그를 아끼던 교수 하나가 그에게 물었다. "아서, 자네는 내 시험을 잘 치를 것 같은가?" 아서가 대답했다. "교수님 시험은 거뜬히 치를 것 같습니다. 교수님께서는 문제를 열 개만 내실 테고, 그 문제는……." 그러고는 열 개 문항을 모두 열거했다.

교수가 말했다. "허, 내가 출제하려는 문제를 정확히 아는군! 내가 그 문제들을 생각해낸 순서까지 제대로 말했어. 자네, 내 방에 몰래 들어와 시험지를 빼갔나?"

"아닙니다. 기말고사에 어떤 문제를 내실지 그냥 알았습니다."

"그래도 납득하기가 힘들어. 자네를 학과장님에게 데려가야겠군."

학과장이 사정을 듣고 물었다. "그게 정말인가, 아서? 시험문제를 아는가?"

아서가 말했다. "네, 물론 알지요. 교수님 수업을 경청했으니까요."

학과장이 말했다. "틀림없이 어떤 식으로든 시험지 사본을 손에 넣었을 거야. 그러지 않았다는 걸 증명하지 못하면 기말고사도 치르지 못하게 하겠네. 그러면 부정행위로 졸업도 못하겠지."

아서가 말했다. "교수님이 기말고사 문제를 떠올리기도 전에 제가 문제를 알아낸 증거를 원하시는군요. 그럼 제 방에 사람을 보내서 제가 교수님 수업 시간에 필기한 노트를 가져오라고 하세요. 노트에 제가 특별히 별표로 표시한 곳이 있을 거예요. 교수님이 출제하려는 문제마다 별표 일곱 개가 달려 있을 겁니다. 또 그렇게 별표가 표시된 문제에는 '1' '2' '3'이라고 적혀 있을 겁니다. 교수님은 주로 열 문제만 내셔서 저도 열 개만 골라서 별표 일곱 개를 붙인 겁니다. 교수님이―올해 내내, 그리고 연말 요약 수업에서―가장 많이 강조한 문제들입니다."

학과장과 교수는 사람을 보내 노트를 가져오게 해서 아서가 별표 하나를 붙인 곳, 두 개를 붙인 곳, 세 개를 붙인 곳, 네 개를 붙인 곳, 다섯 개를 붙인 곳, 여섯 개를 붙인 곳을 찾았고, 별표를 일곱 개 붙인 곳은 열 군데밖에 없다는 사실을 확인했다. 그리고 별표 일곱 개짜리마다 번호가 매겨져 있었는데, 1번부터 10번까지 순서대로가 아니라 중간에 1번이 있고 맨 위에 9번이 있는 식이었다.

그러자 학과장이 말했다. "자네는 시험을 치르지 않아도 돼. 제대로 경청하고 교수가 어떤 지점에서 특별한 억양으로 말한 것까지 알아들었군."

교수의 말을 경청하면서 어떤 주제를 강조하는지 유심히 살핀다면 교수가 어떤 문제를 시험에 낼지도 알아차릴 수 있다. 아서는 비범했다. 청각도 뛰어나고 음의 높낮이까지 예리하게 포착해서 어떤 주제가 시험에 나올지 언제나 미리 알았다. 교수가 대놓고 시험문제를 알려준 셈이다. 교수는 가장 중요한 주제를 말할 때면 학생들이 핵심을 파악하기를 바란다. 간혹 별로 중요하지 않은 부분을 중요하게 생각할 때도 있다. 이런 것이 시험에 나오므로 이 점을 유의해야 한다. 의사소통은 매우 복잡한 과정이다. 얼굴 표정, 눈빛, 서 있는 자세, 몸과 손발을 움직이는 자세, 고개를 움직이는 방식, 각각의 특정한 근육을 움직이는 방식, 이 모든 것에 많은 정보가 담겨 있다.

———————————

이 이야기에서 심리학자이자 의대생은 자신의 무의식을 믿는 방법뿐 아니라 지각 능력을 거의 최대치로 끌어올리는 법을 익혔다. 에릭슨의 말처럼 '아서는 비범했다.' 물론 대다수 사람들은 지각 능력을 아서만큼 극단적으로 끌어올리지 못한다. 그래도 그런 일이 가능하다는 사실을 안다면, 특히 꿈이나 연상에서 명백한 메시지를 받을 때 그와 비슷한 방향으로 행동할 수 있다.

이 이야기에 나오는 교수는 학생들이 학습하기를 바라는 주제를 무의식적 신호로 보낸다. 에릭슨은 우리에게 이런 무의식적 단서에 귀기울이라고 말한다. 이 이야기의 학생은 무의식으로 알아차린 내용을 의식으로 끌어올릴 수 있었다. 이 이야기를 듣거나 읽은 사람은 의식에서는 알아차리지 못하더라도 에릭슨이 잠재의식으로 보내는 메시지에 반응할 수 있다. 실제로 에릭슨은 우리에게 그렇게 하라고 지시하고 있다.

에릭슨은 최면을 유도하고 활용하면서 우리에게 저마다의 무의식을 믿으려고 노력하기를 권한다. 에릭슨은 치료자들에게 이렇게 설명한다.

"알다시피 최면 유도는 결코 어려운 일이 아니다. 그저 여러분의 목소리를 믿기만 하면 된다. 최면을 유도할 수 있다는 자신감이 무엇보다 중요하다. 그리고 인간이라면 누구나―심한 편집증 환자조차―우리 치료자가 세심하게 주의를 기울이면 최면에 걸리게 된다. 나는 편집증 환자에게는 최면을 권하지 않는다. 그들은 최면 상태에서도 편집증 증상을 보일 수 있기 때문이다. 그러나 실험을 통해 모든 환자가 최면 상태에 들어갈 수 있다고, 누구나 가능하다고 판단했다.

자, 우리가 최면 상태에 들어간 사실을 꼭 인지해야 할까? 아니다, 꼭 알아야 하는 건 아니다. 최면 상태에는 얼마나 깊이 들어가야 하는가? 지금 우리의 무의식에서 무슨 일이 벌어지는지 볼 수 있을 만큼, 다시 말해서 우리의 정신을 조망할 수 있는 정도라면 어떤 수준의 최면이라도 충분하다. 무의식 차원에서 정신을 조망하고 이해하면 의식 차원의 노력으로 얻는 것보다 훨씬 많이 배운다. 그리고 의식 차원에서 마음을 이용하는 동안 무의식 차원에서도 이용해야 한다."

이야기 7
흉터에 키스를 받은 여대생

늘 왼손으로 입을 가리고 다니는 여대생이 있었다. 강의에서 발표할 때도 왼손을 코 밑에 대고 입을 가렸다. 길을 걸을 때도 왼손으로 입을 가리고 다녔다. 식당에서도 왼손으로 입을 가리고 음식을 먹었다. 이처럼 항상 왼손으로 입을 가렸다.

나는 그 모습에 호기심이 동해서 먼저 그 학생과 가까워지려고 노력했다. 내가 한참 부추기자 그 학생은 열 살 때 무서운 일을 겪었다고 털어놓았다. 자동차 사고를 당해서 차 앞 유리로 튕겨나갔다는 것이다. 열 살 소녀에게는 무시무시한 경험이었다. 깨진 유리에 입이 찢어지고, 보닛에 피가 흥건했다. 흘린 피는 실제로는 아주 적은 양이었을 수도 있지만, 열 살 소녀에게는 겁에 질릴 만큼 엄청나게 많아 보였을 것이다. 소녀는 자라면서 자기 입에 보기 흉한 흉터가 있다고 생각하고 아무에게도 그 끔찍한 흉터를 보여주기 싫어서 늘 입을 가리고 다녔다.

나는 그 학생에게 화장품학의 역사를 읽혔고, 그녀는 애교점이라는 걸 알게 되었다. 애교점이란 초승달이나 동그라미, 별 모양의 점이다. 그 학생은 여자들이 자기 얼굴에서 매력적이라고 생각하는 곳 옆에다 애교점을 찍는 화장술에 관해 읽었다. 나는 그녀에게 나한테도 애교점을 몇 개 찍어달라고 유도했다. 다음으로는 방에서 혼자 입가의 흉터를 실제 크기로 그려보라고 유도했다. 흉터는 애교점 크기에 꼭짓점 다섯 개짜리 별 모양이었다. 그러나 그 학생의 눈에는 여전히 흉터가 얼굴보다 커 보였다.

그래서 나는 그 학생에게 남학생과 데이트를 해보라고 설득했다. 학생은 두 손이 모두 얼굴로 올라가지 않도록 양손 다 무거운 가방을 들고 다니기로 했다. 첫 데이트와 이후 몇 번의 데이트에서 그 학생은 자기가 작별 키스를 허락하면 그 남학생이 어김없이 입가의 흉터에 입을 맞춘다는 걸 알았다. 입가는 양쪽에 있는데도 그 남학생은 꼭 흉터가 있는 쪽에 입을 맞추었다. 그 학생은 또 다른 남자와도 데이트를 해봤는데, 그 남자도 흉터가 있는 오른쪽 입가에 입을 맞추었다. 세 번째, 네 번째, 다섯 번째, 여섯 번째 남자도 마찬가지였다. 그런데 그 학생이 모르던 사실이 있다. 그 학생은 키스할 때마다 호기심이 생겼고, 호기심이 생기면 언제나 고개를 왼쪽으로 기울였기 때문에 남자는 오른쪽 입가에 입을 맞출 수밖에 없었던 것이다!

나는 이 사례를 들려줄 때마다 청중을 둘러본다. 누구나 잠재의식 차원에서 말하는 줄은 알지만 잠재의식 차원에서 듣는다는 것은 모른다. 내가 이 사례를 들려줄 때마다 여자들은 모두 입술을 오므린다. 그때 나는 그 여자가 무슨 생각을 하는지 잘 안다. 이웃사람이 와서 갓난아기를 바라보는 모습을 관찰해보라. 입술을 관찰해보면 그 사람이 언제 아기에게 입을 맞출지 대번에 알 수 있다.

———————

에릭슨은 이 학생이 뭔가에 호기심을 느낄 때 고개를 한쪽으로 기울이는 특이한 자세를 포착함으로써 입맞춤을 받을 때도 그쪽으로 고개를 기울일 것으로 예측할 수 있었다. 에릭슨은 환자가 무의식중에 드러내는 정보를 활용하는 것이 중요하다고 가르치고 있다. 에릭슨은 이 이야기의 학생에게서 그가 이미 발견한 사실, 그러니까 그녀는 호기심이 생길 때면 고개를 한쪽으로 기울인다는 점을 일깨워준다. 에릭슨은 환자가 그 사실을 깨닫게 해주려고 그녀가 평소의 방어기제를 사용하지 못하게, 곧 입가의 흉터를 왼손으로 가리지 못하게 했다. 이 학생은 남자들 몇 명이 흉터가 있는 쪽에 입 맞추는 것을 보고는 자기 입이 그렇게 추하지는 않다는 결론에 이를 수 있었다.

에릭슨은 마술사들의 흔한 수법을 써먹는다. 사람들의 주의를 한쪽으로 돌리고 실제로는 다른 쪽에서 일을 벌이는 기법이다. 이를테면 에릭슨은 우리가 "이 학생은 왜 왼손으로 입을 가릴까?"라고 궁금해하도록 유도한다. 사실 이것은 중요한 문제가 아니다. 에릭슨은 여자가 고개 기울이는 방식을 관찰하고 있었다. 이것이 중요하다.

이야기 8
오만한 사람을 상대할 때

나는 환자의 말에서 억양과 말투를 더 섬세하게 포착하기 위해 최면에 들어간다. 그리고 더 잘 들으려고 더 유심히 관찰한다. 나는 일단 최면에 들어가면 다른 사람이 옆에 있다는 것을 잊어버린다. 그리고 사람들은 내가 최면에 들어간 것을 알아차린다.

환자 중에 페루에서 온 정신의학 교수 로드리게스가 있었다. 그는 내게 심리치료를 받고 싶다고 편지를 보냈다. 나는 그의 명성을 익히 들었다. 그가 나보다 훨씬 좋은 교육을 받았으며, 나보다 기지가 번뜩이는 사람이라는 것도 알았다. 나보다 지적으로 훨씬 뛰어난 사람이라고 알고 있던 그가 내 환자가 되고 싶다고 청해온 것이다.

나는 "어떻게 하면 나보다 명석하고 훌륭한 교육을 받았고 기지가 번뜩이는 사람을 치료할 수 있을까?"라고 자문했다. 에스파냐의 카스티야 출신인 로드리게스는 안하무인으로, 오만하고 무례하고 상대에게 모욕감을 주는 부류였다. 나는 그에게 2시 약속을 잡아주었다. 그를 만나서 이름과 주소, 현재 머무는 숙소의 주소, 결혼 여부를 비롯한 갖가지 인구통계학적 자료를 받아 적은 뒤, 고개를 들어 이렇게 물었다. "선생은 자신의 문제를 어떻게 보십니까?" 의자는 비어 있었다.

시계를 보니 2시 언저리가 아니고 4시였다. 내 손에는 서류가 든 서류철이 들려 있었다. 그래서 내가 최면에 들어간 상태로 환자와 면담을 마친 걸 깨달았다.

그러던 어느 날, 12시간인가 14시간가량의 치료를 마친 뒤 로드리게스가 벌떡 일어나 이렇게 말했다. "에릭슨 박사님, 최면에 들어가셨군요!"

나는 정신이 번쩍 들어 "선생이 나보다 더 명석하고 똑똑하고 기지도 넘치고 훌륭한 교육을 받은 분이라는 사실을 압니다. 그리고 선생이 아주 오만한 분인 줄도 압니다. 내가 선생을 감당하지 못할 것 같아서 어떻게 상대하면 좋을지 생각했어요. 첫 번째 면담이 끝나기 전까지는 나도 내 무의식이 그 일을 대신 떠맡은 줄 몰랐답니다. 서류철에 서류와 메모가 들어 있더군요. 그런데 아직 읽어보지 않았습니다. 이제 선생이 떠난 뒤에 읽을 겁니다."

로드리게스는 화가 나서 나를 보고는 (사진을 가리키며) "저분들이 박사님 부모님이십니까?"라고 물었다.

나는 "그렇습니다만"이라고 대답했다.

"아버님 직업은요?"

"한때 농사를 지으셨지요."

로드리게스가 경멸 조로 말했다. "하, 농사꾼이시다!"

나는 그가 역사에 조예가 깊은 사람이라는 것을 알고 이렇게 말했다. "그래요, 농사꾼이죠. 내가 알기로는 내 조상의 천한 피가 선생의 핏줄에도 흘러요." 유럽 전역에서 바이킹이 들끓었다는 사실을 아는 그는 고분고분해졌다. 그는 잠시 생각에 잠기더니 "내 조상의 천한 피가 선생의 핏줄에도 흘러요"라는 말을 알아들었다.

나는 로드리게스가 영국을 떠나면서 어니스트 존스Alfred Ernest Jones[*]에게 정신분석 비용을 치르지 않은 사실을 알았다. 듀크 대학교에 큰 빚을 진 채 떠난 것도 알았다. 지난주에 정신분석을 시작할 때 나는 로드리게스에게 그가 아는 모든 중요한 인물의 이름을 말하게 했다. 그들의 주소도 받아 적었다. 그는 그런 식으로 과시하는 것을 좋아했기 때문이다. 나는 모든 정보를 받아 적은 뒤 "계산은 수표로 하실 겁니까, 현금으로 하실 겁니까?"라고 물었다.

그는 "절 속이셨군요"라고 말했다.

나는 "그래야 할 것 같아서요. 난 상담료를 받을 자격이 있으니까요."

---

[*] 프로이트의 영향을 받았으며, 정신분석을 영국과 미국에 정착시킨 영국의 정신분석학자.

그렇게 나는 그에게서 상담료를 받아냈다. 그게 아니라면 내가 그의 중요한 친구들 이름과 주소를 궁금해할 이유가 뭐가 있겠는가? 그는 내 협박을 알아들었다.

———

이 이야기는 에릭슨이 좋아하는 이야기 가운데 하나로, 환자에게 효과적으로 반응하는 최선의 방법을 찾기 위해 치료자가 직접 최면에 들어가는 것이 얼마나 중요한지 보여준다. 이 이야기에는 약간의 설명이 필요하다. 여기서는 치료자가 오만한 환자를 상대할 때는 환자보다 '한 단계 올라서야' 한다고 강조한다. 에릭슨은 그러기 위해서 먼저 실제로 그가 로드리게스보다 열등한 측면을 언급했다. 그래서 그의 마지막 말이 훨씬 더 큰 효과를 가져왔다.

에릭슨은 우리에게 잠재의식 차원의 메시지를 보낸다. 우리가 상대보다 '열등'하고 무력하다고 느낀다 해도, 무의식을 파고들면 상대와 대등해지거나 상대보다 우월한 위치에 올라설 자원을 발견할 수 있다. 에릭슨의 예처럼 조상까지 끌어들여야 할 수도 있지만, 그래도 괜찮다. 에릭슨은 우리가 물려받은 자산과 자원을 박탈하려 하지 않는다. 그는 우리가 무엇을 가졌든 모든 자원을 써먹을 수 있다고 믿었다.

이야기 9
무릎 위의 만화책

언젠가 나는 글을 쓰다가 도무지 써지지 않는 단락에서 헤매고 있었다. 아무리 애를 써도 결국은 막다른 길에 이르렀다. 어느 날 나는 이렇게 말했다. "자, 다음 환자가 오기 전까지 두 시간의 여유가 있어. 의자에 기대앉아 최면에 빠져서 이 어려운 단락에 관해 내 무의식이 뭐라고 말하는지 들어봐야겠다."

다음 환자가 오기 15분 전쯤까지 기다렸는데, 난데없이 내 무릎 위에 우리 아이들이 보던 만화책 한 상자가 놓여 있어서 깜짝 놀랐다. 책상에는 만화책이 두 더미나 쌓여 있었다. 환자가 예약되어 있기 때문에 나는 만화책을 도로 상자에 넣고 옆방으로 가서 환자를 만났다.

두 주쯤 지나 '음, 아직 그 단락에 대한 답을 얻지 못했군'이라는 생각이 들었다. 시간이 조금 나서 연필을 들자 곧바로 무언가 떠올랐다. "그리고 도널드 덕이 휴이 덕, 듀이 덕, 루이 덕*에게 말했고……"라는 말이 떠올랐으며, 나는 도널드 덕 만화책이 어린아이뿐 아니라 어른에게도 지성을 자극할 만큼 매력적이라는 것을 깨닫고 기뻤다. 만화책은 간결하고 명료하고 예리했다. 덕분에 나는 어려운 단락을 술술 써내려갔다. 내 무의식은 어디에서 사례를 구할지 알았다.

---

* 도널드 덕의 조카들.

이 이야기에서도 무의식이 문제 해결에 얼마나 중요한 역할을 하는지 강조한다. 내가 에릭슨에게 환자와 약속 잡는 일과 글 쓰는 문제로 조언을 구하자 그가 들려준 이야기다. 분명 에릭슨이 그랬듯이 나도 최면에 들어가 나 자신에게 적절한 시간을 주고 내 무의식에 귀 기울여야 한다는 의미로 들려준 이야기였을 것이다.

그 뒤로 나는 에릭슨의 조언에 따라 몇 가지 해결책을 찾았다. 언젠가 글이 막힐 때 나는 "이 난관을 어떻게 극복할 수 있을까?"라고 자문하고는 스스로 최면을 걸어서 최면 상태에 들어갔다. 오른손 엄지 안쪽과 중지 옆면과 집게손가락 안쪽에 따끔거리는 느낌이 들었다. 이런 따끔거림이 정확히 펜이 닿는 자리에서 느껴진다는 사실을 바로 알아차렸다. 내 무의식이 내게 우선 손으로 글을 쓰고 그다음에 구술하는 방법으로 바꾸라고 메시지를 보낸 것이다. 나는 무의식이 시키는 대로 했으며, 글을 쓰다가 막히는 어려움을 극복했다.

이야기 10
무의식은 몸으로 말한다

지금 당신은 안정된 보폭으로 곧장 난 길을 걷는 중에 문득 배가 고파졌다. 처음 보이는 식당을 지나치다가 자기도 모르게 발걸음을 늦춘다. 당신이 여자라면 자기도 모르게 보석상 진열창 쪽으로 방향을 돌릴 수도 있다. 운동선수라면 자기도 모르게 스포츠용품점 진열창 쪽으로 방향을 돌릴 것이다. 만약 당신이 치과에 가야 하는데 가기 싫어서 치아를 방치하고 있다면, 치과 앞을 지날 때 무의식중에 빨리 걸을지도 모른다.

나는 정류장 하나를 골라서 젊은 여자들이 병원 앞을 지나가는 모습을 관찰할 수 있었다. 여자들이 병원 앞을 지날 때 걸음걸이가 특정한 방식으로 달라지면서 발걸음이 느려지고 팔을 흔드는 모양이 달라지고 아주 온화한 표정을 지으면, 나는 그들에게 다가가 이렇게 물었다. "첫 번째 개구리 시험이나 토끼 시험*이 양성이었습니까?" 그들은 무심코 이렇게 말했다. "첫 번째는 양성이었는데 다음에도 그러길 바랍니다."

어느 젊은 여자는 걸음걸이와 팔을 흔드는 모양과 얼굴 표정이 바뀌었다. 공포 반응이 겉으로 드러났다! 조심해야 한다. 미혼 여성이다!

나이 많은 사람이든 젊은 사람이든, 남자든 여자든, 공기가 꽉 차서 뚫고 지나가기 어려운 것처럼 자기도 모르게 느려질 때가 있다. 어디를 지나고 있을까? 바로 빵집이다! 강렬한 후각의 자극에 저절로 발걸음이 느려지는 것이다.

─────────

이번에도 우리의 행동이 주로 무의식중에 결정된다고 보여주는 이

---

* 예전에 여성의 소변을 토끼에게 주사하여 실시하던 조기 임신 반응 시험.

야기다. 에릭슨은 또한 '자동' 행동을 자주 언급한다. 따라서 이 이야기는 환자가 최면 상태에서 자동으로 반응해도 된다고 부추긴다. 이 이야기에서 반복되는 내용을 특히 리듬감 있게 전달하면 환자를 쉽게 최면 상태로 유도할 수 있다.

물론 이 이야기는 진단에도 활용할 수 있다. 이야기의 다양한 요소―보석상, 스포츠용품점, 치과―를 언급하면서 환자의 반응을 알아챌 수 있다. 지금 임신을 걱정하는 사람이라면 젊은 여자가 임신을 걱정하는 대목에서 반응을 보일 수 있다. 빵집을 언급하면 빵을 굽거나 요리하는 냄새와 연관된 유년기의 기억을 쉽게 끌어낼 수 있다.

나는 에릭슨이 빵집 앞을 지날 때는 '모든 사람이 …… 저절로 걸음을 늦춘다'고 강조한 이유가 궁금했다. 그리고 마침내 그가 "속도를 늦추게, 로젠"이라고 내게 메시지를 보낸다는 사실을 깨달았다. 에릭슨은 이 이야기를 듣는 모든 사람에게 속도를 늦추고 학습과 감각 연상에 시간을 할애하라고 말하고 있다.

이야기 11
종이에 적힌 이름

사소한 움직임 하나하나까지 고려해야 한다. 흔히 질문에 '네'라는 답을 적을 때가 많다.

어떤 소녀가 "저는 정말로 사랑에 빠진 걸까요?"라고 물으면, 나는 "누구하고 사랑에 빠진 것 같니?"라고 물을 것이다.

"아, 빌하고 짐, 피트, 조지가 있어요."

내가 묻는다. "빌이니?"

소녀가 '네'라고 적는다.

"조지니?"

"네."

"짐이니?"

"네."

"피트니?"

"네."

그러나 '네'라고 쓸 때 구멍이 생기고, 그 구멍이 종이에 연필을 꾹 눌러서 생긴 거라면 정말로 그 소년이다. 그런데도 소녀는 아직 알고 싶어 하지 않는다.

언젠가 미시간 주립대학교에서 앤더슨 박사가 심리학과 수업에서—심리학과 전체를 대상으로 하는—최면 강의 시간을 내주었다. 앤더슨 박사가 내게 최면을 시연하고 싶은지 물었다. 나는 실험 대상이 없다면서 자원자 몇 명을 받으면 좋겠다고 제안했다. 여러 학생을 불러서 최면을 받아볼 의향이 있는지 알아보았는데, 꽤 많은 학생이 자원했다. 나는 페기라는 이름의 여학생을 택했다. 앤더슨 박사는 자동 기술記述 기법의 최면 시연을 원했다. 나는 페기에게 긴 탁자의 맨 끝으로 가라고 한 뒤 나머지는 모두 탁자 이쪽 끝으로 오게 했다.

그리고 페기에게 최면을 걸었다. 페기는 우리가 긴 탁자의 이쪽 끝에 앉아 있고 자기는 반대편 끝에 앉아 있다는 것을 알았다. 페기는 자동으로 뭔가를 적었다. 그리고 무의식중에 종이를 접고 또 접었으며, 그것을 무의식중에 핸드백에 찔러넣었다. 페기는 그런 행동을 전혀 자각하지 못했다. 나머지 우리는 알았다. 나는 페기에게 다시 최면을 걸고, 최면에서 깨어나면서 "6월의 아름다운 날이다"라고 적으라고 말했다. 그때는 4월이었다.

페기는 내 말대로 적었는데, 내가 그 종이를 보여주자 자기가 쓴 것이 아니고 필체도 자기 것이 아니라고 말했다. 물론 페기의 필체가 아니었다.

그해 9월 페기가 멀리 인디애나에서 내게 전화해서 이렇게 말했다. "오늘 재미있는 일이 있었거든요. 선생님과 연관이 있는 것 같아서 무슨 일인지 말씀드리려고 전화했어요. 오늘 제가 핸드백을 비웠는데, 그 안에서 종이 쪽지가 나왔어요. 종이를 펴보니까 한쪽 면에 낯선 필체로 '내가 해럴드하고 결혼할까?'라고 적혀 있었어요. 제 글씨가 아니었어요. 그 종이가 어떻게 제 핸드백에 들어갔는지는 모르겠지만, 선생님이 이 일과 관련이 있을 것 같았어요. 그리고 제가 선생님과 연결된 유일한 사건은 4월에 선생님이 미시간 대학교에서 하셨던 그 강의밖에 없어요. 이 종이에 관해 설명해주시겠어요?"

"내가 4월에 그 대학에서 강의했지. 그건 맞네. 혹시 그때 누구하고 결혼을 약속했나?"

"아, 네. 빌과 약혼한 상태였어요."

"그때 약혼에 대한 확신이 서지 않나?"

"아뇨, 아니에요."

"그 뒤로 빌과의 약혼에 의문이 들었나?"

"아, 빌과는 지난 6월에 헤어졌어요."

"그다음에 무슨 일이 있었지?"

"음, 7월에 해럴드라는 남자와 결혼했어요."

"그때 해럴드와는 얼마나 알고 지낸 사이였나?"

"2학기에 얼굴은 알고 지냈지만 따로 만나거나 이야기를 나눠본 적은 없었어요. 그러다 7월에 우연히 만났고요."

"'내가 해럴드하고 결혼할까?'라는 글은 자네가 최면 상태에서 자동으로 쓴 거야. 자네는 무의식에서 이미 빌과는 헤어지고 해럴드에게 진심으로 마음이 끌린다는 걸 알아챘어."

페기의 무의식은 벌써 몇 달 전부터 파혼을 예감했다. 그녀가 종이를 접은 이유는 4월에는 의식 차원에서 그 사실에 직면하지 못했기 때문이다.

환자에게 처음 자동 기술을 시킬 때는 그들이 보호받고 있다고 명확히 인지시키지 않는 한 다들 자유롭게 쓰는 데 어려움을 겪는다. 자아의 사적인 정보가 올라오고 아직 그 정보에 직면할 준비가 되어 있지 않아서다. 따라서 자동 기술 기법을 쓰고 싶다면 환자가 "못하겠어요"라고 해도 놔두고 그냥 손을 움직여 휘갈겨 쓰게 놔두는 법을 가르친다. 그렇게 몇 번 휘갈겨 쓰다 보면 서서히 비밀스러운 정보를 해석이 불가능한 낙서로 쓰게 된다. 그다음에 "6월의 아름다운 날이다" 같은 글을 쓰게 한다. 그러다 보면 사적인 정보가 나올 수 있다. 언젠가 나는 해독 불가능하지만 알고 보니 온전한 이야기가 담긴 글을 16시간을 들여서 아주 천천히 해독한 적이 있다. 그 글은 '논문집*'에 실려 있을 것이다.

손으로 글을 쓰는 압박감 자체가 중요한 메시지를 전달할 수 있다. 에릭슨이 페기에게 "6월의 아름다운 날이다"라고 쓰도록 암시한 것은 의도치 않게 얻어진 우연이었다. 6월은 페기가 약혼자 빌과 헤어진 달이다. 물론 6월은 결혼을 연상시키는 달이기도 하다.

이야기 12
발리인들의 자기최면

1937년, 마거릿 미드와 제인 벨로Jane Belo, 그레고리 베이트슨은 발리 문화에서의 자기최면autohypnosis을 연구할 목적으로 발리로 떠났다. 발리에서는 사람들이 시장에 가는 길에 깊은 최면에 빠진 채 장을 보고, 돌아오는 길에 최면에서 깨어나 집에 도착했다. 아니면 계속 최면에 걸린 채로 최면 상태가 아닌 이웃을 찾아가고, 이웃을 만나는 동안에도 계속 최면 상태에 머물렀다. 자기최면은 발리 사람들의 일상이었다. 미드와 베이트슨, 벨로는 발리 사람들의 행동을 연구

* Advanced Techniques in Hypnosis and Psychotherapy, ed. Jay Haley(New York: Grune and Stratton, 1967

해서 내게 영상을 보여주며 살펴보게 했다. 미드 박사는 발리의 최면과 서양의 최면이 동일한지 알고 싶어 했다. 내 제자 루시가 발리 사람들이 취하는 몸동작body-orientation movement을 따라 두 손을 모으고 발끝으로 서보려 애쓰면서 자신의 신체를 새롭게 알아갔다. 이것이 최면의 특성이다.

———

이 이야기는 일상적인 활동을 하면서, 예컨대 장을 보고 이웃집을 방문하면서도 최면 상태에 머무를 수 있다고 예시한다. 꼭 특이한 행동을 해야 하는 것은 아니다. 이 이야기의 마지막 부분에서 에릭슨은 진료실에 있던 치료자(루시)의 신체 지향 동작이 발리 사람들이 최면에서 깨어날 때의 동작과 비슷하다고 지적하면서, 발리인의 최면 경험을 서양인의 최면과 연관시킨다. 에릭슨은 아주 멀리 떨어져 있고 우리 대다수에게 낯선 곳의 이야기를 들려주면서 두 가지 메시지를 전달한다. 첫째, 최면은 누구나 경험하는 일상의 경험이다. 둘째, 최면은 다소 이국적이고 매력적이다.

상대의 무의식 이끌어내기

✛

암시에서 이중구속까지
12가지 최면 이야기

"그 사람처럼 말하면 그 사람을 도울 수 있다."

이번 수업에서는 에릭슨이 문자 그대로 이해하기와 나이 퇴행, 시공간 왜곡 같은 '전통적인' 최면 현상을 적용하는 예를 보여준다. 더불어 에릭슨이 최면치료에 기여한 고유의 기법, 곧 간접 암시를 활용하는 과정을 예시한다. 에릭슨의 간접 기법은 특히 최면과 치료에 대한 '저항resistance'이라 일컬어지는 현상을 다루는 데 유용하다. 예를 들어 '저항하는 환자'라는 이야기에서 의심 많고 까다로운 의사인 환자가 명백히 최면에 걸린 듯 보이는 다른 내담자와 대면할 때는 최면의 현실이 간접적으로 암시된다. 간접 암시에 관한 폭넓은 논의는 에릭슨과 로시의 《최면치료》를 참조하라.

이야기 1
아무 데도 아닌 어딘가 — 문자 그대로 이해하기

나는 어니스트 로시 박사에게 깊은 최면과 최면 현상을 시연해주기 위해 한 여학생을 초대했다. 나는 그녀에게 깊은 최면에 들어가 아무 데도 아닌 어딘가에서 만나자고 말했다. 그녀는 최면에 빠진 채로 눈을 번쩍 뜨더니 아주 진지한 얼굴로 "뭔가 크게 잘못됐어요!"라고 말했다.

로시 박사는 뭐가 잘못됐는지 몰랐지만 그 학생은 무엇이 문제인지 알았다. 아무 데도 아닌 어딘가에서 만나자는데 무엇이 문제일까?

아무 데도 아닌 어딘가는 없다! 그것은 텅 빈 공간이다.

나는 그녀의 눈을 감기고 최면을 깨운 뒤 이렇게 말했다. "자네가 나를 위해 다른 일을 해주기를 바라네. 최면에 들어간 다음 우주 공간에서 자네를 만나고 싶네."

그 학생은 최면 상태로 눈을 떴다. 그녀는 강의실에서도 바닥에서도 다른 어디에서도 방향을 찾지 못하는 것 같았다. 다음으로 나는 그녀에게 "내 손에 있는 이 문진文鎭을 보게. 자, 문진을 다른 위치에 놓아주게."

그 학생은 어떻게 했을까? 그녀는 이렇게 말했다. "에릭슨 박사님, 위치가 세 군데밖에 없어요. 제가 한 곳에 있고, 박사님이 한 곳에 있고, 문진이 세 번째 위치에 있어요. 위치가 이렇게밖에 없어요."

최면에 걸린 내담자는 철저히 문자 그대로 듣는다.

나는 그 학생을 다시 깨워서 다음과 같이 지루하고 썰렁한 농담을 해주었다. "어느 날 카우보이가 말을 타고 산으로 갔는데, 아주 높은 산이라 두 번에 나눠서 봐야만 정상까지 다 볼 수 있었네. 카우보이는 먼저 최대한 위로 높이 보았지. 그다음에 두 번째로 볼 때는 처음에 보다가 만 지점에서 시작했네." 그리고 나는 그녀에게 다시 최면을 걸어 이렇게 말했다. "자네가 눈을 뜨면 내 손까지만 보고 그 이상은 보지 않기를 바라네. 이제 몸을 앞으로 내밀어 눈을 뜨고 보게."

그녀가 말했다. "분홍색과 회색이에요. 그건 박사님 손이에요, 에릭슨 박사님. 그런데 어디 계시죠? 손은 보이는데 손목은 안 보여요. 에릭슨 박사님, 보이는 것도 뭔가 아주 이상해요. 박사님 손이 지금 2차원으로 보이는데, 원래는 3차원이어야 하잖아요."

최면을 다룰 때는 무의식이 단어에 아주 구체적인 의미를 더한다는 사실을 명심해야 한다. 우리는 평생 무언가를 배우고 그 지식을 무의식으로 전환해서 최종 학습 결과를 자동으로 활용해왔다. 말하는 법을 배우면서 'dink-a-wa-wa'를 'drink of water'라고 생각하던 때가 있었다. 시간이 한참 흐른 뒤에야 'dink-a-wa-wa'는 'drink of water'가 아니라는 것을 깨달았다. 그래서 성인 환자들은 치료자가 "당신이 이해하지 못하는 언어가 있습니다. 한때는 알았더라도 말입니다"라고 아주 신중하게 설명하고 나면 아주 오래 걸려서 이해하는 것이다.

——————

에릭슨은 최면에 걸린 내담자가 최면 암시에 문자 그대로 반응한다고 지적하는 동시에, 무의식적인 학습은 고착된 상태로 남는 것이 아니라 새로 학습한 내용이 추가된다고 강조한다. "우리는 평생 무언가를 배우고 그 지식을 무의식으로 전환해서 최종 학습 결과를 자동으로 활용해왔다." 에릭슨은 독자에게 그의 이야기에서 학습한 내용을 무의식으로 전환하여 최종 결과를 자동으로 사용할 것이라고 암시한다.

이야기 2
오렌지 공포증─지각 조작

어떤 환자가 처방전을 들고 한 번 복용할 양의 피마자유를 사러 약국에 갔다. 약제사에게 처방전을 건네며 피마자유 때문에 몹시 괴로웠던 적이 있다고 했다. 집에 가서 피마자유를 복용했더니 속이 메스꺼웠다고 말이다.

그러자 약제사가 물었다. "약을 조제하는 동안 오렌지주스 한 잔 드시겠어요?"

그녀는 오렌지주스 맛이 살짝 다르다고 생각했지만, 한 잔 다 마신 뒤 "제 약은요?"라고 물었다.

약제사가 말했다. "벌써 드셨어요. 오렌지주스에 타서."

그 뒤로 며칠 동안 그녀는 선키스트 오렌지 광고만 보면 속이 몹시 안 좋아졌다. 식당에 가서 오렌지를 봐도 속이 메슥거렸다. 어머니 대신 장을 볼 때도 오렌지가 있는 가게에는 들어가지 못했다. 오렌지색 옷도 전부 버려야 했다. 심지어 '오렌지'라는 말을 듣기만 해도 토할 것처럼 속이 거북해지고 머리가 깨질 듯 아팠다.

나는 우리 병원 의사와 친구 사이인 그 환자를 병원 파티에 초대했다. 내가 사전에 그 의사 친구와 작당한 것이다. 파티에서 그 의사가 내게 최면을 시연해달라고 부탁했고, 나는 이 사람 저 사람에게 최면을 걸었다. 마지막으로 그녀가 최면을 걸어달라고 자청했다.

나는 그녀에게 최면을 걸어 피마자유 사건이 일어나기 한참 전인 세 살로 퇴행시켰다. 환자는 몽유병처럼 깊은 최면 상태에서 부정적인 환각과 긍정적인 환각을 모두 경험했다. 파티를 주최한 사람이 모두에게 오렌지주스를 마시겠느냐고 물었다. 다들 오렌지주스를 마시고 싶다고 했다. 그래서 주최자는 오렌지를 한 바구니 가득 가져와 즙을 짜고, 환자 옆에 앉았다. 우리는 이런저런 주제로 담소를 나누었다. 나는 환자가 주최자를 보고 그에게 말하도록 유도했다. 그리고 모두 오렌지주스를 마셨다. 나중에 나는 그녀가 정확히 뭔지는 모르지만 좋은 맛을 입안에 머금은 채 깨어나게 했다. 그날 밤 집으로 가다가 그녀는 광고판 앞을 지나면서 이렇게 말했다. "재밌네. 광고판을 봐도 더 이상 속이 메슥거리지 않다니."

그 뒤로 그녀는 오렌지주스를 마시고 오렌지색 옷을 입었다. 나중에 그녀는 이렇게 말했다. "오렌지를 보면 속이 메슥거리던 때가 있었는데, 이제는 그렇지 않아. 왜 그랬는지 궁금한데, 그게 언제였는지조차 기억나지 않아."

어떤 사람에게 시간에 대한 인식을 다시 심어주는 방법만으로도 가능한 일이었다. 만약 당신이 높은 곳을 무서워해서 스퀴피크 산에 오르지 못한다면 내가 어떻게 할까? 시간을 10년이나 12년 전까지 되돌려야 한다 해도 당신이 시간에 대한 인식을 잃게 만들 것이다.

그러면 당신은 공포증이 없던 18년 전으로 돌아간 것처럼 산행을 나갈 것이다. 그래서 스쿼피크 산을 오르고, 그 산 너머에 무엇이 있는지 확인할 것이다.

이렇게 할 수 없다면 사물에 대한 지각에 혼동을 주어서 산을 평지처럼, 쟁기질할 수 있는 푸르른 잔디밭 같은 평지처럼 인식하게 만들 것이다. 걷기에는 조금 울퉁불퉁하겠지만, 당신은 산을 오르면서 쟁기질 탓이라고 생각할 것이다. 그리고 산을 넘을 것이다. 그런 다음 나는 당신이 시간과 장소에 대한 인식을 서서히 되찾게 해줄 것이다.

당신은 따스한 여름날 잠이 든 채로 얼음판 위로 스케이트를 타러 갈 수도 있다. 뉴올리언스나 샌프란시스코, 호놀룰루에서 식사를 할 수도 있다. 비행기를 타고, 차를 운전하고, 친구들을 모두 만나면서도 침대에서 깊이 잠들어 있을 수 있다.

치료자들은 모든 환자가 이런 경험을 한다는 것을 알아채고, 최면 상태에서 꿈이 최면 현실의 느낌으로 변할 수 있다고 암시할 수 있다. 우리는 최면 상태에서만 이미 습득한 모든 학습을 다룰 수 있다. 다만 우리는 흔히 우리가 학습한 것을 무시하는 경향이 있다.

이야기 3
저항하는 환자

내가 피닉스에서 최면치료를 시작했을 때 어떤 의사가 전화를 걸어 약속을 잡아달라고 했다. 그의 말투를 듣자 이런 생각이 들었다.

'골칫거리구만. 이 사람은 자기한테 한번 최면을 걸어보라고 요구하고 있어.' 나는 이튿날로 예약을 잡아주었다.

그는 진료실에 들어오더니 "자, 저에게 최면을 걸어보시지요"라고 말했다. 그래서 나는 절대 효과가 없을 만한 온갖 기법을 동원해서 일부러 최면을 거는 데 실패했다. 그리고 "잠깐 실례할게요"라고 말하고는 진료실을 나와서 애리조나 주립대학교의 제자가 일하고 있는 주방으로 갔다. 나는 그 학생에게 이렇게 말했다. "일스, 내 진료실에 적대감과 저항이 심한 환자가 와 있네. 내가 자네를 최면 상태로, 몽유병처럼 깊은 최면 상태로 유도하겠네."

나는 일스를 데리고 진료실로 들어가면서 일스에게 팔을 들게 해서 강직증*인 것을 보여주었다. 그리고 이렇게 말했다. "일스, 저기 저 남자 옆으로 가게. 자네가 저 사람을 최면에 빠뜨릴 때까지 그렇게 서 있게. 나는 15분 뒤에 돌아올게."

그 의사 환자는 이미 내게 저항했다. 그런데 최면에 걸린 다른 누군가가 그에게 최면을 걸려고 한다면 어떻게 저항할 수 있겠는가?

내가 다시 들어갔을 때 환자는 깊은 최면에 빠져 있었다.

저항이 일어나면 에둘러가야 한다. 환자를 저쪽 의자에 앉혀서 온갖 저항을 불러내고는 이쪽 의자에 앉힐 수 있다. 환자는 저항을 저쪽에 남겨두고 아무런 저항 없이 이쪽 의자로 온다.

---

* 갑작스러운 근육경직으로 몸을 움직이지 못하고 통증에 대한 감각도 떨어지는 상태.

이 이야기에서 에릭슨은 최면에 대한 저항을 다루는 효과적인 방법을 제시한다. 에릭슨은 '저항의 방향 정하기'에 관해 말하면서 그가 증상을 특정한 지리적 위치로 '지시'하거나 '지정'할 때와 같은 원칙을 적용한다. 예를 들어 에릭슨은 환자가 한 의자에서 비행 공포증을 모든 강도로 체험하게 한다. 그런 다음 환자에게 '저 의자에서 공포증을 실제로 체험'한 뒤 '공포증을 저 의자에 놓고 가라'고 지시한다. 공포증을 다른 어디에서도 경험하지 않고, 오로지 저 의자에서만 경험할 거라는 뜻이다.

이 이야기에 나오는 의사는 최면에 대한 저항이 에릭슨을 향했다. 따라서 다른 사람에게는, 적어도 최면으로 강직증을 보이는 사람에게는 저항하지 않았다.

이야기 4
알코올중독자와 선인장 ─ 암시

보통 나는 알코올 남용 환자는 갱생 모임으로 보낸다. 나보다는 거기에서 더 효과를 볼 수 있기 때문이다. 그런데 어느 알코올 남용 환자가 찾아와 이렇게 말했다.

"제 조부모님은 두 분 다 알코올중독이었어요. 부모님도 알코올중독이었고요. 아내의 부모님도 알코올중독이었어요. 아내도 알코올중독이고, 제 남동생도 알코올중독이에요. 저는 진전섬망*을 열한 번

이나 겪었어요. 알코올중독이라면 이제 지긋지긋해요. 선생님에게
는 무척 어려운 치료일 겁니다. 저한테 어떻게 해주실 수 있을까요?"

나는 그에게 직업이 무언지 물었다.

"술에 취해 있지 않을 때는 신문사에서 일합니다. 그쪽에서는 알코
올중독이 산업재해죠."

나는 이렇게 말했다. "좋습니다. 당신은 내가 그것에 관해, 그러니
까 당신 가족력에 관해 뭔가 해주기를 바라는군요. 그렇다면 내가 당
신에게 제안하는 방법이 그럴듯해 보이지는 않을 겁니다. 그래도 일
단 식물원으로 가세요. 거기에 있는 모든 선인장을 바라보며 물도 없
고 비도 오지 않는 곳에서 3년이나 버틸 수 있는 능력에 감탄하세요.
그리고 깊은 사색에 잠기세요."

오랜 세월이 흘러 어느 젊은 여자가 나를 찾아와 이렇게 말했다.
"에릭슨 선생님, 제가 세 살 때 선생님은 저를 아셨어요. 그때 집이
캘리포니아로 이사했다가 지금은 다시 피닉스에 사는데, 선생님이
대체 어떤 분인지, 어떻게 생기신 분인지 보러 왔어요."

"잘 보세요. 그런데 왜 나를 보고 싶어 하는지 궁금하군요."

그녀가 말했다. "알코올중독자를 식물원에 보내 주위를 둘러보게
해서 술 없이 지내는 법을 배우게 하고, 또 그런 방법으로 효과를 거
두신 분이라면 당연히 만나 뵙고 싶죠! 선생님이 제 아버지를 그곳
에 보내신 뒤로 제 어머니와 아버지는 맨정신으로 지내셨어요."

---

* 금단증상으로 몸이 떨리는 증상.

"아버님은 지금 뭘 하십니까?"

"잡지사에서 일하세요. 신문업계를 떠나셨어요. 신문사에는 알코올중독이라는 산업재해가 있다고 하시네요."

자, 알코올 남용을 치료하는 괜찮은 방법이었다. 환자에게 비가 오지 않아도 3년이나 버티는 선인장을 감상하게 했다. 물론 교재를 참조할 수도 있다. 오늘은 이만큼 해보라. 내일은 저만큼 해보라. 교재에는 이러이러하게 하라고 나온다. 그러나 실제로 치료할 때는 환자를 가만히 관찰하고 그 사람이 어떤 유형인지 파악한 다음 환자의 문제, 곧 환자만의 고유한 문제에 꼭 맞는 방법으로 접근해야 한다.

이 이야기는 간접 암시를 상징적으로 적용한 좋은 사례다.

이야기 5
경쟁심 강한 환자의 두통

필라델피아에서 어떤 의사가 환자를 내게 보냈다. 환자를 보자마자, 나는 타고난 성품이 그렇게 경쟁적인 사람은 본 적이 없다는 생각이 들었다. 그는 무슨 일이든 경쟁하려 들었으며 경쟁이 치열한 사업을 운영했다. 그는 가능한 모든 경쟁 기회를 노렸다.

나는 그에게 이렇게 말했다. "두통에 시달리는군요. 날마다 죽을 것처럼 지독한 편두통을 앓고 있군요. 9년 동안 편두통을 달고 살았다고요. 두통 때문에 3년 동안 매일 당신이 신뢰하는 그 의사에게 치료를 받았고요. 그런데 차도가 전혀 없었군요. 이제 그 의사가 나한테 당신을 치료해달라고 맡겼어요. 나는 당신을 치료하지 않고, 대신에 이렇게 주문할게요. 무릎에 두 손을 얹고, 왼손이 먼저 얼굴로 올라가는지 오른손이 먼저 올라가는지 한번 지켜보세요.”

그의 두 손 사이에 벌어진 경쟁은 실로 굉장했다! 둘 중 하나가 이길 때까지 30분쯤 걸렸다.

그의 한 손이 얼굴에 닿으려는 바로 그 순간 나는 이렇게 말했다. “긴장은 근육에 쌓입니다. 두 손이 경쟁하는 동안에는 당신이 긴장을 두 손으로 붙잡습니다.” 그에게 그런 긴장은 유쾌하지 않았다. “자, 두통에 시달리고 싶다면 목과 어깨 근육들 사이의 경쟁과는 상관없이 두통을 느껴보는 게 어떨까요? 당신은 목과 어깨 근육들 사이의 경쟁을 원하지 않듯이 두통에 시달리는 것도 원하지 않을 겁니다. 휴식을 취하면서 두 손을 경쟁시키는 방법으로 근육 이완이 뭔지 알아보길 바랍니다.”

그렇게 나는 그에게 긴장과 이완을 교육했다. 그 뒤로 그는 두통에서 자유로워졌다. 적어도 6년이나 8년 전 일이다.

———

이 이야기에서 에릭슨은 환자의 준거기준 안에서 환자를 만나야 한다는 원칙을 설명한다. 그는 경쟁심이 강한 환자의 성격을 이용해서 경쟁심을 좀 더 건설적인 방향으로 유도했다. 물론 에릭슨에게로 향하던 경쟁심의 방향은 모두 환자 내면의 경쟁심으로 전환되었다. 그 뒤로 환자는 최면에 대해서든 에릭슨이 제시하는 치료 암시에 대해서든 조금도 저항하지 않았다.

이야기 6
여자아이도 몽정을 할 수 있어요

어떤 여자가 이혼에 합의했다. 그녀가 성적 불감증이라 남편이 몹시 힘들어한 터였다. 남편은 성적으로 전혀 반응하지 않는 아내와는 더 이상 같이 살 수가 없었다.

그 뒤 그녀는 남자친구를 여러 명 만났다. 지금은 아내와 별거하는 남자와 동거 중으로, 부도덕한 생활을 지속하고 있었다. 남자는 그녀를 정부情婦로 삼고 싶어 했다. 그는 자식들을 일순위에 두고 아내를 두 번째, 정부는 그다음으로 생각했다. 그녀는 여전히 전혀 반응이 없었다.

남자는 돈 많은 사람이었다. 그녀가 갖고 싶어 하는 물건을 많이 사주었다. 그녀는 이렇게 말했다. "전 그냥 차가워요. 전혀 감정이 느껴지지 않아요. 제게는 그저 기계적인 일이에요."

나는 최면 상태에서 그녀에게 남자아이들이 성기의 여러 가지 느낌─흐물흐물한 상태, 4분의 1쯤 발기한 상태, 반쯤 발기한 상태, 완전히 발기한 상태─을 알아채는 법을 어떻게 배우는지 설명해주었다. 발기했던 성기가 수축할 때는 어떤 느낌인지. 사정할 때는 어떤 느낌인지. 그리고 남자아이들이 잘 꾸는 몽정에 관해서도 모두 설명했다.

나는 이렇게 말했다. "모든 남자아이에게도 조상의 절반은 여자입니다. 남자아이가 할 수 있는 건 여자아이도 할 수 있지요. 그러니까 당신도 밤에 몽정을 경험할 수 있어요. 사실 몽정은 당신이 원하면 언제든 경험할 수 있어요. 낮에 잘생긴 남자를 볼 수 있잖아요. 그중에서 하나를 골라잡아요. 꼭 상대도 알아야 하는 건 아닙니다. 그렇지만 당신은 알 수 있지요."

환자가 말했다. "그것참 흥미로운 생각이네요."

나는 그녀가 이상하리만큼 조용해진 것을 알아차렸다. 그녀의 얼굴이 벌겋게 달아올랐다.

그녀는 이렇게 말했다. "에릭슨 박사님, 방금 제게 첫 오르가슴을 느끼게 해주셨어요. 정말 고마워요."

나는 그녀에게서 편지 몇 통을 받았다. 아내와 별거 중인 동거남과는 헤어지고 결혼에 관심이 있는 또래의 젊은 남자를 만났다고 했다. 그와 나누는 섹스는 아주 근사하며, 그때마다 한 번, 두 번, 또는 세 번까지도 오르가슴을 느낀다고 했다.

남자아이는 모두 몽정을 한다는 설명으로 준비 작업을 했다. 그렇게 한 이유는 누구나 손으로 자위하는 법을 배우기 때문이다. 어떤 사람이 성숙한 어른이 되려면 손을 쓰지 않고도 성적으로 기능

할 수 있어야 한다. 그래서 무의식이 꿈속에서 성적 대상을 제공하는 것이다.

내가 여기서 여자아이가 아닌 남자아이의 자위를 설명한 이유는 무엇일까? 남자아이의 몽정에 관해 들려주면 환자에 관해 말하지 않아도 환자의 이해를 도울 수 있기 때문이다. 그리고 나서 환자가 이해했을 때 나는 이렇게 말했다. "여자아이도 몽정을 경험할 수 있어요. 남자아이에게도 조상의 절반은 여자입니다."

에릭슨은 뜬금없이 "모든 남자아이에게도 조상의 절반은 여자입니다"라고 말한다. 그저 이 여자 환자도 그가 남자아이에 관해 설명한 경험을 통해 배울 수 있다고 말하려는 것이다.

불감증이 치료됐을 뿐 아니라 환자가 좀 더 적절한 배우자를 고른 것으로 미루어보아 치료 효과가 환자의 일상생활로 넘어간 것으로 보인다. 최면을 '단순한 증상 치료'로 깎아내리는 데 비하면 대단한 효과가 아닌가!

이 이야기는 간접 암시를 통해 증상 치료에 성공한 또 하나의 좋은 사례다.

이야기 7
최면에 걸린 척하던 사람

돌리에게는 최면을 걸기가 꽤 어려웠다. 돌리는 최면에 깊이 빠지지 못하는 사람이었다. 나는 그녀에게 '최면에 들어가는 법을 배울' 수 있다고 암시했다.

그런 다음 돌리에게 앨버커키에서 최면 실험에 참가한 사람의 이야기를 들려주었다. 어느 교수가 그 사람에게 몇 가지 최면 실험을 시도한 뒤 내게 이렇게 말했다. "이 사람을 깊은 최면에 빠지게 하려고 별별 시도를 다 해봤지만 좀처럼 최면에 걸리지 않았습니다."

그래서 나는 그 사람에게 일단 최면에 걸리는 척이라도 해보라고 주문했다. 나는 그에게 눈을 뜨면 내 손만 볼 수 있을 거라고 말했다. 그런 다음 주변 시야가 차차 좁아져서 오로지 내 손만 보일 거라고 말했다. 그리고 다른 네 가지 감각 영역이 있다. 잠시 후 그는 주위에 책상도 나도 의자도 없고, 오로지 내 손만 보인다고 확실히 느꼈다. 다음으로 나는 그 사람을 가벼운 최면 상태로 만든 다음 다시 깊은 최면 상태에 빠지게 했다. 그녀는 반복해서 깊은 최면에 들어가는 시늉을 하다가 드디어 정말로 깊은 최면에 빠졌다.

돌리는 이 이야기를 경청했다. 그리고 깊은 최면에 들어가는 시늉을 하다가 정말로 깊은 최면에 빠졌다.

에릭슨이 이 이야기를 들려주면 사람들이 간혹 정말로 깊은 최면에 빠진다. 여기서 '강조'한 구절은 내가 표시한 것이다. 에릭슨이 말투를 바꾸고 말하는 속도를 늦춘 대목이다. 이런 구절은 직접 암시처럼—예컨대 "내 손만 보일 것이다"—사람들의 반응을 끌어냈다.

나는 최면에 잘 걸리지 않는 환자들을 상대할 때, 최면에 걸리는 척하는 사람들과 '실제로' 최면에 걸린 사람들에게서 동일한 결과를 얻은 최근의 연구를 들어 설명했다. 이 이야기에서처럼 얕은 최면이든 깊은 최면이든 최면에 걸린 척할 수 있다. 에릭슨은 몇 가지 깊은 최면 현상, 이를테면 '부정 환각'(책상이나 의자나 신체의 다른 부분이 보이지 않는 현상)을 설명하면서 환자를 유도한다.

이야기 8
당신도 저 소리가 들립니까?

한 워크숍에서 어떤 여자가 최면 실험에 자원자로 나섰다. 그녀는 여러 치료자에게 긴 시간에 걸쳐 최면을 받아봤지만 최면 암시가 전혀 통하지 않았다고 말했다.

그래서 나는 그녀에 관한 몇 가지 질문을 던졌다. 프랑스인인 그녀는 좋아하는 프랑스 요리 이름과 뉴올리언스에서 마음에 드는 프랑스 레스토랑을 말했다. 또 자기가 음악을 얼마나 좋아하는지 말하면서 좋아하는 음악을 설명했다.

그녀는 내가 경청하는 모습을 보고는 고개를 돌려 반대쪽 귀로 듣기 시작했다. 그녀는 왼쪽 귀로 듣는 사람이었다. 그래서 나는 내 오른쪽 귀를 접었다.

내가 말했다. "당신도 저 소리가 들립니까? 아주 희미한가요? 오케스트라가 얼마나 떨어져 있는지 궁금하군요. 점점 가깝게 들리는 것 같아요."

잠시 뒤 그녀는 자기도 모르게 음악에 장단을 맞추지 않을 수 없었다.

다음으로 내가 질문을 던졌다. "오케스트라에 바이올린 연주자가 한 명입니까, 두 명입니까?" 두 명이었다. 그녀는 색소폰을 연주하는 남자를 가리켰다. 그렇게 우리는 기분 좋은 시간을 보냈다.

나는 오케스트라가 연주곡의 막바지에 이르렀는지, 다음 곡을 연주하기 위해 악보를 펼쳤는지 물었다. 그녀는 자기가 좋아하는 곡이 모두 연주되는 소리를 들었다.

특정 현상을 떠올릴 때 최면에 가장 잘 걸린다. 말더듬이에게 귀를 기울이면 어느새 그 사람처럼 말하게 된다. 그 사람처럼 말하면 그 사람을 도울 수 있다.

───────

이 이야기는 치료자가 "~이 들릴 겁니다"라고 말하는 평범한 최면 기법보다 환청을 암시하는 훨씬 고차원적인 방법이다. 이번에도 에릭슨은 남을 돕고 싶어 하는 인간의 성향을 강조한다. 이야기의 최면 피험자는 에릭슨에게 오케스트라가 들리는 것처럼 보이자, 자신이 직접 듣고 에릭슨을 도와주었다.

이야기 9
여드름 특효약

동부의 어느 여의사가 내게 전화해서 "우리 아들은 하버드 대학 학생인데요, 여드름이 아주 심해요. 최면으로 치료해주실 수 있을까요?"

내가 말했다. "그래요. 그런데 굳이 나한테 데려올 필요가 있을까요? 크리스마스 휴가를 어떻게 보내실 계획입니까?"

그녀가 말했다. "보통은 병원에 휴가를 내고 선 밸리에 가서 스키를 타요."

"음, 이번 크리스마스 휴가에는 아드님을 데려가세요. 오두막을 하나 구해서 거기 있는 거울이란 거울을 모조리 없애세요. 식사도 안에서만 하고, 손거울은 핸드백 안주머니에 넣어두고요."

그들은 스키를 타면서 휴가를 보냈고, 아들은 거울을 볼 수 없었다. 2주 만에 여드름이 말끔히 사라졌다.

여드름은 거울을 다 없애면 치료할 수 있다. 얼굴에 뾰루지가 나거나 몸에 습진이 생겨도 같은 방법으로 없앨 수 있다.

또 한번은 손에 무사마귀가 난 여자가 찾아왔다. 얼굴에도 무사마귀가 덕지덕지 돋아 있었다. 그녀는 최면치료로 무사마귀를 없애고 싶다고 말했다. 의학 지식이 있는 사람이라면 무사마귀는 바이러스에 의해 생기고 혈압 변화에 매우 민감하게 반응한다는 사실을 알 것이다.

나는 그 환자에게 발을 물에 담그되, 처음에 얼음처럼 차가운 물에 담갔다가 견디기 힘들 만큼 뜨거운 물에 담그고 다시 차가운 물에 담그라고 말했다. 환자는 하루에 세 번 내 지시대로 하다가 몹시 귀찮아져서, 이것만 안 할 수 있다면 무슨 짓이든 다 하겠다고 생각할 정도가 되었다. 무사마귀가 사라졌을 때는 발을 물에 담그는 것도 잊을 수 있었다.

매일 하던 일을 멈추고 발을 담가야 하고, 그것도 시간 맞춰 꾸준히 해야 한다면 정말로 짜증 나는 일일 것이다.

3년쯤 지나서 이 환자가 아들을 데려왔다. 내가 그녀에게 무사마귀는 어떠냐고 묻자 그녀는 "무슨 무사마귀요?"라고 되물었다.

"3년 전쯤 손과 얼굴에 난 무사마귀를 치료해달라고 나를 찾아왔잖아요."

"다른 사람과 착각하시는 거 아닌가요?" 그녀는 내가 준 최면 암시에 따른 것이다. 그녀는 몇 달 동안 발을 담갔으며, 이런 사실은 그녀의 남편이 확인해주었다. 그녀는 발을 담그는 데 진력이 나서 발 담그는 것 자체를 까맣게 잊어버렸고, 그런 식으로 무사마귀도 기억에서 지워버렸다. 그녀가 더 이상 무사마귀를 신경 쓰지 않은 뒤로 무사마귀에 대한 관심이 사라진 덕분에, 혈액이 발로 내려가고 실제로 무사마귀로 가는 혈액 공급이 줄어든 것이다. 무사마귀는 깨끗이 사라졌다.

에릭슨은 관심의 초점을 옮기는 방법으로 피부질환을 치료하면서 15세기에 파라셀수스Paracelsus가 말한 명언을 예시한다. "인간은 자기가 상상한 모습대로 되고, 인간은 자기가 상상한 바로 그 사람이다." 실제로 심상心象과 관련해서 몸으로 나타나는 효과가 있다. 이런 효과는 몸 속에 나타나기도 하지만 피부로 발현되기 쉽다. 가장 두드러진 예로, 부끄러운 일을 떠올릴 때 얼굴이 붉어지거나 야한 이미지를 떠올릴 때 발기하는 현상이 있다. 자기를 가치 있는 존재로 생각하는 사람은 몸을 꼿꼿이 세우고 당당하고 자신 있게 움직인다. 이런 사람의 골격과 근긴장, 얼굴 표정은 스스로를 보잘것없는 존재로 '상상'하거나 그런 자아상을 가진 사람과 전혀 다르게 발달하는 현상이 과연 놀라운 일일까?

이야기 10
치료를 상상한 환자—자가 치유

어느 환자가 내게 이렇게 말했다. "저는 심한 신경증을 앓지만 선생님에게든 다른 누구에게든 말을 못 하겠어요. 선생님께 치료받았던 친구들에게서 선생님 얘기를 전해 들었습니다. 그런데 선생님께 제 문제가 뭔지 말할 용기가 나지 않아요. 그래도 저를 치료해주실 건가요?"

내가 말했다. "그럼요, 어떤 방식이든 할 수 있습니다."

환자가 말했다. "음, 이렇게 할 생각이에요. 밤 11시쯤 제가 차를 몰고 와서 선생님 댁의 진입로에 차를 세워놓고 선생님이 차 안에 같이 있다고 상상할 거예요. 그리고 제 문제를 찬찬히 생각해볼 겁니다."

환자는 두 회기의 상담료를 지불했다. 그녀가 밤에 우리 집 진입로에 와서 새벽 4시까지 자기 문제를 고민한 것이 몇 번인지 나는 모른다. 그녀는 문제를 해결했고, 내게는 처음 두 회기의 상담료만 지불했다.

그녀가 말했다. "문제를 해결했어요. 이제 원하신다면 선생님 실험에 참여할게요." 그래서 린 쿠퍼Linn Cooper *와 나는 그 환자를 대상으로 최면의 시간 왜곡 실험을 실시했다. 따라서 그녀는 상담료를 시간으로 지불한 셈이다. 린 쿠퍼와 함께 진행한 시간 왜곡 실험에서 나는 그녀에게 최면을 자신에게 유리하게끔 활용하라는 암시를 주었다. 린 쿠퍼와 나는 실험 결과에 만족했다. 우리는 기대한 성과를 얻었다. 환자도 원하던 것을 다 얻은 것 같았다.

───────

이 이야기는 "치료하는 사람은 환자 자신이다"라는 에릭슨의 말을

----

* 에릭슨의《최면의 시간 왜곡(Time Distortion in Hypnosis)》의 공저자.

오롯이 보여주는 사례다. 그래도 환자는 에릭슨이 치료자라는 것을 알아야 했다. 치료자가 없었다면 스스로 치료하지 못했을 것이다. 이처럼 타인의 존재, 곧 치료자를—상상 속에서만이라도—필요로 하는 데서 인간은 타인과의 관계 속에서만 충만해지고 성장할 수 있다고 한 마르틴 부버Martin Buber*의 가르침을 확인할 수 있다.

이야기 11
하지 않으려면 해야 한다—이중구속

내 딸은 의과대학에 다닐 때 어니스트 로시와 나의 이중구속**에 관한 논문을 읽었다. 어느 날 딸이 들어와 "그게 바로 제가 하는 방법이에요!"라고 말했다.

로시가 내 딸에게 물었다. "뭘 어떻게 한다는 거냐?"

딸이 말했다. "모든 환자에게는 의대생에게 직장, 탈장, 질 검사를 받지 않겠다고 거부할 권리가 있어요. 여학생들 중에는 이런 검사를 해본 친구가 아무도 없는데, 저는 제가 맡은 환자 모두에게 직장, 탈장, 질 검사를 했어요."

나는 모든 환자에게 거부할 권리가 있다면서 어떻게 그런 검사를 다 했느냐고 딸에게 물었다.

---

* 독일의 유대인 사상가.
** double bind, 한 개인이 중요한 타인과의 관계에서 상호 모순되는 요청이나 요구를 동시에 받음으로써 어떤 행동을 취할 수도 없고 아무 행동도 하지 않을 수도 없는 상황.

딸이 말했다. "검사할 때가 되면 상냥하게 웃으면서 공감하는 말투로 '제가 당신의 눈을 들여다보고 귓속과 코와 목구멍 안쪽을 들여다보고 여기를 찌르고 저기를 두드리는 데 진력이 나시는 거 잘 알아요. 자, 이제 직장과 탈장 검사만 마치면 바로 저에게 작별인사를 할 수 있답니다."

그리고 환자들은 모두 내 딸에게 작별인사를 하기 위해 참을성 있게 기다렸다.

— ———————

이 방법은 이중구속을 설정하는 훌륭한 사례다. 지친 환자들은 에릭슨의 딸 크리스티가 더 이상 자기들을 귀찮게 하지 못하게 하려면 먼저 그녀에게 직장과 질, 탈장 검사를 받아야 했다. 크리스티는 우선 환자들의 피로감과 혼자 있고 싶은 욕구를 말로 표현해주는 방법으로써 환자들에게 동참했다.

나는 이 이야기를 들으면서 간접 암시에 이끌려 에릭슨에게 "어서 하세요. 어서 직장 검사를 하세요"라고 요청해야 할 것만 같았다. 바꿔 말하면 나는 에릭슨이 내 무의식으로 더 깊이 파고들어도 되는지 나한테 허락을 구한다는 느낌을 받았다. 나는 곧 오래전 유아기에 관장을 받은, 까맣게 잊고 있던 기억을 떠올렸다. 나는 환자들이 도움을 받고 있다고 느끼거나 나아가 깊이 묻어둔 '직감'과 기억을 끄집어내야 할 때도 종종 관장이나 직장 검사를 받는 꿈을 꾸거나 상상한다는 사실을 알았다. 어떤 환자에게는 질 검사와 탈장 검사에 초점을 맞추면 성적 욕구와 성적 경험에 대한 연상을 손쉽게 불러낼 수 있다.

이야기 12
최면치료의 전 과정―상징과 은유

다음에 소개하는 사례에는 에릭슨이 간접 암시를 시연하는 치료 과정이 처음부터 끝까지 담겨 있다. 여기서 우리는 에릭슨이 환자에게 생각을 심어두었다가 나중에 다시 그 생각으로 돌아오는 과정을 엿볼수 있다. 또한 에릭슨이 장기적인 최면 후 암시와 재구성을 어떻게 활용하는지 관찰할 수 있다.

사례의 주인공 캐슬린은 에릭슨의 세미나 수업을 듣던 학생이었다. 그 학생이 구토 공포증에 시달린다는 사실을 에릭슨이 어떻게 알아냈는지는 확인할 길이 없다. 어떻게 알았느냐는 질문에 에릭슨은 그저 "세상에는 고자질쟁이가 많으니까"라고만 말한다. 어쩌면 다른 학생이 에릭슨에게 말해주었을 수도 있고, 에릭슨이 직접 추론했을 수도 있다. 어떻게 알았든 그는 망설임 없이 치료를 권했고, 수락을 받았다.

에릭슨 자네는 자네가 최면에 빠진 상태인 걸 알지 않나? 눈을 감으면 더 잘 알 수 있네.

자, 지금 최면 상태에서 아주 편안하면 좋겠네. 최면에 아주 깊이 빠져들어 육체가 없이 정신만 남고, 정신은 몸에서 빠져

나와 허공을 떠돌며 공간과 시간 속에서 떠다니는 느낌을 받기를 바라네.

그리고 과거로 돌아가서 아주, 아주 어린 시절의 어느 한때를 선택하게. 내 목소리가 자네와 함께할 거야. 내 목소리가 자네 부모님, 이웃, 친구, 또 학교 친구, 놀이 친구, 선생님의 목소리로 바뀔 거야. 그리고 교실에 앉아 있는 자네가 보일 거라네. 작은 소녀가 무척 행복해 보이네. 까마득한 옛일이라 아주 오래도록 잊고 지내던 어떤 일로 말이지.

그리고 자네가 경험하기를 바라는 게 하나 더 있네. 내가 깨어나라고 말하면 목부터 윗부분만 깨어나게. 나머지 몸은 깊이 잠든 그대로 남아 있게. 자, 목 위로 깨어나는 건 어려운 일이지만 자네는 할 수 있어.

이제 곧 목 위로 깨어나기 시작할 거야. 자, 두려워하지 말게. 몸은 깊이 잠들어 있으니까. 얼마든지 필요한 만큼 찬찬히 시간을 들여서 목 위로 깨어나게. 어렵지만 자네는 할 수 있어.

(긴 침묵)

이제 머리가 깨어나기 시작해. 눈이 떠지기 시작하네. (침묵) 자네는 할 수 있어. 몸은 아직 깊이 잠든 채 작은 소녀의 몸이 될 거야. 그리고 목 위로 서서히 깨어나고 있어. 눈꺼풀이 떨리면서 눈이 떠지기 시작해. 고개를 드는 사이 목이 풀려. (휴식) 고개를 들어 나를 보게.

머리가 깨어 있나?

세상에는 삶에 적응하는 여러 가지 방식이 있네. 나라면 북극해에서 헤엄치는 게 싫겠지만 바다코끼리는 그걸 즐기지. 고래도 즐기고. 나는 남극이 춥다고 생각해. 펭귄처럼 영하 60도에 알을 낳아 가랑이 사이에 알을 품고 6주 동안 굶주리면서 뚱뚱한 내 짝이 바다에서 돌아와 대신 알을 품어줄 때까지 기다리고 싶지도 않네.

알다시피 고래처럼 거대한 포유류가 바다에서 플랑크톤 같은 아주 작은 입자를 먹고 살아. 주둥이로 바닷물이 몇 톤이나 들어가야 플랑크톤으로 배를 채울 수 있을지 궁금하군. 고래가 플랑크톤을 먹고도 거대하고 뚱뚱하게 불어날 수 있어서 다행이야. 오스트레일리아의 유명한 스쿠버다이버들은 레오파드상어 등에 올라타는 걸 좋아해. 레오파드상어는 그들을 태우고 유유히 헤엄치면서 바닷물을 아가미로 빨아들여 산소를 얻고, 아가미를 샅샅이 훑어 플랑크톤을 찾아내서 거대한 몸뚱이에 영양분을 공급한다네.

고래와 상어가 이런 방식으로 사는 데 이의가 있나? 조류 관찰자가 슈바르츠발트*의 딱따구리를 다룬 교육용 프로그램을 본 적이 있네. 딱따구리가 3주 정도 나무를 쪼아서 온 가족이 들어갈 만큼 크고 깊은 구멍을 만들었지. 조류 관찰자는 어미 새와 아비 새가 먹이를 구하러 떠난 사이에 둥지에 구멍을 뚫

---

* 독일 서남부, 라인 지구대 동쪽에 있는 산지.

고 그 자리에 유리판을 끼워서 딱따구리의 구멍을 단단하고 뚫을 수 없는 완전한 구멍으로 만들었어. 그리고 알이 부화할 때 성장 속도를 촬영할 수 있도록 전등을 달았어. 마지막으로 새끼 딱따구리의 목구멍에 동그란 고리를 끼워놓은 다음, 부모 새들이 다시 먹이를 찾아 떠난 동안 새끼의 목구멍에 걸려 있던 먹이를 꺼내 딱따구리가 어떤 종류의 먹이로 사는지 확인했네. 그렇게 해서 조류 관찰자는 딱따구리가 숲을 보존하는 데 없어서는 안 될 존재라는 사실을 알아냈네. 나무껍질을 먹어치우는 딱정벌레와 나뭇잎을 먹는 딱정벌레가 나왔거든. 물론 부모 새들이 딱정벌레를 잡으러 나가. 딱따구리 목에 불룩한 부위가 있는데, 그곳에서 딱딱한 딱정벌레를 미리 소화시키는 거야. 그리고 둥지로 돌아오면 반쯤 소화된 딱정벌레를 역류시켜서 주둥이를 벌리고 기다리는 새끼들 입에 넣어주지.

내 경험으로는 새끼에게 젖을 먹이는 것이 영양분을 공급하는 데 훨씬 좋은 방법이라고 생각해. 그런데 내가 딱따구리 새끼라면 미리 소화시켜서 다시 역류시킨 딱정벌레를 더 선호했겠지. 인간은 모든 동물 가운데 가장 발달한 동물이지만, 다른 동물에게 특화된 학습이 인간의 삶에도 해당하는 부분이 있다네. 인간은 죽지 않으려고 구토를 하지. 이상한 것을 삼킨 즉시 위胃에서 "어리석은 녀석아, 이걸 없애버려. 당장, 최대한 빠른 경로로"라고 말하거든. 그렇지 않나?

나는 우리에게 뇌가 없는 위가 있고, 뇌가 없어도 "이 쓰레기를 최대한 빠른 경로로 없애"라고 명령할 만큼의 지능을 갖추었다는 사실이 경이롭다고 생각하네.

인간의 이 모든 능력은 아주, 아주 중요하고 감탄스러워.

자, 또 토할까 봐 두려울 것 같은가? 그럴 필요 없어. 머릿속 뇌에 의지하지 않아도 되니까 좋은 거야. 이런 식의 반응이 머리로 반응할 때보다 훨씬 더 현명할 때가 많다고 볼 수 있지.

그러니 자네가 어떻게 토하는 걸 두려워하게 됐는지 우리에게 말해주겠나?

캐슬린 그걸 어떻게 아셨어요?

에릭슨 세상에는 고자질쟁이가 많으니까. 구토 공포증이 언제 시작됐는지 아나?

캐슬린 오래전에요.

에릭슨 "개체 발생은 계통 발생을 반복한다"는 말을 아나? 한 개인의 성장은 종의 성장을 반복하지. 우리는 코로 호흡하지만 해부학적으로 우리에게도 아가미구멍이 있어. 정신이 완전히 깨어나니 기분이 어떤가? 자네 몸은 얼마나 크지? 그렇게 큰 몸을 마음대로 할 수 없다니 놀랍지 않은가? 아니, 자네는 일어서지 못해.

캐슬린 제가 뭘 할 수 없다고요?

에릭슨 일어서지 못한다고.

캐슬린 정말요?

에릭슨 아, 난 틀림없이 그럴 것 같은데, 자네는 어떤가?

캐슬린 음, 방금 전만 해도 그런 줄 알았어요. 그런데 할 수 있을 것 같아요.

에릭슨 사실 여기 있는 모든 사람은 자기네가 할 수 있다는 것을 알아. 자네는 그저 할 수 있다고 생각만 하지.

캐슬린 음, 방금 전까지는 할 수 있을 줄 알았어요. 저는 늘 움직이지 못할까 봐, 엄마처럼 불구가 될까 봐 엄청 두려워했어요.

에릭슨 어머니는 어쩌다 불구가 되셨지?

캐슬린 오랫동안 소아마비 탓인 줄 알았는데, 엄마의 마음 때문이라는 걸 알았어요. 엄마가 소아마비를 앓긴 했지만 마음이 문제였어요.

에릭슨 나는 실제로 소아마비를 앓았고, 더구나 나이가 많아서 몸이 상했지. 언젠가 나도 말 한 필이 끄는 작은 마차처럼 부서질 거야. 그래도 그때까지는 버틸 작정일세.

어릴 때 나는 할머니의 오라버니 집을 방문했어. 그분들은 양털을 깎고 계셨지. 양이 매 하고 우는 소리가 들렸어. 나는 양털을 깎는 게 뭔지 몰라서 도망쳤어. 메리 이모가 기름에 튀긴 간을 내왔는데, 그 뒤로 오랫동안 그 양의 귀가 생각나서 간을 먹지 못했네. 먹고 싶어도 내 미각으로는 간을 전혀 먹을 수 없다네.

눈을 감고 이제는 완전히 깨어나게. 완전히.

온몸이 다 깨어나게. 그리고 자유로워지게. 얼굴에 미소를 지어봐.

자, 구토를 어떻게 생각하지?

구토는 탄산음료를 너무 많이 마셨을 때와 같아. 일단 발동이 걸리면 나와야 해.

캐슬린 박사님께 일러주는 사람들이 있나요?

에릭슨 자네 친구가 오늘 아침에 나를 찾아와 자네가 나쁜 꿈을 꾸었다면서, 그 느낌만 기억한다고 하더군. 그 말을 듣고 자네에게 공포증이 있는 줄 알았지. 누가 일러줘서 기쁘지 않은가? 자네는 환생을 믿나?

캐슬린 저는 프렌치 호른*으로 다시 태어날 거예요.

에릭슨 그걸 뒤집어서 물을 빼내야 할 것 같군.

캐슬린 있잖아요, 저는 온 생을 연이어 프렌치 호른으로 부활하고도 그런 줄 몰랐어요! 이제야 알겠어요. 지금껏 저는 소리만 냈어요!

에릭슨 이걸 교훈으로 삼게. 뇌가 모두 두개골에 들어 있는 건 아니라는 거 말이야. 셰익스피어가 이런 말을 했어. "인생의 단계는 사실 갓난아기 때부터 시작한다."

이제 나는 자네가 인생을 잘 시작해야 한다고 생각해.

《고린도서》에는 이런 말이 있지. "어릴 때 나는 어린아이로 말했다. 어린아이로 행동했다. 이제 어른이 되었으니 어린아이

----

* 밸브식 호른으로, 프랑스에서 영국으로 건너갔기 때문에 프렌치 호른이라는 이름이 붙었다.

같은 짓은 그만둔다." 그러려면 두려움도 따르겠지?

자네 이름이 뭔가?

캐슬린 캐시예요.

에릭슨 내가 정식으로 자네 이름을 바꿔줄까? 이제부터 자네는 겁쟁이에 걸핏하면 토하는 캐시가 아니라 캐슬린이야.

기분이 어떤가?

캐슬린 머리가 멍하기도 하고 평화롭기도 하네요.

에릭슨 옛날 아일랜드 노래가 있네. 그 노래를 인용하자고 내 아내를 부르고 싶지는 않군. 난 한 번도 그 노래를 정확하게 인용한 적이 없거든. 마거릿 미드가 나한테 시를 정확히 읊지 못한다고 말한 적도 있네. 그래도 마거릿 미드 박사를 소개하는 데는 아무 문제가 없지. 그리고 내가 명확히 아는 게 하나 있네. 나는 거트루드 엡스타인Gertrude Epstein의 "장미는 장미는 장미는 장미다"라는 시구를 인용할 수 있네. 다만 나중에야 우리 식구 중 이 시를 좋아하는 사람에게서 거트루드 스타인Gertrude Stein*의 이름에는 '엡Ep'이 없고 장미가 세 번밖에 나오지 않는다**는 사실을 알았지만.

자, 지금 머릿속에 떠오른 건 "매긴티가 내려간다, 바다 저 밑 바닥까지"라는 구절이야. 바다가 아일랜드 위스키라면 그는

---

* 미국의 시인이자 소설가. 작품들에서 언어를 대담하게 실험했다.
** 원래 시는 "A rose is a rose is a rose"다.

다시는 떠오르지 않으리라 맹세했지. 바다가 말라버린다면 단 한 방울도 토해서 버리지 않을 테다!

캐슬린은 좋은 아일랜드 이름이야!

자, 여러분은 지금까지 심리치료를 시연하는 과정을 지켜봤네. 내가 전혀 위엄 있어 보이지 않았을 거야. 껄껄 웃고 농담도 했지. 어쩌면 내가 고래니 플랑크톤이니 하는 얘기로 여러분 중 몇 사람의 인생을 따분하게 만들었을지도 모르겠군. 딱따구리니 딱정벌레니 하면서 말이야.

_____

이 이야기에는 간접 암시의 사례와 상징적인 언어가 풍부하게 담겨 있기 때문에, 여기에 등장하는 요소를 모두 다루려면 따로 책 한 권을 써야 할 정도다. 그중 몇 가지는 독자들이 직접 찾아볼 수 있다.

에릭슨은 온갖 동물과 그들의 적응 양태부터 시작해서 구토가 인간의 생명을 구하는 적응적인 반응이라고 에둘러 설명한다. 그는 '본능적인 반응'이 중요하다고 말한다. 낙관적인 삶의 철학을 소개하면서 '엄마처럼' 불구가 될까 봐 두려워하는 환자의 두려움에 반박한다. 그는 "언젠가 나도 말 한 필이 끄는 마차처럼 부서질 거야. 그래도 그때까지는 버틸 작정일세"라고 말한다. 셰익스피어의 '갓난아기'에 빗대어 환자의 치료를 납득시키고 승인해주며, 원문의 마지막 부분을 일부러 빠뜨려서 환자 스스로 채워넣게 해준다. (원래 '갓난아기는 처음에 엄마 품에서 칭얼대고 토한다'라는 문장이 이어진다.) 환자가 메시지를 알아차리게 해주려고 "……이제 어른이 되었으니 어린아이 같은 짓은 그만둔다"라는 《고린도서》의 격언을 인용한다. 그리고 "그러려면 두려움도 따르겠지?"라고 덧붙인다. 환자가 자기 자신을 대하는 태도를 바꿔주기 위해 이름을 캐슬린으로 바꾸어 '겁쟁이에 걸핏하면 토하는 캐시'를 비롯해 환자가 스스로를 대하는 이전의 태도를 버릴 수 있게 해주었다. 마지막으로 "자, 여러분은 지금까지 심리치료를 시연하는 과정을 지켜봤네"라고 말한다. 참으로 훌륭한 시연이었다!

에릭슨은 치료 목표, 여기서는 구토를 대하는 환자의 태도를 바꿔주는 작업에 환자가 보이는 행동이나 말을 모두 써먹는다. 예를 들어 환자가 프렌치 호른으로 환생하고 싶다고 말하자 에릭슨은 당장 "그걸 뒤집어서 물을 빼내야 할 것 같군"이라고 말한다. 말하자면 환자는 몸속에 쌓인 액체란 액체는 다 비울 준비를 해야 한다는 뜻이다. 토할 준비를 해야 하는 것이다. 캐슬린은 "지금껏 저는 소리만 냈어요!"라고 말함으로써 에릭슨의 암시를 알아차린 모습을 보여준다. 환자는 자신의 몸속에 끌어올릴 수 있는 어떤 물질이 있다고 말하고 있다.

에릭슨은 셰익스피어와 성서를 인용할 때 환자가 학습할 자세가 된 어린 학생인 것처럼 말한다. 그는 이런 생각을 첫 번째 최면 암시에 심으면서 "그리고 교실에 앉아 있는 자네가 보일 거라네"라고 말했다. 그는 이 사례에서 마구잡이식으로 접근한다. 이 환자에게 어떤 암시 또는 어떤 식으로 문제를 재구성하는 방법이 통할지 알 수 없어서 모든 측면에서 건드려보는 듯하다.

건강과 관련한 에릭슨의 암시에서는 빠져나갈 구멍이 없다. 그는 심지어 환자에게 새로운 이름, 새로운 정체성을 부여함으로써 환자를 문제에서 끄집어낸다. 환자의 새 이름은 변화에 대한 파블로프의 조건반사가 연상된다. 에릭슨은 이런 식으로 사람들에게 새 이름을 주거나 그들이 직접 새 이름을 정하게 했다. 1960년대에 인카운터 그룹encounter group* 에서 이 방법이 유행하기 한참 전의 일이었다. 새 이름은 최면 후 단서로 작용하기 때문에, 환자는 새 이름을 쓰거나 들을 때마다 통제력이나 자존감에 대한 새로운 연상을 떠올리게 된다.

이 방법은 단서가 기계적으로 주어지는 바이오피드백 치료법보다 심미적으로 훨씬 더 만족스럽고 자연주의적이며 개인에게 맞춤형이다. 예를 들어 바이오피드백으로 고혈압을 치료할 경우 환자는 손목시계의 빨간 점을 볼 때마다 혈압이 내려가도록 조건화되었다. 에릭슨의 단서—여기서는 캐슬린이라는 이름—는 다른 모든 단서나 암시와 훌륭하게 직조되어 있다. 제프리 지그는 이렇게 평했다. "에릭슨은 이 환자에게 강제로 영양을 주입했다. 그리고 반드시 수용하고 역류시키지 못할 새로운 물질을 삼키게 했다." 참으로 아름답고 고상하게 제시하지 않았는가?

---

* 인간관계 개선을 위한 감수성 훈련 집단. 보통 한두 명의 촉진자와 10~15명의 참가자가 2~5일 동안 합숙훈련을 하면서 평소 남들 앞에서 말하지 못하던 신념이나 감정을 솔직하게 표현하면서 성장과 인간관계 개선을 도모한다.

마음의 근육 스트레칭하기

✛

몸과 사고방식의 한계를 넓히는
20가지 이야기

"우리는 모든 생각에서
스스로에게 엄청난 제약을 가한다."

에릭슨은 다음 이야기에서 우리의 한계를 넓히는 데 중요한 두 가지 요소를 설명한다. 첫째, 이전보다 제약이 적고 폭넓은 마음가짐이 필요하다. 둘째, 어떤 과제를 수행할 때는 한계에 신경 쓰지 말고 과제 자체에 집중해야 한다. 예를 들어 골프를 칠 때는 "모든 홀을 첫 번째 홀처럼 생각한다." 말하자면 홀의 수나 이전의 점수 같은 전체 맥락은 생각하지 말고 스트로크 하나하나와 샷 하나하나에만 집중하라는 뜻이다. 그러면 자신의 한계에 의문이 들지 않는다. 한계는 나중에 점수를 보면 알 수 있다.

창의적인 사람이 되거나 창의적으로 생각하고 싶다면 '확산적 사고divergent thinking'로 생각해야 하는데, 이와 대조적으로 성인이 되면 점점 더 행동에 제약을 두면서 '수렴적 사고convergent thinking'로 생각하는 경향을 보인다. 수렴적 사고에서는 많은 이야기나 다양한 주제가 하나로 모여든다. 확산적 사고에서는 나무에서 가지가 갈라지듯 한 가지 생각이 수많은 방향으로 뻗어나간다. 상상력을 자극하고 나아가 상상력을 기르는 데 도움이 되는 책으로는 리드 다이츠먼Reid J. Daitzman의 《마음의 조깅Mental Jogging》이 있다. 이 책에는 '운전하면서 커피를 쏟지 않는 일곱 가지 방법' 같은 365가지 마음 훈련이 나온다.

이 수업에 나오는 이야기들은 에릭슨이 마음의 근육을 스트레칭해 주기 위해 들려주는 전형적인 이야기다.

이야기 1
수수께끼 풀기

여러분은 모두 2억 년 전에 다듬어진 내 돌을 보았다. 열다섯 살 된 내 손자가 이렇게 말했다. "이 돌은 2억 년 전에 다듬어졌어요. 그때 는 인간이 없었잖아요. 이 돌이 어떻게 다듬어졌는지 궁금해요. 물살 에 깎인 돌은 아니에요. 오키나와에 살 때 그런 돌을 본 적이 있거든 요. 화산 근처에서도 살아봤는데 그쪽도 아니에요. 할아버지가 보여 주신 돌은 2억 년 전에 만들어진 어떤 뜻밖의 물건이에요. 아마 제가 아는 걸 거예요. 모래와 물, 얼음과 사람 쪽으로는 생각하지 않을래 요."

손자가 생각에 잠긴 동안 내가 말했다. "수수께끼를 하나 더 내주 마. 자, 이건 어떤 의미일까? 'How I want a drink, alco-holic of course, after the heavy chapters involving quantum mechanics(양자역학에 관한 진지한 장을 읽고 나면 나는 어떻게 마실 것을, 당연히 술을 원할까)'"

"잘 모르겠어요. 양자역학이 뭔지도 모르겠어요."

"그건 몰라도 돼. 글을 모르는 사람을 위한 답을 알려주마. 먼저 울타리 기둥 두 개를 서로 60센티미터쯤 떨어뜨려서 땅에 박으렴. 그리고 두 기둥 사이보다 양옆으로 2, 3센티미터 정도 더 긴 판자를 그 위에 얹으면, 그게 정답이란다."

―――――――――

에릭슨의 손자는 잠시 뒤 "그런 식으로 생각해본 건 처음이에요!"라고 감탄했다. 대다수 독자들은 '글을 모르는 사람을 위한' 답을 머릿속에 그리거나, 세로선 두 개를 그린 뒤 그 위에 가로선 하나를 그려서 '파이' 기호(π)를 그리기까지 아마 시간이 훨씬 오래 걸릴 것이다. 에릭슨은 이 이야기 뒤에 다른 힌트를 하나 더 주었다. 의학도와 의사들이나 알아들을 만한 힌트다. 그는 이렇게 말했다. "의사라면 누구나 'On old Olympus, Towering Tops, a Finn and German vend some hops'*라는 뇌신경 연상 기호를 알아." 이런 식으로 에릭슨은 간단히 "수수께끼는 연상 기호란다"라고 말해주지 않고 다른 연상 기호를 예로 들어서 듣는 이가 직접 추론하게 해준다.

에릭슨이 보여준 돌은 공룡 모래주머니에서 나온 것으로, 공룡이 음식물을 소화할 때 다듬어진 돌이다. 따라서 에릭슨의 손자가 마모의

....

* 뇌신경 12개를 암기하기 위한 연상법. 후각(olfactory), 시각(optic), 눈놀림(oculomotor), 도르래(trochlear), 삼차(trigeminal), 갓돌림(abducens), 얼굴(facial), 속귀(auditory), 혀인두(glossopharyngeal), 미주(vagus), 더부(spinal accessory), 혀밑(hypoglossal) 순으로 첫 글자를 딴 단어를 조합해서 만든 문장.

원인으로 모래나 물, 얼음이나 인간 이외의 다른 무언가를 고려해야 한다고 깨달은 것은 옳았다. 이 문제를 풀려면 평소의 사고방식에서 벗어나야 했다. 에릭슨은 독자나 이야기를 듣는 사람들에게 평소의 사고방식에서 벗어나야 한다고 말하는 것이다. 돌에 관한 수수께끼는 다음에 나오는 수수께끼와 관련이 없다. 둘 다 수수께끼라는 점만 같을 뿐이다.

아직도 연결하지 못한 사람이 있다면 앞에 나온 "How I want a drink······" 문장에서 각 단어의 글자 수를 세어보라. 맞다! 파이는 3.14159265358979······.

이야기 2
이 방에서 저 방으로 가는 몇 가지 방법

나는 한 학생에게 이렇게 물었다. "이 방에서 저 방으로 어떻게 갈까?"

학생이 대답했다. "먼저 일어섭니다. 그런 다음 한 발짝 옮기고······."

나는 학생의 말을 끊고 말했다. "이 방에서 저 방으로 갈 수 있는 방법을 모두 대보게나."

학생이 말했다. "뛰어가거나 걸어갈 수 있습니다. 풀쩍 뛰어서 건너뛸 수 있습니다. 깡충깡충 뛰어서 갈 수도 있고, 공중제비로 갈 수도 있습니다. 저 문으로 나가서 집 밖으로 나갔다가 다른 문으로 들어와서 저 방으로 들어갈 수 있습니다. 또는 원한다면 창문을 넘어서 나갈 수도 있고……."

내가 말했다. "자네는 다 포괄해서 말하겠다고 했지만 빠뜨린 게 있네. 아주 중요한 걸 빠뜨렸지. 나는 주로 이렇게 시작해. '이 방에서 저 방으로 가고 싶으면 저 문으로 나가 택시를 타고 공항으로 가서 시카고, 뉴욕, 런던, 로마, 아테네, 홍콩, 호놀룰루, 샌프란시스코, 시카고, 댈러스, 피닉스로 가는 항공권을 사고, 리무진을 타고 돌아와 뒤뜰로 들어가서 그쪽 문으로 들어간 다음 뒷문을 거쳐 저 방으로 들어갈 것이다.' 자네는 앞으로 가는 것만 생각했어! 뒤로 가는 건 생각하지 않았지, 안 그런가? 그리고 기어서 들어갈 생각도 하지 않았고."

그 학생은 이렇게 거들었다. "아니면 엎드려서 미끄러져 들어가거나."

우리는 모든 생각에서 스스로에게 엄청난 제약을 가한다.

이야기 3
이제 금메달을 따도 괜찮네

나는 에릭슨에게 피아니스트인 내 환자에 관해 의견을 구했다. 그 환자는 건반 앞에서 얼어붙을까 봐, 또 손 관절염으로 더 이상 피아노를 연주하지 못할까 봐 두려워했다. 에릭슨의 답변은 다음과 같았다.

"피아니스트는 손을 아무리 못 쓰게 돼도 음악을 알아. 작곡하는 법도 알고. 그 환자는 절대 그 점을 잊어서는 안 돼. 손을 쓰지 못하게 되더라도 작곡은 할 수 있어. 훨씬 좋은 음악을 작곡할 수 있지. 나는 휠체어에 앉아서도 언제나 올림픽 우승을 차지한다네."

도널드 로런스는 1년 내내 포환던지기 연습을 해왔다. 고등학교 코치가 1년 동안 매일 밤 돈 한 푼 받지 않고 지도해주기로 했다. 198센티미터 키에 몸무게 118킬로그램인 도널드는 지방이 거의 없는 몸이었다. 코치는 포환던지기로 전국 고등학교 최고 기록을 세우자는 원대한 야망을 품었다. 1년이 다 지날 무렵, 고등학생 전국대회를 겨우 2주 앞두고 도널드는 최고 기록에서 한참 모자란 58피트*밖에 던지지 못했다.

도널드의 아버지가 아들의 성적에 관심이 많았다. 그는 아들을 데리고 나를 찾아왔다. 나는 도널드에게 앉아서 최면에 들어가라고 말했다. 나는 그에게 손이 허공에 뜨게 하라고 말한 뒤 몸 구석구석에서 근육이 어떻게 느껴지는지 알아보라고 말했다. 그리고 다음 회기에 다시 최면에 들어가 내 말에 귀 기울이라고 말했다. 나는 육상에서 1마일** 종목 기록이 4분이던 시절이 있으며, 아주 오랜 세월이 흐른 뒤 로저 배니스터Roger Bannister가 그 기록을 깬 사실을 아느냐고 물

---

* 약 17.7미터.
** 약 1.6킬로미터.

었다. 또한 배니스터가 어떻게 기록을 깼는지 아느냐고 물었다.

나는 이렇게 말했다. "음, 배니스터는 모든 종목에 정통한 선수라서 1초의 100분의 1, 1초의 10분의 1 차이로 스키 활강에서 우승할 수 있다는 것을 깨달았어. 1마일에 4분은 240초라는 걸 알았지. 1마일을 239초와 1초의 10분의 5에 주파할 수 있다면 1마일에 4분이라는 벽은 깨지는 셈이야. 배니스터는 이렇게 생각한 끝에 4분 기록을 깼단다."

나는 이어서 이렇게 말했다. "자네는 이미 58피트를 던졌어. 도널드, 솔직히 말해보게. 58피트와 58피트 16분의 1인치의 차이를 알 것 같나?"

도널드가 말했다. "아뇨, 물론 모릅니다."

"58피트와 58피트 8분의 1인치는?"

"모릅니다."

이어서 나는 58피트와 59피트의 차이까지 물었는데, 그는 차이를 모른다고 답했다. 나는 도널드를 두 번 더 상담하면서 서서히 그의 역량을 늘렸다. 그리고 2주 뒤 도널드는 전국 고등학생 최고 기록을 세웠다.

그해 여름에 도널드가 찾아와 말했다. "올림픽에 나가려고 하는데, 조언을 듣고 싶어요."

내가 말했다. "올림픽 포환던지기 기록은 62피트*에 조금 못 미치

---

* 약 19미터.

지. 자네는 이제 열여덟 살이야. 동메달만 따도 괜찮아. 은메달이나 금메달은 따오지 말게. 그러면 자신과의 싸움을 해야 하니까. 페리와 오브라이언이 금과 은을 가져가도록 내버려두게나."

페리와 오브라이언이 금메달과 은메달을 가져갔다. 그리고 도널드는 동메달을 땄다.

그 뒤에 멕시코시티에서 올림픽이 열리게 됐다. 도널드가 또 찾아와서 말했다. "저 멕시코시티에 가요."

"이제 네 살 더 먹었군, 도널드. 금메달을 따도 괜찮아." 그리고 그는 금메달을 따왔다.

그는 도쿄 올림픽에 출전하면서 물었다. "도쿄에서는 어떻게 할까요?"

"육상경기에서는 선수의 기량이 무르익을 때까지 시간이 걸리지. 이번에도 금메달을 따오게."

도널드는 금메달을 땄고, 대학에 들어가 치의학을 공부했다. 대학에서 그는 두 가지 대회에 출전할 자격이 된다는 걸 알았다. 그가 내게 와서 말했다. "대학생 대회가 다가오고 있는데, 공식 대회예요. 어떻게 해야 할까요?"

내가 말했다. "도널드, 사람들은 늘 스스로의 한계를 정하네. 올림픽 포환던지기 종목에서는 선수들이 아주 오랫동안 62피트로 한계를 정했어. 사실 포환이 어디까지 날아갈 수 있는지는 나도 모르지만, 일단 62피트까지 날아갈 수 있는 건 확실해. 70피트*까지 날아갈 수 있을지도 모르지. 그러니 62피트와 70피트 사이의 기록을 세워보면 어떻겠나?" 도널드는 65피트 6인치**를 기록한 것 같다.

다음에 도널드가 또 찾아와 물었다. "이제 전 무얼 하죠?"

"도널드, 자네는 기록을 65피트로 끌어올려서 올림픽 기록이 오랫동안 터무니없이 잘못 정해져 있었다는 걸 증명했어. 그건 단지 첫 시도였을 뿐이야. 다음에는 70피트에 얼마나 근접할 수 있는지 알아보게."

도널드가 말했다. "좋습니다."

그는 68피트 10인치***를 기록했다.

나는 텍사스 A&M의 코치에게 내가 도널드 로런스를 어떻게 훈련시켰는지 들려주었다. 그는 내 말을 열심히 귀담아듣고 이렇게 말했다. "저는 매스터슨에게 포환던지기를 훈련시키고 있습니다."

그 코치가 매스터슨에게 내가 도널드 로런스를 훈련시킨 방법을 들려주자 매스터슨은 이렇게 말했다고 한다. "에릭슨 선생님이 그런 방법으로 도널드 로런스를 훈련시켜서 신기록을 세우게 했다면, 저도 도널드 로런스보다 얼마나 더 멀리 던질 수 있는지 알아보겠습니다."

매스터슨은 70피트를 기록했다. 요즘은 70피트 4인치****까지 올린 것 같다.

---

* 약 21미터.
** 약 20미터.
*** 약 21미터.
**** 약 21.4미터.

우리는 에릭슨이 당연한 표현으로 암시를 주는 방식을 확인할 수 있다. "이제 네 살 더 먹었군, 도널드. 금메달을 따도 괜찮아." 첫 번째 문장은 사실이다. 두 번째는 사실일 수 있다. 에릭슨은 두 문장을 나란히 놓아서 하나를 다른 하나와 대등하게 만든다. 도널드에게 처음에는 동메달을 따오라고 암시하면서 과도한 통제력, 그러니까 한 치의 오차도 없는 통제력을 발휘한다. 이렇게 통제하는 것이 처음부터 우승하는 것보다 훨씬 낫다. 4년 뒤 에릭슨이 도널드에게 금메달을 따도 괜찮다고 암시한 것은 이전에 통제력을 발휘할 때 예견된 일이었다.

마지막으로, 이 이야기에서는 무엇보다도 도널드 로런스가 실존인물이고 실제로 올림픽에서 우승한 선수라는 사실을 기억해야 한다. 등장인물들의 이름은 가명이고 그 밖의 사소한 몇 가지 사실만 다르다. 이런 유용한 효과는 단지 이론으로만 가능한 것도, 에릭슨이 지어낸 것도 아니다. 도널드는 한 단계씩 차근차근 발전할 수 있었다. 에릭슨은 먼저 도널드에게 이미 아는 사실부터 일깨워주었다. 로저 배니스터가 1마일에 4분 기록을 깬 사실 말이다. 배니스터는 어떻게 이 기록을 깼을까? 생각하는 방식을 바꿈으로써 가능했다. 배니스터는 4분을 240초로 바꾸어 생각했으며, 그런 다음 분 단위가 아니라 초 단위로 생각할 수 있었다. 에릭슨의 전략은 도널드가 다르게 생각하도록 이끌어주는 것이었다. 그리하여 일단 로저 배니스터처럼 생각을 바꾸자 심리적 장애물을 뛰어넘을 수 있었다. 에릭슨은 또한 작은 변화를, 이를테면 58피트와 58피트 16분의 1인치의 차이를 만든다. 그는 작은 변화를 만들고, 그 변화를 키워나간다.

이야기 4
첫 번째 홀에서만 열여덟 번 경기한 골프 선수

골프 경기에서는 첫 번째 홀을 치고 정확한 횟수의 샷 안에 두 번째 홀로 이동해야 한다. 그러고 나면 "세 번째 홀에서도 할 수 있을까?"라는 의문이 생긴다. 그러므로 모든 홀에서 첫 번째 홀처럼 생각해야 한다. 몇 번째 홀인지 헤아리는 것은 캐디에게 맡겨라.

어느 골프 대회 참가자가 나를 찾아와 말했다. "저는 70점대 초반을 치는데, 주 선수권대회에서 우승한 다음 프로골프에 입문하고 싶습니다. 일단 애리조나 아마추어 선수권대회에서 우승하고 싶고요. 그런데 출전하는 토너먼트마다 결국 90점대 점수로 끝내고 맙니다. 저 혼자 칠 때는 70점대 초반까지 끌어내릴 수 있거든요."

나는 그에게 이렇게 최면을 걸었다. "당신은 첫 번째 홀에서만 경기를 할 겁니다. 이것만 기억날 겁니다. 그리고 당신은 골프 코스에 혼자 있을 겁니다."

그는 다음번 주 선수권대회 토너먼트에 참여했다. 18홀을 다 마친 뒤 다른 홀로 걸어가자, 누가 그를 제지하면서 "18홀까지 경기를 끝냈어요"라고 말했다. 그는 "아뇨, 첫 번째 홀만 쳤는데요"라고 말했다. 그러고는 "이 사람들은 다 어디서 나타난 겁니까?"라고 물었다.

모든 문제에는 과거와 미래가 있다. 에릭슨은 과거를 걷어내고 미래를 바꾸면 문제의 3분의 2는 바꾼 셈이라고 깨달았다. 따라서 홀마다 첫 번째 홀로 생각하면 과거에서 오는 불안이 없어진다. 과거를 지웠으니 미래를 바꿀 수 있다. 미래는 긍정적으로 기대하는 대로만 펼쳐질 수 있기 때문이다.

앞의 두 이야기는 타인에 대한 의존성의 해답은 자신의 능력과 한계를 넓히는 데 있다는 것을 환자들에게 전달할 때 매우 유용했다. 흔히 말하듯 그저 혼자 일어서는 법을 배워야 한다고 말해주는 것보다 훨씬 더 의미 있는 방법이다.

이야기 5
미국 사격팀의 훈련법

미국 육군 고급 사격팀 코치가 최면에 관해 읽고는, 최면을 이용해서 러시아 사격팀을 이길 수 있겠다고 판단했다. 그의 사격팀은 조지아에서 훈련 중이었다. 그들은 샌프란시스코에서 사격한 뒤 피닉스에 머물렀다. 코치는 사격팀을 이끌고 나를 찾아와 그의 팀이 국제사격대회에서 러시아 팀을 이기도록 훈련시켜줄 수 있는지 물었다.

나는 코치에게 이렇게 설명했다. "나는 10대에 소총을 두 번 쏴봤소. 총구와 개머리판을 알긴 하지만, 소총에 관해 아는 건 그게 다예요. 자, 당신네 소총수들은 총에 관해 알아야 할 건 다 알지요. 나는 의사예요. 인체에 관해 알아야 할 걸 알아요. 어쨌든 내가 당신네 팀을 훈련시켜드리지요. 그들에게는 이미 소총에 관한 지식이 있고, 내게는 의학에 관한 지식이 있으니까요."

군 사령관은 일개 민간인이 사격팀을 훈련시킨다는 소식에 격분해서 지난 2년 동안 사격팀에 들어가려고 갖은 애를 써온 두 사람을 팀에 추가로 넣었다. 나는 사격팀에 들어가기 위한 요건을 잘 모르지만 60점대의 점수는 받아야 했다. 두 사람은 시간이 날 때마다 훈련에 매진하고도 40점대 초반 점수를 냈다. 한마디로 두 사람은 사격팀에 들어갈 자격이 되지 않았다.

나는 시합에서 40발을 연속으로 쏘아야 한다는 사실을 알고 처음으로 코치에게 말했다. "첫 발에 명중하는 건 어렵지 않을 겁니다. 문제는 이겁니다. '두 번째에도 명중할 수 있을까? …… 연속으로 열 번이나 과녁 한가운데를 명중하고 나서 열한 번째에도 명중할 수 있을까? …… 열아홉 번 명중했어. 스무 번째도 명중할까? …… 갈수록 긴장이 커져만 가네. 명중할 때마다!

스물아홉 번을 명중했어. 서른 번째도 명중할 수 있을까? …… 서른다섯 번을 명중했어. 서른여섯 번째는? 서른일곱 번째는? 서른여덟 번째는? (숨을 헐떡이며) 서른아홉 번째는? 과연 내가 마흔 번째도 명중할 수 있을까?'"

다음으로 나는 좋은 최면 피험자를 불렀다. 사격팀이 보는 앞에서 나는 피험자에게 이렇게 말했다. "자네가 깨어나면 담배 한 개비를 받을 거야. 자네는 담배를 피우고 싶겠지. 그래서 기쁘게 담배를 받

아. 담배를 입에 물지만 멍하니 있다가 담배를 떨어뜨리고, …… 다시 담배 한 개비를 받는데 처음에 담배를 받았던 사실을 기억하지 못하네." 그런 식으로 그 피험자는 담배를 169개비나 받았다!

사격팀은 자기들도 그렇게 잊어버릴 수 있다는 사실을 깨달았다. 내 최면 피험자가 담배 169개비를 잊을 수 있다면, 그들도 40번의 사격 하나하나를 잊을 수 있다는 뜻이었다.

그런 다음 나는 그들에게 이렇게 말했다. "자, 신발 밑창을 바닥에 대고 발바닥이 편안한 것을 느끼세요. 발목이 편안해지고 장딴지가 편안해지고 무릎이, 몸통이, 왼팔이 편안해지고, 방아쇠를 감싼 손가락이 편안해지고 어깨에 걸친 개머리판이 편안해집니다. 제대로 된 느낌을 찾으세요. 그다음에 소총 조준기를 위아래, 앞뒤로 돌리면서 과녁에 맞춥니다. 그리고 제때에 방아쇠를 당깁니다."

그들은 모스크바에서 러시아 팀을 상대로 첫 승리를 거두었다. 사령관이 끼워넣은 두 사람 또한 상을 받았다.

앞의 골프 이야기가 좀 더 폭넓고 제약이 적은 마음가짐을 구축하는 과정을 보여준다면, 이 사격팀 이야기에서는 주어진 과제 자체에 집중하라는 원칙을 예시한다. 미국 사격팀이 승리할 수 있었던 이유는 앞에서 쏜 총알을 다 잊어서만이 아니라 현재의 신체 감각에 집중했기 때문이다.

이야기 6
증오를 호기심으로 바꾼 색깔

어떤 환자가 나를 찾아와 이렇게 말했다. "저는 지난 15년 동안 피닉스에서 살았는데, 15년 동안 매 순간이 싫었어요. 그런데 남편이 휴가를 플래그스태프에서 보내자고 하네요. 피닉스가 죽도록 싫지만 플래그스태프로 가자는 제안은 거절했어요. 차라리 피닉스에 남아 피닉스에 사는 걸 증오하는 편이 나아요."

그래서 나는 최면에 걸린 그녀에게 왜 그토록 피닉스를 싫어하고 왜 그토록 스스로를 벌주는지에 호기심을 느껴보라고 말했다. 아주 강렬한 호기심이어야 했다. "그리고 호기심을 품을 게 또 있어요. 아주 많이 궁금할 겁니다. 플래그스태프에 가서 일주일쯤 지내다 보면 전혀 예기치 못하게 색깔의 섬광을 발견할 거예요." 그녀가 피닉스를 싫어하는 이유에 강렬한 호기심을 품기만 한다면, 플래그스태프에서의 번쩍이는 색깔이 어떤 모습일지 알아보고 싶은 호기심도 똑같이 강렬하게 일어날 수 있었다.

그녀는 일주일 예정으로 플래그스태프에 갔다가 한 달을 머물렀다. 그녀는 어떤 번쩍이는 색깔을 봤을까? 나는 전혀 모른다. 나는 그저 그녀가 호기심을 품기를 바랐을 뿐이다. 그리고 그녀는 번쩍이는 색깔을 보자 한껏 들떠서 꼬박 한 달을 플래그스태프에 머물렀다. 그 색깔의 섬광은 바로 붉은머리딱따구리 한 마리가 상록수를 지나 날아가는 모습이었다. 요즘 그녀는 여름을 주로 플래그스태프에서 보내지만, 또한 동부 해안에 가서 그곳에서도 색깔을 찾아본다. 번쩍이는 색깔을 찾으러 투손에도 가보았다. 뉴욕에도 가서 번쩍이는 색깔을 찾아보았다. 그리고 유럽에도 가서 번쩍이는 색깔을 찾아보았다. 내가 번쩍이는 색깔을 보게 될 거라고 말한 이유는 그저 우리가 평소에는 보지 못하던 많은 것을 보게 된다는 사실 때문이었다. 나는 그녀가 계속 찾아보기를 바랐다. 그녀는 무언가를 찾아서 내 언어로 번역해주곤 했다.

이 이야기에서 최면 유도에 포함된 지시사항은 주로 듣는 사람이 습관적인 한계를 극복하도록 도와주기 위해 사용되었다. 한계를 극복하기 위한 공공연한 암시와 허용이 눈에 띈다. 내가 강조 표시한 단어들은 에릭슨이 말투를 바꾸어 강조하면서 '표시'한 부분이다. '계속 찾아보기' 같은 표현은 자신의 무의식 저장소를 들여다보게 만들려고 끼워 넣은 지시문이다. 에릭슨은 이런 표현을 말한 뒤 종종 3, 4분쯤 말을 끊고 각자의 내면에서 작업이 일어날 시간을 준다. 동시에 최면 후 암시를 넣어서, 일주일쯤 지나 꿈을 꾸게 한다.

리처드 밴들러와 존 그라인더는 이 이야기에서 에릭슨이 '표상 체계'[*]를 전환한 점을 지적한다. 환자는 운동감각적 차원에서 운을 떼어 피

---

[*] represen-tational system, 개인이 세계에 대한 경험을 표상하는 방식으로, 외부 정보를 받아들이는 시각·청각·촉각·미각·후각의 감각 양식을 뜻한다.

닉스에 남아(어딘가에 남아 있다는 것은 운동감각적이다) 피닉스의 삶을 증오하는 편이 낫다고 말한다. 에릭슨은 환자의 표상 체계를 시각 차원으로 전환해주면서 환자의 호기심을 연결 장치로 활용한다. 에릭슨은 환자가 증오에서 벗어나 호기심으로 옮겨가도록 유도하면서 증오를 줄여준다. 그런 다음 호기심을 시각적인 것으로 옮긴다. 이렇게 순차적으로 운동에서 시각으로 넘어간다.

정작 에릭슨 자신은 색맹이라 색깔을 제대로 지각하지 못했지만, 색깔을 이용했고, 마찬가지로 소리와 시도 이용했는데(에릭슨은 음치에다 박자감까지 없어서 소리와 시도 제대로 감상하지 못했다), 남들은 이런 것을 감상할 수 있다는 사실을 알았기 때문이다. 제프리 지그는 에릭슨이 환자가 스스로 규정한 한계를 뛰어넘게끔 만들어서 환자가 '그를 크게 앞지르도록' 부추긴다고 설명한다. 이것은 개인차를 강조하는 좋은 방법이다. 게다가 어떤 환자가 '한발 앞서는' 유형이라면 더더욱 '한발 앞서는' 기회를 준다.

환자에게는 에릭슨에게조차 없는 뭔가가 있을 수 있다.

이야기 7

의족으로 얼음판 건너기

전쟁 중에 나는 디트로이트의 신병훈련위원회에서 일했다. 하루는 위원회에 가는 도중, 전쟁터에서 의족을 달고 전역한 어느 참전용사가 거울처럼 미끄러운 얼음판 앞에서 넘어질 것 같다는 생각에 불안하게 바라보고만 서 있는 모습을 보았다.

"얼음이 아주 반질반질하군요." 내가 그에게 말을 건넸다. "거기가만 계세요. 내가 가서 미끄러운 얼음판 건너는 법을 가르쳐드리지요."

참전용사는 다리를 저는 나를 보고는 분명 내가 뭘 알고 하는 소리라고 여겼다. 그는 내가 미끄러운 얼음판을 건너는 모습을 보면서 "어떻게 하신 겁니까?"라고 물었다.

나는 "말해주지 않을 겁니다. 대신 가르쳐드리지요. 자, 그냥 눈을 꼭 감아요." 그런 다음 그를 돌려세우고 얼음판이 없는 인도에서 왔다 갔다 하게 했다. 그가 완전히 혼동할 때까지 점차 거리를 넓혀 더 멀리까지 걷게 하고는 다시 거리를 점점 좁혀서 걷게 했다. 드디어 그는 얼음판을 건너 반대편에 가 있었다.

내가 말했다. "눈을 떠봐요."

그가 말했다. "얼음판은 어디 있나요?"

"뒤에요."

"제가 어떻게 여기까지 건너왔습니까?"

"이제 당신도 알 수 있어요. 당신은 시멘트 바닥인 줄 알고 걸었어요. 얼음판을 건넌다고 생각하면 보통 근육을 긴장시키고 넘어질 때를 대비합니다. 그런 마음가짐을 갖는 겁니다. 그러면 미끄러져요.

그런데 다리에 무게를 실어서 똑바로 디디면, 그러니까 시멘트 바닥에서 하듯이 디디면 미끄러지지 않아요. 우리가 미끄러지는 이유는 체중을 다 실어서 딛지 않고 긴장하기 때문이에요."

나도 이 사실을 알아내기까지 오랜 시간이 걸렸다. 한 발로 위층에 올라가보았는가? 어찌나 덜컥거리는지! 한 발로 수없이 아래층으로 내려가보라. 잘못하면 다리가 부러질 수도 있다. 여러분은 아직 그런 마음가짐을 전혀 모른다.

이 이야기는 환자가 고착된 마음가짐에서 벗어나도록 도와주는 에릭슨의 고전적인 방법을 보여준다. 첫 번째 단계에서는 환자를 혼란에 빠뜨린다. 두 번째 단계에서는 환자가 혼란에 빠진 사이 장애물을 뛰어넘게 해서 성공을 맛보게 해준다. 물론 이 사례에서 성공 경험은 참전용사가 평소의 긴장, 평소의 마음가짐으로 반응하지 못하는 순간에 발생했다. 낡은 마음가짐이 새로운 마음가짐으로 대체된다. 그는 이제 미끄러운 얼음판을 건널 수 있다고 믿는다. 이제부터는 다른 '미끄러운' 곳에 접근할 때도 이전의 '넘어짐'과 연관된 두려움을 끌어내지 않는다.

때로는 환자가 잘 아는 정보나 평소에 잘 쓰는 지각을 사용하지 않는 것이 중요하다. 이런 이유에서 에릭슨은 참전용사에게 눈을 감으라고 말한다. 참전용사는 일단 보기를 멈추자 주어진 과제를 완수할 수 있었다. 이전에는 보고 나서 운동감각적 반응을 보이고, 그 결과 잘못된 마음가짐을 채택했다.

에릭슨은 최면의 집중을 설명하면서 사람들에게 "바닥에 너비 30센티미터, 길이 15미터의 널빤지가 놓여 있으면 그 위로 걷는 게 어려울까요?"라고 물었다. 물론 "아니요"라는 대답이 나온다. 그러면 에릭슨은 "똑같이 너비 30센티미터에 길이 15미터인 널빤지를 건물의 50층에서 다른 건물의 50층 사이에 걸쳐놓으면 어떨까요?"라고 묻는다. 이 경우 시각이 운동감각과 연결되어 대다수 사람들은 안정감을 잃는다.

미끄러운 얼음판을 건너거나 줄타기에 성공하려면 우리가 가진 무언가—곧 우리의 시각 감각(그리고 상상력)—를 쓰지 말아야 할 수도 있다.

이야기 8
타라우마라 인디언의 달리기

멕시코 치와와주 남서부의 타라우마라 인디언들은 160킬로미터를 달리고도 혈압이 오르지 않고 심장박동도 그대로다. 어느 사업가가 160킬로미터를 달리는 선수 몇 명을 데리고 올림픽(1928년 암스테르담 올림픽)에 출전했다. 그러나 그들은 입상조차 하지 못했다. 40여 킬로미터는 준비운동쯤으로 여겼기 때문이다! 그들은 40여 킬로미터까지만 달려야 한다는 설명을 듣지 못했다.

나는 가끔 어떤 일을 시작하기 힘들 때나 글을 쓸 때, 집을 수리하거나 난관에 봉착할 때, 조깅하다가 말 그대로 숨이 턱까지 찰 때면 이 이야기를 떠올린다. 머릿속에 이런 말이 떠오른다. "난 지금 그냥 준비운동을 하는 거야." 이 말을 떠올리고 나면 대개 기운이 샘솟는다.

이야기 9
마른 침대에서 자는 방법

수피교*의 이야기나 선禪 이야기에서처럼 치유자에게 지식을 전수받으려면 반드시 받아들일 준비가 되어 있어야 한다. 이런 이야기에서는 대개 절박한 처지에 몰린 사람이 스승을 찾아가는데, 처음에는 받아들여지지 않다가 '귀중한 가르침을 받아들일 만한 그릇이 되면' 그때 비로소 받아들여진다. 에릭슨은 종종 준비과정을 마련해서 강연을 듣는 사람이나 환자를 오래 기다리게 한 뒤에 '결정적인 구절'을 전한다. 예를 들어 에릭슨은 학생들에게 다음 이야기를 들려줄 때 반시간 정도 뜸을 들인 뒤에야 최종 처방을 알려주었다. 중간에 가끔 배경 역사를 설명할 때도 있었다. 또 때로는 학생들에게 그들이라면 이런 환자를 어떻게 다룰지 묻기도 했다. 주제와 직접 관련이 없는 다른 이야기를 들려주면서 시간을 흘려보낼 때도 있었다.

그리고 이런 말을 반복했다. "여러분이 알면서도 아는 줄 모르는 게 있어요. 자기가 아는 줄 모르는 게 무엇인지 알면 영원히 마른 침대에서 잘 수 있을 겁니다." 수수께끼 같지만 강렬한 흥미를 끌어내는 이 말은 듣는 이로 하여금 어니스트 로시가 '내면 탐색'이라고 일컬은 행위를 하게끔 유도한다. 따라서 듣는 이는 이미 내면을 탐색해서 치유 과

---

* 이슬람교의 신비주의 분파.

정에 도움이 될 만한 자원을 찾기 시작한다. 에릭슨의 최면 유도 기법 가운데 '기다림 기법'을 살펴보면 같은 원칙이 적용된다. 환자는 말 그 대로 더 많은 것을 갈구한다. 이제 받아들일 준비가 된 것이다.

어떤 엄마가 열한 살짜리 딸을 데리고 나를 찾아왔다. 나는 그 아 이에게 야뇨증이 있다는 말을 듣자마자 아이가 내게 할 말이 있을 거 라 판단하고 엄마를 진료실 밖으로 내보냈다. 아이는 아주 어릴 때 방광염으로 비뇨기과 치료를 받았는데 방광염이 이미 5, 6년, 어쩌 면 그 이상 지속된 상태였다. 정기적으로 방광경 검사를 수백 번이 나 받았고, 결국 한쪽 신장에서 감염의 중심을 찾아냈다. 신장 한쪽 을 떼어내고 4년 정도 감염 없이 지냈다. 그러나 방광경 검사를 수백 번 받은 탓에 방광과 괄약근이 많이 헐거워진 상태라 방광의 긴장이 풀려서 밤마다 침대를 적셨다. 낮에는 겨우 방광을 조절할 수 있었지 만, 크게 웃느라 긴장이 풀리면 팬티를 적셨다.

부모는 딸이 신장을 떼어내고 몇 년째 재발하지 않았으니 이제는 스스로 조절할 줄 알아야 한다고 생각했다. 아이에게는 여동생이 세 명 있는데, 언니를 흉보고 놀렸다. 이웃의 다른 엄마들도 모두 아이 에게 야뇨증이 있다는 걸 알았다. 학교에서도 2, 3천 명의 아이들이 그 아이에게 야뇨증이 있고 웃을 때 팬티를 적신다는 걸 알았다. 그 래서 아이는 놀림거리가 되었다.

아이는 키가 크고 금발을 허리까지 늘어뜨린, 아주 예쁘고 매력적 인 소녀였다. 그러나 따돌림당하고 놀림거리가 된 탓에, 어린 소녀로서는 아주 무거운 짐을 감당해야 했다. 아이는 이웃 사람들의 동정과, 동생들과 학교 친구들의 놀림을 견뎌야 했다. 야뇨증 때문에 파자마 파티에도 가지 못하고 친척 집에 놀러 가서 자고 오지도 못했다. 나는 아이에게 다른 의사를 만난 적이 있는지 물었다. 아이는 여러 의사를 만나보고 알약과 물약을 엄청 먹었지만 전혀 낫지 않았다고 말했다.

나는 아이에게 나도 다른 의사들과 같다고 말했다. 나도 아이를 도와줄 수 없었다. "그런데 네가 이미 알면서도 아는 줄 모르는 게 있어. 네가 이미 알면서도 아는 줄 모르는 게 뭔지 알아내는 순간부터 마른 침대에서 잘 수 있단다."

그리고 나는 이렇게 말했다. "너한테 아주 간단한 질문을 할 거고, 아주 간단한 답을 듣고 싶어. 자, 질문할게. 네가 화장실에 앉아 소변을 보고 있는데 낯선 남자가 문으로 머리를 들이밀면 어떻게 될까?"

"몸이 얼어붙겠죠!"

"바로 그거야. 몸이 얼어붙어서 소변 보던 걸 멈추겠지. 자, 너는 이미 알지만 아는 줄 몰랐어. 그러니까 너는 네가 선택한 자극에 대해 언제든 소변을 멈출 수 있다는 사실을 알아. 굳이 낯선 남자가 화장실에 머리를 들이밀지 않아도 돼. 그런 생각만으로도 충분해. 너는 소변을 멈추고, 얼어붙을 거야. 그리고 그 남자가 사라지면 다시 소변을 보기 시작할 거야.

자, 마른 침대에서 자는 건 결코 쉽지 않아. 2주나 지나야 처음으로 마른 침대에서 잘 수 있을지도 몰라. 시작하고 멈추는 연습을 많이

해야 돼. 그래도 다 괜찮아. 네 몸이 널 잘 대해줄 거야. 네 몸은 늘 너에게 더 많은 기회를 줄 거야. 그리고 어떤 날은 네가 너무 바빠서 시작하고 멈추는 연습을 할 시간이 없을 수도 있지만, 그런 건 다 괜찮아. 네 몸이 항상 시작하고 멈출 기회를 줄 테니까. 3개월 안에 마른 침대에서 자기 시작한다면 아주 놀랄 일이야. 또 6개월 안에 마른 침대에서 자지 못한다면 그것도 놀랄 일이야. 처음 마른 침대에서 자는 건 이틀 연속으로 마른 침대에서 자는 것보다 훨씬 쉬울 거야. 사흘 연속으로 마른 침대에서 자는 건 훨씬 어렵지. 나흘 연속은 더 어렵고. 하지만 그다음부터는 쉬워질 거야. 닷새, 엿새, 이레, 그렇게 일주일 내내 마른 침대에서 잘 수 있어. 그러고 나면 한 주 동안 마른 침대에서 자고, 한 주 더 마른 침대에서 잘 수 있다는 걸 알 수 있어."

나는 아이에게 내 시간을 내주었다. 다른 건 아무것도 하지 않고, 한 시간 반 동안 아이와 함께 있다가 보내주었다. 2주쯤 지나서 아이가 내게 선물을 가져왔다. 아이가 마른 침대에서 잤다는 걸 알고 내게 건넨 첫 선물이었다(선물은 뜨개질로 만든 자주색 젖소였다). 나는 그 선물을 소중히 여긴다. 그리고 6개월이 지나자 아이는 친구들이나 친척 집에서 자고 오고, 파자마 파티에도 가고, 호텔에서도 잤다. 치료하는 사람은 바로 환자이다. 부모가 아무리 조바심치고 동생들이 흉보고 친구들이 놀리더라도 나는 아이의 가족에게는 치료가 필요하다고 보지 않았다. 부모는 이제 침대를 적시지 않는 아이에게 적응해야 했다. 동생들과 친구들, 이웃들도 마찬가지였다. 사실 그들에게 그 밖의 다른 길은 없어 보였다. 아이의 아버지나 어머니, 동생들이

나 다른 누구에게 뭔가를 설명할 필요는 없었다. 나는 아이에게만 그녀가 이미 알면서도 아는 줄 모르는 것을 말해주었다.

우리는 방광을 비울 때 끝까지 다 비운다고 생각하면서 자랐다. 그리고 여전히 그런 줄 안다. 중요한 사실은, 누구나 소변을 보다가 갑자기 방해를 받아서 소변을 멈춰본 적이 있다는 것이다. 누구나 그런 경험이 있는데 아이는 그 사실을 잊어버렸다. 내가 한 일은 아이가 이미 알지만 아는 줄 모르는 사실을 일깨워준 것뿐이었다.

다시 말해서, 치료를 할 때는 환자를 한 개인으로 보아야 한다. 환자의 병에 부모와 형제들, 이웃과 친구들이 얼마나 큰 문제를 일으키는지와 상관없이 기본적으로 환자의 문제로 간주해야 한다. 그리고 환자는 그저 이미 아는 것을 깨닫기만 하면 된다. 나머지 사람들은 그들 스스로 적응하게 놔두면 된다.

심리치료는 환자에게 방향을 맞추고 주요 문제 자체에 초점을 맞춰야 한다. 그리고 명심해야 할 점이 있다. 누구에게나 각자의 언어가 있다는 사실이다. 환자의 말을 들을 때는 환자가 낯선 언어로 말한다는 사실을 알고 경청해야지, 치료자의 언어로 이해하려고 하면 안 된다. 환자를 환자 자신의 언어로 이해해야 하는 것이다.

이 이야기는 내가 좋아하는 에릭슨의 이야기들 중 하나다. 내가 이 이야기를 좋아하는 이유는 에릭슨이 이 이야기를 들려주면서 거의 매번 "자네는 이 이야기에 특별히 관심을 보일 걸세, 시드"라는 식으로 말

했기 때문이다. 나는 한참 어리둥절해하다가 에릭슨이 내게 무슨 말을 하려는 건지 알아듣고 마침내 두 가지 중요한 메시지를 찾아낼 수 있었다.

첫째, 나는 생각을 통제하고 기본적인 에너지를 통제하고 불안과 같은 증상을 통제하는 법을 배울 수 있다. 다만 자제력으로 통제하는 것이 아니라, 내가 '시작하고 멈추도록' 유도하는 데 필요한 자극이 무엇인지 찾아내서 통제해야 한다. 그런 다음 '시작하고 멈추는' 연습을 해볼 기회를 찾아야 한다.

둘째, "우리는 누구나 방광을 비울 때 끝까지 다 비운다고 생각하면서 자랐다." 이 이야기는 제프리 지그가 엮은 《밀턴 에릭슨과 함께하는 교육 세미나A Teaching Seminars with Milton H. Erickson》에도 실려 있는데, 여기서 에릭슨은 문장 몇 개를 추가해서 두 번째 메시지를 더욱 분명히 밝힌다. "환자가 알아야 할 거라고는 언제든 적절한 자극이 주어지면 소변을 멈출 수 있다는 점이다." "우리는 시작하면 끝을 봐야 한다고 생각하면서 자란다. 실은 그렇지 않다. 끝을 볼 때까지 계속해야 하는 건 아니다." 나는 이런 태도가 글쓰기 같은 과제를 수행하는 데 큰 도움이 된다는 걸 알았다. 꼭 마무리해야 할 것 같은 중압감 때문에 자발성과 창의성이 가로막히기 쉽기 때문이다. 어떤 일을 해내는 데 훨씬 더 효과적인 방법은 내면의 리듬에 따라 '시작하고 멈추는' 것이다. 이 이야기는 환자가 '작가의 장벽'과 같은 어려움을 극복하도록 도와주는 데 효과적이다.

이야기 10

그러니 꿈을 꾸어라

우리는 평생 많은 것에 제약을 두는 법을 배우면서 살아간다. KOOL-TV의 뉴스 진행자 빌 폴시Bill Folsey가 떠오른다. 빌은 시카고를 여행할 때 어느 레스토랑에 들어갔다가 총지배인에게서 타이를 꼭 착용해야 한다는 말을 들었다. 빌이 매고 있던 볼로타이*는 안 된다고 했다.

빌은 총지배인에게 물었다. "댁의 타이는 얼마 주고 샀소?"

총지배인은 아주 당당하게 말했다. "25달러를 줬습니다."

빌이 말했다. "내 타이는 200달러짜리예요."

총지배인은 대꾸할 말을 찾지 못했다. 빌 폴시는 레스토랑으로 들어가서 그가 선택한 자리에 앉았고, 그사이 총지배인은 뭐든 할 말을 찾으려 했다. 빌 폴시가 맨 타이가 얼마나 이상하게 생겼나! 200달러라니! 그의 타이는 25달러밖에 하지 않았다.

자, 꿈을 꾸어라. 우리는 꿈을 꿀 때마다 등장인물을 새롭게 배치하여 똑같은 꿈을 다시 꿀 권리와 권한을 갖는다. 그러는 동안 우리가 알지 못하도록 훈련받은 많은 것을 발견할 수 있다.

예전에 학교 선생님들은 이렇게 말했다. "나한테 말할 때는 나를 봐라. 내가 너한테 말할 때도 나를 봐라." 그리고 우리는 이렇게 배웠

---

*   끈 모양의 넥타이.

다. "이거 하지 마라. 저거 하지 마라. 알맞은 옷을 입고, 알맞은 신발을 신어라. 신발 끈을 제대로 매라." 우리가 배운 것 중에는 우리가 이해력을 발전시키지 못하도록 가로막는 지침을 바탕으로 하는 것이 많다. 그렇게 우리는 스스로를 제약하는 식으로 살아간다.

나는 내 아들들에게 감자밭에서―무늬를 그리면서―괭이질하는 법을 가르쳤다. 아들들은 감자밭에서 괭이질할 때면 언제나 무늬를 그리면서 마지막에 어떤 무늬가 나올지 궁금해했다. 그래서 괭이질로 삼각형을 만들고, 삼각형을 더 많이 만들다가 동그라미도 그리고 숫자와 글자도 그릴 수 있다는 것을 스스로 터득했다.

―――――――――

에릭슨이 볼로타이 이야기에 덧붙인 일화는 아무 상관이 없는 이야기처럼 들릴 수 있다. 이것은 에릭슨이 이야기의 요점을 반복해서 이해시키는 방식이다. 첫 번째 요점은 우리 스스로 이해하고 행동하는 양식에 제약을 둔다는 것이다("알맞은 옷을 입어라. …… 우리가 배운 것 중에는 우리가 이해력을 발전시키지 못하도록 가로막는 지침을 바탕으로 하는 것이 많다"). 두 번째 요점은 우리의 제한되고 스스로 제약을 가하는 지침을 새로운 양상(동그라미와 숫자, 글자)으로 대체할 수 있다는 것이다. 에릭슨은 꿈에서 새로운 양상을 발견하라고 제안한다. 자신의 무의식을 믿고 습관적인 한계를 극복하기 위한 참신한 방법을 찾아야 한다는 뜻이다.

이야기 11
담배를 피우세요

어느 젊은 여자가 나를 찾아왔다. 그녀는 어릴 때부터 극장은 어린 소녀들이 유혹에 넘어가는 죄악의 공간이라고 배웠다. 그녀는 드러그스토어*에도 가지 않았다. 거기서는 담배를 파는데, 담배 파는 곳에 있으면 하나님이 엄벌을 내릴 수도 있어서였다. 또한 그녀는 와인이나 사과주나 알코올음료를 일절 마시지 않았다. 그런 걸 마시면 하나님이 쳐 죽일 거라고 믿었기 때문이다. 하나님은 그녀가 극장에 가도 쳐 죽이고, 담배를 피워도 쳐 죽일 터였다.

나는 환자에게 무슨 일을 하는지 물었다. 그녀는 자기가 다니는 교회 소속의 의사 밑에서 일한다고 말했다. 의사는 그녀에게 월급으로 100달러를 주었다. 평균 월급이 270달러이던 시절이었다. 환자는 그 의사 밑에서 10년 동안 일해왔는데도 월급을 겨우 100달러밖에 받지 못했다. 그리고 그녀의 타자 속도는 1분에 25자를 넘지 않았다.

환자는 부모와 같이 살았고, 부모는 딸을—죄악으로부터—철저히 보호했다. 환자는 한 시간 걸려서 출근하고, 여덟 시간 일하고, 가끔은 수당도 받지 않고 야근을 했다. 그리고 다시 한 시간 걸려서 집으로 돌아왔다. 일주일에 엿새를 일하고, 일요일에는 온종일 교회에 가 있었다. 아주 엄격하고 제약이 심한 가족이었다.

---

* 약품을 비롯해 화장품과 그 밖의 생필품을 취급하는 곳.

환자가 첫 상담을 마치고 진료실에서 나갔을 때 평소 내 환자들을 두고 별 말이 없던 아내가 이렇게 물었다. "어디서 고양이가 주워온 것 같은 저 애는 누구예요?"

나는 "환자지"라고 답했다.

나는 환자에게 살다 보면 위험이 도사리고, 누구에게나 죽음이 찾아오며, 그녀가 언제 죽을지 하나님이 계획을 세워두셨다면 그녀가 담배를 조금 피운다고 해서 아직 데려갈 때도 아닌데 데려가실 것 같지는 않다고 설득했다. 나는 환자에게 담배를 피우게 했다. 기침을 많이 하긴 했지만 하나님께서 그녀를 쳐 죽이지는 않았다! 하나님께서는 정말로 그렇게 하지 않았다! 이런 사실에 그녀는 크게 놀랐다.

다음으로 나는 환자에게 극장에 가보라고 했다. 그녀는 2주 만에 겨우 용기를 끌어냈다. 그녀는 진지하게 이렇게 말했다. "죄악의 집에 들어가면 하나님이 저를 쳐 죽이실 거예요."

나는 그녀에게 하나님이 그녀를 쳐 죽이지 않는다면 아직 죽을 때가 되지 않아서일 테고, 나는 그녀가 죽을 때가 되었을 리 없다고 생각한다고 말했다. 과연 그녀가 다시 나를 찾아와 무슨 영화를 봤는지 말해줄까? 그녀는 〈레이디와 트램프The Lady and the Tramp*〉를 보고 다시 찾아왔다. 내가 그 영화를 골라준 것은 아니었다.

그녀는 이렇게 말했다. "교회가 틀렸나 봐요. 그 영화는 전혀 나쁘지 않았어요. 타락한 남자들이 어린 소녀들을 짓밟는 일도 없었고요.

---

* 월트디즈니의 1955년 만화영화. 애완견 두 마리가 주인공으로 나오는 러브스토리.

영화는 재미있었어요.”

내가 말했다. “교회가 당신에게 영화에 관한 거짓된 생각을 심어준 것 같군요. 교회가 무슨 의도를 품고 그런 것 같지는 않아요. 아마 모르고 그랬을 겁니다.” 그리고 환자는 다른 재미있는 영화를, 특히 뮤지컬 영화를 보러 다녔다.

그러던 어느 날 나는 이렇게 말했다. “이제는 위스키를 마실 만큼 좋아진 것 같습니다.”

그녀가 말했다. “하나님께서 분명 저를 쳐 죽이실 거예요.”

내가 말했다. “그런 일은 없을 것 같군요. 당신이 극장에 가거나 담배를 피울 때도 하나님께서 당신을 쳐 죽이지 않으셨잖아요. 위스키를 마시면 당신을 쳐 죽이실지 어디 봅시다.”

환자는 위스키를 마신 뒤 기다리고 또 기다렸고, 하나님은 그녀를 쳐 죽이지 않았다. 그러자 그녀가 말했다. “제 삶에 변화를 줘야 할 것 같아요. 일단 부모님 집을 나와서 혼자 살 집을 구해야겠어요.”

내가 말했다. “그리고 더 좋은 직장을 구해야 합니다. 타자 치는 법도 배워야 하고요. 당신 힘으로 집을 빌려서 이사해야 해요. 그럴 돈이 없으면 부모님에게 집세를 내달라고 해도 되고요. 그리고 직접 요리도 하고 타자기도 한 대 빌리세요. 아침에 눈을 뜨자마자 타자기로 달려가서 맨 처음 이렇게 치세요. ‘6월의 아름다운 날이다.’ 그런 다음 욕실에 가서 양치질을 하고 간단한 문장을 하나 더 쳐보세요. 매번 최고 속도로 치세요. 문장을 아주 짧게 만들어서요. 그리고 옷을 갈아입으세요. 옷을 반쯤 입고 문장을 하나 더 치세요. 옷을 다 입고 짧은 문장을 하나 더 치세요. 아침을 준비하면서 다시 짧은 문장을 치세요. 식탁에 앉아 아침을 먹고, 반쯤 먹으면 다시 짧은 문장을 치세요. 언제나 최고 속도로 타자를 쳐야 해요. 이렇게 짬짬이 조금씩 연습하면서 매번 최대 속도로 타자를 칠 수만 있다면 훨씬 더 빠르게 치는 법을 익히게 됩니다."

환자는 3개월 만에 분당 80자까지 치게 되었다.

환자는 요리에 관해 이렇게 말했다. "밥을 조금 지어봤어요. 그냥 쌀 한 컵을 끓이면 될 줄 알았죠. 쌀을 냄비에 넣고 물을 부었어요. 그런데 큰 냄비가 넘치려고 해서 냄비 하나를 더 가져왔어요. 그리고 냄비 두 개를 더 가져와야 했어요. 쌀이 그렇게 많이 불어날 줄 몰랐어요."

내가 말했다. "요리를 하려면 배울 게 많아요."

나는 그녀에게 콩을 구워보라고 했다. 그녀는 콩 한 컵을 아주 신중하게 쟀는데, 콩이 어마어마하게 불어났다. 어쨌든 그녀는 드디어 요리를 잘하게 됐으며, 교회를 그만둔 뒤 부모에게 이렇게 말했다. "가끔 뵈러 올게요. 이제 좋은 직장을 구했어요. 월급은 270달러이고, 직장까지는 걸어서 여덟 블록만 가면 돼요."

그런 다음 나를 찾아왔는데, 그때 아내는 내게 이렇게 말했다. "밀턴, 당신은 예쁜 금발머리 아가씨만 맡는 모양이죠?"

내가 말했다. "저번에 고양이가 어디서 주워온 것 같다던 그 아이인데." 그 소녀가 아주 아름답게 변한 것이다. 그녀는 음악수업도 듣고 일도 즐겁게 했다.

몇 달 지나서 환자가 다시 찾아와 말했다. "에릭슨 선생님, 술에 취해보고 싶은데 어떻게 하면 되는지 알고 싶어요."

내가 말했다. "술에 취하는 가장 좋은 방법을 알려주지요. 전화도 걸지 않고, 방문을 걸어 잠그고 집 안에만 있겠다고 나한테 약속하세요. 와인 한 병을 구해서 한 모금씩 기분 좋게 한 병을 다 비울 때까지 마셔요."

며칠 뒤 환자가 다시 와서 이렇게 말했다. "전화도 걸지 않겠다고 약속하라고 해주셔서 정말 다행이에요. 친구들한테 전화를 돌려서 우리 집에 와서 같이 마시자고 말하고 싶었거든요. 그랬다면 정말 엉망이 됐겠죠. 그리고 길에 나가 노래를 부르고 싶었어요. 하지만 방문을 걸어 잠그고 열지 않기로 박사님하고 약속했잖아요. 그런 약속을 받아두셔서 진짜 다행이에요. 술에 취해보니 재미는 있었지만 다음 날 아침에 머리가 깨질 듯 아팠어요. 다시는 취하고 싶지 않아요."

내가 말했다. "술에 취하는 기쁨을 얻으려면 대가를 치러야 하는데, 그게 바로 두통입니다. 숙취예요. 그리고 당신은 원하는 만큼 마음껏 숙취를 경험할 수 있어요."

그녀가 말했다. "이제 더는 숙취를 경험하고 싶지 않아요."

나중에 그 환자는 결혼했다. 지금은 그녀가 어떻게 지내는지 모른다.

나는 환자를 진지하게 대하고 환자의 소망을 들어주는 것이 다른 무엇보다 중요하다고 생각한다. 꼭 냉정하고 엄격하게 판단해야 하는 것은 아니다. 사람들은 뭔가를 배워야 하고 치료자들에게는 사실 그들에게 필요한 모든 것을 가르쳐줄 능력이 없다는 점을 인식해야 한다. 사람들이 스스로 많은 것을 배울 수 있다는 사실을 알아야 한다. 이 사례에 나오는 환자는 분명 그렇게 했다. 그리고 사람들은 최면 상태에서 대개 믿을 수 없을 만큼 공손하다.

금기를 깨게 하라! 이것은 공포증과 금지 상태를 비롯한 여러 가지 증후군을 치료하기 위한 에릭슨의 기본 원칙 가운데 하나다. 먼저 환자의 개인사를 간략히 훑으면서 한계와 경직성, 편협한 '마음가짐'의 징후를 조심스럽게 끌어낸다. 다음으로 환자 고유의 신념을 이용해서 환자 스스로 금기를 깨도록 유도한다.

이 이야기에는 극단적인 제약에 갇힌 젊은 여자 환자가 나온다. 그녀의 제약은 교회와 집안의 엄격한 훈육에서 형성된 듯 보인다. 물론 스스로 설정한 제약이기도 하다. 환자 스스로 금기를 깨고, 세상을 폭넓게 경험하고, 독립적이고 자율적으로 살아가는 능력을 기르도록 도와주기 위해 에릭슨은 주로 환자가 스스로 새로운 상황에 맞닥뜨리도록 유도하는 방법을 쓴다. 새로운 상황으로 들어가자 환자는 타인의 명령에 의해서가 아니라 스스로 경험하면서 자기가 믿는 제약의 실체를 배운다. 또한 쌀과 같은 물질을 다루는 방법도 배운다.

물론 에릭슨은 언제나처럼 쌀과 콩의 팽창을 이야기하면서 보편적인 팽창의 의미를 전달한다. 전체적으로 이 사례는 아주 작은 인격이 훨씬 큰 인격으로 팽창하는 과정을 보여주는 이야기로 볼 수 있다. 환자의 월급이 100달러에서 270달러로 늘어난다. 개성이 발현되고 그런 점이 외모에도 드러나, '어디서 고양이가 주워온 것 같은 아이'에서 '아름다운 금발머리 아가씨'로 변신한다. 그리고 환자는 새로운 경험을 해나가면서 스스로 제약을 깨닫는다. 예를 들어 숙취를 체험하고 숙취가 어떤 것인지 배운다. 마지막으로 에릭슨은 사람들이 평소 해보려고 생각조차 하지 않을 행동을 하게끔 유도하는 방법을 넌지시 전한다. 그래서 이렇게 덧붙인다. "사람들은 최면 상태에서 대개 믿을 수 없을 만큼 공손하다."

에릭슨은 충동에 중점을 두고 지적 능력과 개념을 두루 살피면서 대다수 사람들에게 발생하는 불균형을 바로잡으려 한다. 에릭슨은 내게 이렇게 말한 적이 있다. "어릴 때는 몸이 발을 따라가려 한다. 어른이 되면 발이 몸을 (그리고 머리를) 따라가려 한다."

이야기 12
살을 찌우는 다이어트

어떤 여자가 나를 찾아와 이렇게 말했다. "저는 몸무게가 81킬로그램이에요. 의사 지시에 따라 수백 번이나 다이어트에 성공해봤어요. 59킬로그램까지 빼고 싶어요. 그런데 59킬로그램이 되면 그때마다 부엌으로 달려가 성공을 자축해요. 그러면 당장 도로 살이 찌죠. 선생님이 저한테 최면을 걸어서 59킬로그램까지 체중을 줄여주실 수 있을까요? 지금처럼 81킬로그램으로 다시 돌아온 게 백 번은 될 거예요."

나는 그녀에게 좋다, 최면으로 체중을 줄이도록 도와줄 수는 있다, 그렇지만 내 방법이 마음에 들지는 않을 거라고 말했다.

환자는 그래도 59킬로그램으로 줄이고 싶다면서, 어떤 방법을 쓰건 다 괜찮다고 말했다.

나는 그녀에게 무척 힘들 거라고 말했다.

환자는 "선생님이 하라는 대로 다 할게요"라고 말했다.

"좋아요. 내가 하라는 대로 꼭 따르겠다고 약속하세요."

환자는 내 말이 끝나기가 무섭게 약속했고, 나는 환자에게 최면을 걸었다. 나는 다시 한번 환자에게 내 방법이 마음에 들지 않을 거라고 일러주고는, 그래도 내 조언을 따르겠다고 약속할 건지 물었다. 환자는 약속한다고 말했다.

다음으로 나는 환자에게 이렇게 말했다. "당신의 무의식과 의식 모두 내 말에 귀 기울이세요. 이제부터 이렇게 하세요. 현재 체중은 81킬로그램입니다. 여기서 9킬로그램을 더 찌우고, 이 저울로 90킬로그램이 되면 그때부터 체중을 줄이세요."

환자는 무릎까지 꿇고 약속을 취소해달라고 애원했다. 그 뒤로 1킬로그램씩 늘어날 때마다 살을 빼게 해달라고 점점 더 매달렸다. 86킬로그램이 되자 몹시 고통스러워하며 약속을 취소하게 해달라고 빌다시피 했다. 89.5킬로그램이 되자 90킬로그램이 거의 다 된 거 아니냐고 했고, 나는 90킬로그램을 다 채워야 한다고 버텼다.

90킬로그램이 되자 환자는 이제 살을 뺄 수 있다면서 무척 기뻐했다. 그리고 59킬로그램까지 감량하고는 "다시는 살을 찌우지 않을 거예요"라고 말했다.

예전에 환자는 살을 뺐다가 다시 찌우는 양상을 보였다. 나는 그 양상을 뒤집어서 살을 찌웠다가 빼게 만들었다. 그리고 환자는 최종 결과에 만족하면서 꾸준히 그 체중을 유지했다. 9킬로그램이나 찌우는 고통스러운 과정을 다시는 되풀이하고 싶지 않았던 것이다.

이 환자에게 살을 찌우는 것은 더 이상 반항도 아니고 욕구의 표출도 아니다. 강제로 해야 하는 일이 되었다. 따라서 예전에는 살을 빼야 하는 일을 억울하게 생각했듯이 이제는 살을 찌워야 하는 일을 억울해했다.

'담배를 피우세요'에서 에릭슨은 환자가 '금기를 깨도록' 도와줘야 한다고 예시했다. '살을 찌우는 다이어트'에서는 환자가 기존의 양상을 바꾸게 해주면 도움이 된다는 것을 보여준다. 여기서 에릭슨은 그저 환자가 살을 뺐다가 찌우는 양상을 뒤집게 해주었을 뿐이다. 한번 양상이 뒤집히자 환자는 평생 따라온 양상을 다시는 되풀이하지 못했다. 그전에는 분명 체중이 81킬로그램까지 늘어난 상태를 견디는 법을 배워왔을 것이다. 체중이 많이 나가는 환자들은 대개 이런 양상을 보인다. 어느 정도까지 참다가 어느 지점부터 다급히 살을 빼야 한다고 느낀다. 에릭슨은 환자가 그 지점을 넘어서게 만듦으로써 그때까지 허용된 수준을 더 이상 견디지 못하게 했다.

이처럼 기존의 양상을 뒤집거나 사물을 역전시켜서 바라보게 하는 방법은 에릭슨이 마음가짐을 바꾸기 위해 자주 사용하는 방법들 중 하나다. 에릭슨은 환자들에게 피터 뉴얼Peter Newell의 《탑시스와 터비스 Topsys & Turvys》(1988)를 보여주었다. 거꾸로 뒤집어 보면 이야기와 삽화의 의미가 달라지는 어린이 그림책이다.

이야기 13
폭식을 처방하다

체중이 많이 나가는, 누가 봐도 비만인 젊은 여자가 나를 찾아왔다. 나는 그녀에게 이렇게 말했다. "당신은 비만이어서 다이어트를 여러 번 해봤지만, 아무 효과도 거두지를 못했군요. 그리고 1주일이나 2주, 또는 3주까지는 다이어트를 할 수 있지만 그 뒤로는 무너져서 다시 잔뜩 먹고요. 그러고는 자포자기한 심정으로 더 많이 먹지요.

자, 당신에게 의학적인 처방을 해드리겠습니다. 그전 주치의가 처방한 다이어트 방법을 꾸준히 해나가세요. 가능하면 2, 3주 동안 다이어트를 지속하고, 3주 차 마지막 일요일에는 양껏 드세요. 의사의 지시니까요. 어차피 3주 동안 뺀 살을 도로 찌울 만큼 먹지는 못해요. 그리고 의사 지시에 따라 일요일에 온종일 먹는 거니까 죄책감에 시달리지 말고 실컷 먹어도 돼요. 다음 월요일에는 다시 다이어트를 시작하세요. 가능하면 다시 3주 동안 다이어트를 이어가다가 또 죄책감 없이 실컷 드세요."

이 환자에게서 온 마지막 편지에는 3주 동안 배고픔을 참는 것보다 더 나은 다이어트 방법을 찾았다고 적혀 있었다. 날마다 배고픔을 느끼고, 날마다 적당량의 음식을 맛있게 즐기는 것이다. 그녀는 날을 잡아 폭식한 덕분에 3주 동안 다이어트를 지속할 힘을 얻었다.

────────

이 방법은 '증상 처방하기'로 분류된다. 에릭슨은 환자에게 이제껏 해온 대로 계속 다이어트를 하라고 말했다. '가능하면' 3주 동안 다이어트를 하고 폭식하는 방식이었다. 달라진 점이 있다면 폭식에 들이는 시간이었다. 어떤 양상이 조금이라도 달라질 수 있다면 더 큰 변화도 일어날 수 있다. 앞에서 여러 번 봤듯이 에릭슨의 기본 치료법 중 하나로, 작은 변화부터 시작하는 방법이다.

이야기 14
두 환자의 차이점

어떤 부인이 체중 문제를 도와달라면서 나를 찾아왔다. 나는 그 환자의 손톱을 보았다. 빨갛고 긴 손톱이었다. 마치 '네일Nails' 광고에 나오는 손톱 같았다. 붙였다가 떼어낼 수 있는 인조손톱. 그토록 화려한 손톱이라니!

내가 말했다. "부인을 도와줄 수는 있지만 부인도 협조해야 해요. 스쿼피크 산에 오르세요."

그녀가 말했다. "해 뜰 때요?"

"네."

"같이 갈 사람이 있으면 좋겠어요."

"열여섯 살짜리 아드님 몸무게가 평균보다 45킬로그램 정도 더 나가서 걱정이라고 하셨지요? 아드님을 데려가세요. 가서 아드님에게 모범을 보여주세요."

그 환자는 다음에 찾아와 이렇게 말했다. "저기, 솔직히 제가 정말로 살을 빼고 싶은 건지 모르겠어요. 아들이 살을 빼고 싶어 하지 않는 건 확실하고요. 저 스스로를 속이려고 애쓰는 짓을 그만둬도 될까요?"

"물론입니다."

어떤 여자 환자는 내게 전화해서 이렇게 말했다. "저는 창피해서 선생님을 직접 만나러 갈 수 없어요. 지난 2년 동안 남편과 가족, 아이들을 다 내팽개치고 살았어요. 주방에 앉아 집히는 대로 다 먹어치웠어요. 아이들은 남편이 학교에 데려다주고 데려와요. 장도 남편이 다 봐주고 저는 음식을 만들어 먹어요. 몸이 엄청나게 불었어요. 선생님께 이런 제 모습을 보여드리는 것도 싫어요."

나는 이렇게 말했다. "살을 빼고 싶으시군요. 아이들과 남편을 내팽개치고 살았고요. 그렇다면 아이들 학교를 그만두게 하면 어떨까요? 그렇게 해도 아이들로서는 딱히 잃는 것도 없을 것 같은데요. 바깥양반 수입으로 부인의 차를 한 대 살 수 있잖아요. 아이들을 학교에서 데려와 스테이션왜건에 태우고 애리조나, 뉴멕시코, 유타, 캘리포니아 등지의 시골로 발길 닿는 대로 돌아다니세요. 여행하면서 아이들에게는 역사든 지리든 관련 책자를 읽히고요. 그리고 숙소는 주방을 이용할 수 없는 모텔에서 묵으세요. 바빠서 아이들 식사를 챙겨줄 겨를도 없을 거예요. 남편은 현재 수입으로 주말마다 가족과 함께 다닐 수 있으니, 온 가족이 1년 동안 제대로 된 휴가를 즐길 수 있어요."

1년이 지나고 그녀가 다시 전화해 이렇게 말했다. "저, 이제 정상 체중으로 돌아왔어요. 아이들한테 관심도 생겼고요. 남편을 사랑하고 다시 가정주부로 돌아가고 싶어요. 여행을 계속해야 할까요?"

내가 말했다. "살이 다시 찌지만 않는다면 그만둬도 됩니다."

"걱정 마세요, 선생님. 먹을 만큼 다 먹었으니까요. 이제는 아이들 자라는 거 보면서 집안을 돌보고 싶어요. 모텔 생활은 지겨워요. 아이들은 좋아했지만 제게는 집에서 살 권리가 있어요. 그 권리를 지킬 거예요."

나는 그 환자에게 상담료도 받지 않았고, 직접 만난 적도 없었다. 나는 그 가족을 만나지 않고도 치료했다. 환자의 급소를 건드리면 환자가 반응하면서 더 나아지거나 나빠진다.

에릭슨이 비만 문제에 각각 다른 방법으로 접근하는 과정을 살펴보았다. 그는 사례마다 각각 다른 부분에 주목하면서 환자도 그 부분에

주목하게 했다. 성공적인 사례에서 중요한 요소는 동기였으며, 에릭슨은 처음부터 동기에 주목하기로 결정했다. 동기부여가 되지 않은 환자의 사례에서는 환자가 스쿼피크 산에 오르라는 간단한 지시를 따르지 않으려고 할 때 쉽게 결정이 내려졌다. 에릭슨은 그 환자의 전체적인 몸가짐, 예를 들면 지나치게 화려한 네일 아트 따위를 보고 이미 환자가 게으르고 제멋대로 구는 부류라고 짐작했다.

나머지 이야기에서도 동기가 핵심 요소다.

이야기 15
제 착각이었어요

어느 부유한 남자가 나를 찾아와 이렇게 말했다. "저는 알코올중독이에요. 술을 끊고 싶습니다."

내가 말했다. "당신에 관해서 몇 가지 알고 싶군요. 결혼은 하셨습니까?"

"그럼요, 하다마다요."

"'하다마다'라니, 그게 무슨 뜻입니까?"

"음, 우리 부부는 사방 16킬로미터 이내에는 아무것도 없는 곳에 여름 별장 한 채를 가지고 있습니다. 아름다운 곳이지요. 그곳을 아름답게 꾸밀 여유가 있어요. 아내와 저는 자주 별장에 가서 2, 3주 정도 머물러요. 침실에서 창밖으로 낚싯대를 드리우고 송어낚시도 할 수 있어요. 별장에는 전화도 없어요. 문명에서 16킬로미터 떨어진 셈이죠. 아름다운 가구도 들여놨어요. 음식과 술도 종류별로 다 사다놨고요. 해마다 여름이면 아내와 함께 3주 정도, 아니 2, 3주 정도 홀딱 벗고 진정으로 삶을 즐기죠."

내가 말했다.

"좋군요. 술을 끊기 좋은 조건이에요. 부인께 차를 몰고 별장으로 가서 술을 깡그리 모아 차에 실으라고 하세요. 옷가지도 전부 차에 실으라고 하시고요. 별장에 있는 옷을 전부 피닉스에 갖다놓으라고 하세요.

부인 친구한테 밤에 별장까지 태워다 달라고 한 뒤 부인도 옷을 다 벗어서 친구에게 맡기라고 하세요. 그리고 두 분이서 2, 3주 동안 송어만 먹고 술은 입에도 대지 말고 아주 멋진 시간을 보내세요. 술 한 병 구하려고 황무지를 16킬로미터나 걸어가진 않을 테니까요."

"선생님, 술을 끊고 싶다는 건 제 착각이었어요."

그래도 술을 끊기 위한 완벽한 방법이었을 것이다. 당신의 알코올중독자는 진실해야 한다.

———

에릭슨은 '당신의 알코올중독자'라는 말을 사용하면서 치료자로서 일단 환자를 받아들이면 환자의 진척 상황에 막중한 책임을 떠안아야 한다는 신념을 강조한다. 치료자로서 알코올중독자를 환자로 받으면 그 환자는 '당신의 알코올중독자'가 된다. 이 사례의 환자는 에릭슨의 처방을 따르지 않았기 때문에 환자로 받아들여지지 않았고, 알코올중독은 그 환자 자신의 것으로 남았다.

이야기 16
우호적인 이혼

다음은 내가 딱 한 번 진료한 어느 남편의 사례다. 한 번 만난 후 내가 병이 나서 더는 만나지 못했다. 그 무렵 나는 두 달 동안 아무도 만날 수 없었다.

그 남편은 나를 찾아와 이렇게 말했다. "저는 외아들이에요. 아버지는 아주 편협한 기독교 교회의 목사이십니다. 어릴 때 저는 담배를 피우는 것도 죄악이고, 영화관에 가는 것도 죄악이라고 배우며 자랐습니다. 사실상 죄를 주입받으면서 자랐지요. 제가 할 수 있는 것은 거의 없습니다. 의대에 다닐 때도 죄짓지 않으려고 조심했어요. 그러다 같은 교구의 다른 목사님 댁 무남독녀를 만났는데, 그 여자도 저와 똑같은 방식으로 자랐더군요. 우리는 사랑에 빠졌습니다. 양가 부모님들은 기뻐하면서 저희를 위해 근사한 결혼식을 계획하셨어요. 양가가 돈을 모아서 한쪽 부모님이 신혼여행을 다녀왔던 호텔의 숙박비까지 마련해주셨죠. 우리가 사는 지역에서 230킬로미터 떨어진 곳이었어요.

한겨울의 인디애나였고, 기온이 영하로 떨어졌어요. 저녁에 결혼식을 올리고 멋진 피로연을 열었어요. 밤 10시인가 11시쯤 아내와 저는 차를 타고 230킬로미터 떨어진 그 호텔로 향했어요. 호텔을

3킬로미터 남겨두고 자동차 히터가 고장 나서, 230킬로미터 떨어진 그 호텔에 간신히 도착했을 때는 둘 다 몸이 얼어붙을 것 같았어요. 우리는 비참하고 피곤해서 죽을 지경이었어요. 차는 고장 났고, 고칠 수 있을지 알 수 없었어요. 게다가 스페어타이어까지 갈아 끼워야 했지요.

호텔에 도착해서 예약한 방으로 올라가 제가 문을 열었어요. 우리는 그대로 서서 서로 바라보기만 했어요. 둘 다 뭘 해야 하는지는 알았지만, 너무 피곤하고 비참하고 추웠거든요.

아내가 먼저 나서더군요. 가방을 들고, 욕실 불을 켜고, 큰 방 불은 껐어요. 욕실에서 옷을 갈아입고 불을 끄고는 잠옷 차림으로 나왔죠. 아내는 어둠 속을 더듬어 침대까지 가서 침대로 기어들어갔어요.

저도 여행 가방을 들고 욕실로 들어가서 불을 켜고 잠옷으로 갈아입고, 다시 불을 끄고 깜깜한 채로 침대로 가서 반대편 자리로 들어갔어요. 그리고 우리는 그대로 누워 있었어요. 뭘 해야 하는지는 알았지만, 추위와 비참한 심정과 피로를 견딜 방법 외에는 아무것도 생각할 마음이 없었죠.

우리는 밤새 그대로 누워 어떻게 할지 생각을 정리하다가 잠을 청했어요.

마침내 오전 11시가 돼서야 겨우 기운을 차리고 첫날밤을 치렀지만 둘 다 즐기지는 못했어요. 첫 성관계로 아내가 임신을 했어요. 그 이후로 함께 사랑을 나누는 법을 배우려 했지만 너무 늦었죠. 우리는 그 문제로 대화를 나눴어요. 그리고 다음 달에 아내가 아이를 낳는 대로 6주 뒤에 건강검진을 받고 나면 우호적으로 이혼하기로 했어요. 이혼은 결혼할 때처럼 멍청하게 하고 싶지 않아요. 아내나 저나 결혼한 과정을 후회하거든요. 아이는 아내가 맡고 제가 양육비를 댈 생각이에요. 아내와 아이는 집으로 돌아갈 거예요. 전 아직 어디로 갈지 모르겠어요."

내가 말했다. "디트로이트에 가서 호텔 레스토랑의 룸과 객실을 하나 예약하세요. 부인이 검진을 마치면 간호사를 하나 구해서 아기를 맡기시고요. 부인에게는 우호적인 이혼을 시작할 때라면서, 그러려면 먼저 우호적인 별거부터 해야 한다고 설명하세요. 부인을 스태틀러 호텔로 데려가세요. 비용이 얼마나 들건 신경 쓰지 마시고요. 레스토랑 룸에서 양초를 켜고 둘이 근사하게 식사를 하시고 샴페인도 한 병 따세요. 이건 의사 지시니까 괜찮아요. 두 분이 샴페인을 나눠 드세요.

식사가 끝나면—10시를 넘기면 안 됩니다—데스크로 가서 방 열쇠를 받으세요. 벨보이가 방으로 안내할 겁니다. 예약한 방이 있는 층에 이르면 벨보이에게 5달러 지폐를 쥐여주고 빨리 꺼지라고 말하세요. 무슨 소린지 알아들을 겁니다. 그런 다음 방으로 가서 문을 따고 부인을 안은 채 문을 잠그고 침대로 데려가 부인을 침대 한쪽에 앉히세요. 그리고 이렇게 말하세요. '마지막으로 작별 키스를 할 거야.' 부드럽게 입을 맞춘 다음 이렇게 말하세요. '방금 건 당신을 위한 키스고, 이번에는 나를 위해 키스할게.' 부인의 무릎에 손을 얹고 좀 더 길게 입을 맞추면서 손을 천천히 밑으로 내려 부인의 슬리퍼를 벗기세요. 그리고 이렇게 말하세요. '이제 우리 둘을 위해 한 번 더 키스하자.' 손을 부인의 드레스 속으로 집어넣고 아래로 쓸어내리면서 반대쪽 슬리퍼를 벗기세요. 그다음에는 샴페인과 당신의 내분비선과 부인의 내분비선이 합쳐져서 새로운 상황이 벌어질 겁니다. 부인의 블라우스를 풀고 다시 키스하세요. 스타킹을 벗기고 다시 키스하세요."

나는 그에게 아내를 유혹하기 위한 완벽한 지침을 가르쳐주었다. 여름에 내 병이 나을 즈음 그들 부부는 사라졌다. 몇 년 뒤 내가 에머리 대학교에서 강연을 할 때, 한 청년이 이렇게 말했다. "선생님을 저녁식사에 꼭 모시고 싶습니다."

내가 말했다. "미안합니다만, 비행기 시간 때문에 안 될 것 같군요."

청년이 말했다. "제 아내가 실망하겠네요."

나는 모르는 가족이 왜 실망한다는 건지 의아했다.

청년이 말했다. "저를 못 알아보시네요."

"그렇소. 모르겠어요."

"그래도 선생님께서 제 아내와 저를 위해 추천해주신 디트로이트 스태틀러 호텔의 저녁식사는 기억하시겠죠."

"그럼요, 기억하죠."

"저희는 지금 아이가 둘이고, 아내는 셋째를 임신 중입니다."

사람들이 이혼하고 싶다고 찾아올 때도 사실은 이혼하고 싶은 게 아닐 수도 있다.

이 사례의 부부는 여러모로 '담배를 피우세요'에 나오는 젊은 여자와 닮았다. 부부는 엄격하고 제약이 심한 환경에서 자란 탓에 주입된 제약을 극복하기 위해 명확한 지침을 필요로 한다. 게다가 지침을 따르려면 권위자를 충분히 존경해야 한다. 그런데 이런 의문도 든다. '에릭슨은 왜 우리에게 이 이야기를 들려줄까? 우리는 분명 여자를 유혹하는 법을 알 정도는 된다. 혹시 이 이야기에 은밀한 메시지가 숨어 있는 걸까?'

물론이다. 여러 가지 메시지가 담겨 있다. 가장 명확한 사실은, 거듭 강조하건대, 어떤 사람의 반응을 바꾸는 가장 확실한 방법은 그 사람이 이미 하고 있거나 이 사례에서는 이미 계획 중인 일을 하라고 말해주는 것이다. 그런 다음 장면과 분위기를 바꾸어 약간의 차이를 준다. 지침을 주거나 정보를 제공하는 데 주저하지 않는다. (당신이 그 환자라면 관련 정보를 얻게 된다.)

이 사례의 핵심은 누구에게나 문제를 해결하고 차이를 극복하는 역량과 자원이 있다는 에릭슨의 믿음이다. 가끔 약간의 변화를 주고 자극하기만 하면 될 때가 있다.

이야기 17
팔은 입으로 움직인다

열두 살이면 어린아이는 아니다. 그런데 어린애 같은 소녀가 있어서, 내가 순전히 유아적인 기법을 설명해준 적이 있다. 그 소녀는 내게 전화해서 이렇게 말했다. "저는 소아마비에 걸려서 팔을 움직이는 법을 까먹었어요. 저에게 최면을 걸어 가르쳐주시겠어요?"

나는 소녀의 엄마에게 딸을 데려오라고 말했다. 엄마가 딸을 데리고 왔다. 소녀를 보니, 열두 살 소녀치고는 가슴이 꽤 발달했지만 오른쪽 젖가슴이 팔 아래에 있었다. 나는 근육의 모양을 확인하기 위해 엄마에게 딸의 옷을 허리까지 벗기게 해서 몸통을 살펴보았다.

나는 소녀에게 하루에 세 번 거울 앞에 앉아서 허리까지 옷을 내리고 자기 모습을 바라보라고 말했다.

자, 양쪽 입꼬리를 내려볼까?

자, 다시 해보고 가슴의 피부가 움직이는 걸 느껴보렴. 나는 한쪽 얼굴로만 그렇게 할 수 있단다.

그리고 나는 소녀에게 하루 세 번 20분씩 거울 앞에 앉아 입꼬리를 내리라고 말했다. 말하자면 광경근*을 수축시키라고 주문한 것이다.

소녀가 내게 물었다. "꼭 거울 앞에 앉아야 하나요?"

"넌 어디에 앉고 싶은데?"

"텔레비전 프로그램을 상상하고 싶어요."

그래서 소녀는 상상 속의 텔레비전에 나오는 상상 속의 프로그램을 시청했다. 그리고 광경근을 움직이는 연습을 시작하고 상상 속의

---

* 목 양쪽에서 어깨 윗부분부터 아래턱까지 뻗어 있는 폭넓고 얇은 근육.

텔레비전을 즐겁게 시청하면서 얼굴 표정을 지었다.

근육은 하나가 움직이면 그 움직임이 다른 근육으로 퍼져나가는 경향이 있다. 손가락을 하나만 움직이려고 해보라. 그러려고 하지 않아도 다른 손가락까지 움직일 것이다. 소녀의 두 팔이 움직이기 시작했다.

오른쪽 젖가슴이 팔 아래에서 가슴 쪽으로 이동했다. 소녀는 지금 변호사로 개업했다.

———

이 사례에 관한 에릭슨의 언급에는 설명이 충분히 담겨 있다. 이번에도 에릭슨은 목표 문제, 곧 여기서는 양팔을 움직이지 못하는 문제와는 별 상관이 없어 보이는 작은 변화부터 시작한다. 그는 간단한 해부학 지식을 간접적으로 활용하여 환자에게 가슴근육, 물론 팔과 연결된 근육(특히 대흉근)을 수축시키라고 지시한다. 그런데 왜 그냥 팔 근육을 움직이는 연습을 하라고 지시하지 않았을까? 소녀가 너무 심하게 저항하면 직접적인 접근법으로는 소용이 없다는 것을 알았기 때문이다. 그러나 이렇게 간접적으로 접근하는데 어떻게 저항하겠는가?

이야기 18
1밀리미터만 닫을게요

폐소공포증 환자가 나를 찾아왔다. 그 환자는 작은 방에 갇히는 것을 참지 못했다. 어릴 때 엄마가 집 바깥에 있는 지하실에 밀어넣고 문을 닫은 뒤 구둣발 소리를 내면서 딸을 버리고 가버린 탓이었다. 엄마는 일부러 구둣발 소리를 내서 딸에게 멀리, 아주 멀리 떠나는 것처럼 생각하도록 만들었다.

그 뒤로 소녀는 좁은 공간에 대한 심한 공포심을 키웠다. 그래서 나는 환자에게 내 진료실 벽장에 들어가 앉으라고 요청했다.

환자가 말했다. "문을 활짝 열어놓으면 들어갈게요."

내가 말했다. "문을 활짝 열어놓는 대신 1밀리미터만 닫는다고 생각하면 어떨까요?"

환자는 동의했다. 환자는 활짝 열린 문을 1밀리미터만 닫은 채 벽장 안에 앉아 있었다. 다음에는 2밀리미터로 늘리고, 3센티미터로 늘리고, 1센티미터로 늘리고, 2센티미터, 3센티미터로 늘렸다. 문을 얼마나 열어놓아야 했을까?

그렇게 환자는 벽장 안에서 조금씩 문을 닫았다. 나는 환자가 공포 증상을 보일 때까지 기다렸다. 환자는 문이 2센티미터만 열려 있어도 손잡이만 잡고 있다면 괜찮다는 것을 알았다. 결국에는 문을 다 닫아도 손잡이만 잡고 있으면 닫힌 벽장 안에서 살아 숨 쉴 수 있다는 것을 알았다.

다음으로 나는 환자에게 열쇠구멍으로 내다보라고 제안했다. 열쇠구멍으로 내다볼 수만 있다면 환자는 더 이상 손잡이를 잡지 않아도 되었다.

폐소공포증은 한 사람의 내면에 형성된 제약이 겉으로 생생하게 드러나는 증상이다. 폐소공포증과 그 밖의 공포증에 관해서는 여러 가지 이론이 있지만, 에릭슨은 그런 이론들에 관심이 없다. 오직 숨 막힐 것 같은 압박감을 덜어줘서 환자가 공포증의 제약을 뛰어넘도록 도와주는 데만 관심이 있다.

에릭슨은 우리에게 어려운 문제를 차근차근 해결하라고 말한다. 처음에는 상상하고, 다음으로 천천히 한쪽 문을 닫으라는 것이다. 그런 다음 다른 한쪽 문도 닫고, 창문도 닫고……

이야기 19
창문은 열어야 하고, 틈은 메워야 한다

겨울에 어느 천문학과 교수가 나를 찾아왔다. 그는 우리 집 현관문을 열어놓고 들어왔다. 내 진료실 문도 열어놓고, 진료실의 다른 문두 개도 열었다.

그는 한쪽 창문의 차양을 열었다. 블라인드를 걷어 올리고, 차양도 올리고, 창문도 열었다.

그는 이렇게 말했다. "보르네오에서 개기일식을 카메라에 담는 정부 프로젝트에 선발됐는데, 제게 폐소공포증이 있습니다. 보르네오에 가려면 비행기도 타고 열차도 타야 하잖아요. 배도 타고 자동차도 타야 하고요. 암실에서도 일할 수 있어야 해요. 저 좀 고쳐주실 수 있을까요? 두 달 뒤에 떠나야 하거든요."

그래서 나는 그에게 실제로는 문이 활짝 열려 있는데도 문 하나가 닫혀 있다고 상상하게 했다. 마침내 그는 최면 상태에서 겨우 내가 말한 대로 상상했다. 다음으로 나는 그에게 다른 문 하나도 닫혀 있고, 창문도 닫혀 있고, 진료실 현관문도 닫혀 있다고 상상하라고 했다.

그는 보르네오에 가서 개기일식을 사진으로 찍었다.

그가 최면 상태에서 문이 닫혀 있다고 상상하는 데 성공한 다음 나는 실제로 조금씩 문을 닫아서 결국 완전히 닫았다. 처음에는 문이 닫혀 있다고 상상하게 한 다음 차례대로 하나씩 문을 닫은 것이다. 그에게 문이 닫혀 있다고 상상하게 하면서부터 모든 것이 시작되었다. 나는 열린 문을 벽에 난 틈이라고 불렀다. 나는 이렇게 말했다. "이제 그 틈을 한 번에 조금씩 메워서 단단한 벽으로 만들어봅시다."

자, 만약 당신에게 폐소공포증이 있다면 창문도 다 열고 문도 다 열어놓고 싶을 것이다. 내가 당신에게 최면을 걸면 당신은 여기서 넓은 틈을 보게 된다. 폐소공포증이 아무리 심해도 창문과 문을 다 열어놓으면 저 소파에 앉아서 견딜 수 있다. 그리고 내가 당신 마음의 그림을 바꾸면 당신은 등 뒤의 벽을 메우듯이 마음의 그림을 대할 것이다.

이것이 최면의 이점이다. 최면에 걸린 사람에게는 이런저런 방법으로 문이 사실은 벽에 난 틈이라고 상상하게끔 만들 수 있다. 그리고 그들 뒤에는 벽이 있을 것이다. 자, 창문과 문은 열어놓아야 한다. 그런데 창문과 문을 벽에 난 틈으로 바꾸면 서서히 그 틈을 메워야 한다.

환자는 보르네오에 가서 개기일식을 찍고 암실에서 직접 사진을 현상했다. 그는 보르네오 땅이든 다른 어디서든 간절히 보고 싶어 했다.

이듬해 겨울 그의 아내가 나를 찾아와 이렇게 말했다. "올겨울에는 밤에 잘 때 문이랑 창문을 다 열어놓지 않아도 되게 해주셔서 정말 고맙습니다."

이 폐소공포증 사례에서도 에릭슨은 환자가 조금씩 더 '닫힌 상태'를 서서히 견디게 해준다. 첫 번째 사례에서는 현실에서 둔감화가 일어난 반면에, 두 번째 천문학과 교수 사례에서는 우선 상상 속에서 둔감화가 일어났다. 그런 다음 에릭슨이 실제로 문을 닫자 상상 속의 경험은 현실이 되었다.

에릭슨은 처음에 문을 열어두었다가 실제로 문을 닫았을 뿐 아니라 최면 암시를 통해 단단한 벽에 '넓은 틈'을 만들기도 한다. 에릭슨은 환자의 공포심뿐 아니라 환자의 지각—환시를 일으켰다가 제거하는 식으로—에 대한 통제력을 발휘한다. 그는 환자에게 넓은 틈을 상상하게 해서 열린 느낌과 연결한다. 그래서 "폐소공포증이 아무리 심해도 창문과 문을 다 열어놓으면 저 소파에 앉아서 견딜 수 있다"고 말한 것이다. 다음으로 '마음의 그림을 바꾸면' '넓은 틈'이 사라진 뒤에도 안전하고 안락한 느낌은 남는다고 암시할 수 있다.

이야기 20
손톱 하나에서 손가락 열 개로

어느 의사에게 아들 둘과 딸 하나가 있었다. 그는 장남인 헨리를 의사로 키우기로 결정했다. 그런데 헨리의 어머니는 장남을 피아니스트로 키우려고 했다. 어머니는 아들에게 하루에 네 시간씩 피아노 연습을 시켰다. 아버지는 피아노 연습에는 아무런 불만이 없었다. 헨리는 곧 어떻게 해서든 어머니보다 한 수 앞서야겠다고 판단했다. 그래서 속살이 드러날 때까지 손톱을 물어뜯고, 피아노를 치면서 건반 위에 온통 핏자국을 남겼다.

헨리의 어머니는 매정한 사람이라 아들이 피를 흘리든 말든 계속 피아노를 치게 했다. 아들은 손톱을 더 물어뜯었지만 아무리 피를 흘려도 연습을 그만둘 수는 없었다. 헨리는 계속 손톱을 물어뜯었다. 하루에 네 시간씩 피아노를 치지 않으면 학교에도 가지 못했다. 헨리는 학교에 가고 싶었다. 고등학교에도 다니고 싶었다. 그래서 하루에 네 시간씩 피아노를 치는 수밖에 없었다. 나중에 대학에 가고 싶을 때도 부모에게서 대학 등록금을 받으려면 하루에 네 시간씩 피아노를 쳐야 했다.

대학을 마친 뒤 아버지는 아들이 의대에 진학하기를 원했지만 아들은 의학을 공부하고 싶지 않았다. 헨리는 가까스로 의대에서 퇴학당했다. 그러나 정치 수완이 좋은 아버지는 아들을 다른 의대에 진학시켰다. 헨리는 그 학교에서도 퇴학당했다. 그때 헨리에게는 나름의 생각이 있었다. 정치학을 공부하고 싶어서 의대에서 시험 볼 때 일부러 부정행위를 저지름으로써 모든 의대에서 블랙리스트에 오른 것이다. 아버지는 아들을 내게 데려와 이렇게 말했다. "아들에게 최면을 걸어서 손톱 좀 그만 물어뜯게 해주십시오."

헨리는 스물여섯 살이었다. 그는 이렇게 말했다. "저는 정치학을 공부하고 싶은데 아버지가 학비를 한 푼도 대주지 않습니다."

헨리는 장의사에 일자리를 구했다. 구급차를 장의사까지 운전하는 일을 했다. 그는 그 일이 싫었다.

나는 헨리의 아버지에게 이렇게 말했다. "아드님은 제가 맡겠습니다. 저만의 치료법이 있습니다."

아버지가 말했다. "어떤 방법을 쓰시든 상관없어요. 이 애가 다시 손톱을 기르게 해주시기만 한다면 뭐든 좋습니다. 저런 흉측한 손톱으로는 의대에 들어갈 방법이 없어요."

나는 헨리에게 물었다. "자네는 그 버릇을 어떻게 생각하나?"

헨리가 말했다. "이건 타고난 버릇이에요. 저도 모르게 손톱을 물어뜯어요. 잘 때도 물어뜯어야 해요. 저도 이런 손톱이 마음에 들지는 않아요. 흉측하잖아요! 예쁜 여자한테 제 손을 보여주고 싶지 않아요."

내가 말했다. "이봐, 헨리, 손가락은 열 개야. 자, 손가락 아홉 개로 자네가 원하는 만큼 손톱을 물어뜯고 아무 손가락이나 하나 골라서 손톱을 길러도 별일 없을 것 같은데."

헨리가 말했다. "그렇겠네요."

"사실 손가락 두 개를 골라서 손톱을 길러도 나머지 여덟 개로 자네가 원하는 만큼 손톱을 물어뜯을 수 있잖아."

"무슨 말씀인지 잘 알아들었어요. 결국에는 손가락 하나만 있어도 원하는 만큼 손톱을 물어뜯을 수 있으니까 나머지 아홉 개는 기를 수 있다고 말씀하실 거잖아요. 이런, 제가 선생님 논리에 걸려들었네요!"

얼마 지나지 않아 헨리는 손톱 열 개를 다 길렀다.

"헨리, 자네 아버님은 자네를 지원해주지 않으시지. 자네는 일도 하고 하루에 네 시간씩 피아노도 치는데 말야."

"전 음악은 좋아하지만 피아노는 싫어요. 그래도 음악은 진심으로 좋아하지요."

"악기가 피아노만 있는 건 아니잖나? 자네는 22년 동안 건반을 연주했어."

"전자오르간을 구할게요."

헨리는 전자오르간을 완벽하게 연주해서 결혼식이나 파티에 자주 불려다녔다. 그리고 전자오르간을 쳐서 법대까지 졸업했다. 헨리의 아버지는 나에게 분통을 터뜨렸다!

한편 둘째 아들을 감독교회 목사로 키우기로 작정한 터였다. 그런데 둘째 아들은 유대인 여자와 결혼하고 중고차 매장에서 일했다. 술고래에 중고차나 팔고 유대인 여자와 결혼하다니!

그리고 하나 있는 딸에 대해서도 그만의 계획이 있었다. 수간호사로 키울 생각이었던 것이다. 그런데 딸은 열여섯 살에 가출했다. 사우스캐롤라이나인지 노스캐롤라이나로 가서 10대의 남자친구와 결혼해버렸다.

헨리의 남동생은 형이 정치학과 법학을 공부할 수 있다면 그와 유대인 아내도 줄곧 서로를 미워하면서 같이 살지 않아도 된다고 생각했다. 둘 다 결혼생활이 행복하지 않은 터였다. 계속 술을 마시지 않아도 된다고 생각했다. 그는 아내와 이혼했다. 감독교회 목사는 이혼해서는 안 된다. 그는 이렇게 말했다. "아버지가 저를 감독교회 목사로 만드실 수는 없어요. 저는 자동차 딜러가 될 겁니다. 새 차를 팔 거라고요!" 그리고 그는 그 일로 성공했다!

변호사인 헨리와 자동차 딜러인 동생은 여동생과 열여섯 살짜리 매제를 위해 원칙을 세웠다. 그들은 양가 부모를 찾아가 원칙을 제시했다. 우선 매제는 대학에 진학해서 좋은 성적을 받아야 했다. 전공은 마음대로 선택할 수 있었다. 그리고 여동생은 대학에 가서 학사학위를 따야 했고, 그러면 둘이 알아서 공동의 결정을 내릴 수 있도록 했다.

———

이 사례에서는 강압적인 부모의 성격이 부각된다. 아버지는 아들을 의사로 만들어야 한다는 확고부동한 목표를 고수했다. 어머니는 아들을 피아니스트로 키우자는 결심을 꺾지 않았다. 아버지는 에릭슨에게 "아들에게 최면을 걸어 손톱 좀 그만 물어뜯게 해주십시오"라고 주문했다. 헨리가 모든 의대에서 블랙리스트에 오른 뒤에도, 아버지는 단지 자꾸 물어뜯어 남아나지 않은 손톱 때문에 아들이 다른 의대에 들어가지 못한 거라고 무턱대고 주장했다. 사실 헨리는 오랜 세월 손톱을 물어뜯는 방식으로 부모의 강압에 저항해온 셈이다. 물론 헨리는 증상의 책임이 자신에게 있다고는 생각하지 않았다. 그는 "저도 모르게 손톱을 물어뜯어요"라고 말했다. 이제 에릭슨이 헨리와 그의 가족 모두를 어떻게 다루었는지 살펴보자.

에릭슨은 처음에 개입할 때는 '좋은 아버지'로서 직접 책임을 떠안았다. 그는 "아드님은 제가 맡겠습니다"라고 말했다. 다음으로 아들이 공감할 수 있는 더욱 합리적인 안내자 역할을 자처하면서 아들의 합당한 소망과 갈망을 미루지 않았다. 이중구속을 행함으로써(물어뜯으라고 하면서도 물어뜯지 말라고 하는 식으로), 치료 초반부터 헨리 스스로 "제가 선생님 논리에 걸려들었네요"라고 인정하게 만들었다. 에릭슨의 암시를 따르면 헨리는 손톱을 물어뜯는 욕구를 충족하는 동시에 나머지 손톱을 거의 다 기를 수 있다는 논리를 이해할 수 있었다. 달리 말하면, 합당한 충동을 표출하면서도 충동의 방향을—이 사례에서는 손톱 하나로—정하라고 했다.

다음으로 에릭슨은 피아노를 연주하는 문제에도 같은 원칙을 적용했다. 에릭슨은 헨리가 진심으로 음악을 즐긴다고 판단했으며, 그래서 관심이 있고 즐기는 영역을 표현하고 충족하라고 권했다. 악기는 헨리에게 직접 고르게 했다. 헨리는 자기가 하고 싶은 일을 할 수 있다는 것을 깨닫자 이미 계발한 재능과 관심사를 활용하여 삶의 진로를 정하고 법대에 진학할 수 있었다.

헨리는 강압적인 부모의 구속에서 벗어나 손톱을 물어뜯는 것보다 더 효과적인 방법을 찾아낸 뒤 남동생도 자기주장을 펼치도록 도와줄수 있었다. 그런 다음 두 형제가 힘을 합쳐서 부모에 대해 '원칙을 세우고' 사실상 여동생의 어린 남편과 그의 부모까지 포괄하는 가족 전체에 대한 '원칙을 세웠다.' 그들이 이렇게 할 수 있었던 이유는 수적으로나 통일성으로나 힘이 생기고, 이제는 그들 스스로 합리적인 가치관과 '건강한' 목표의 본보기가 되었기 때문이다.

흥미롭게도 그들은 여동생에게 열여섯 살짜리 남편과 헤어지라고 강요하지 않았다. 대신에 어린 매제에게 자기계발 방법을 제안했다. 자기계발은 헨리의 집안에서 언제나 가장 중요한 가치였고, 마침 에릭슨에게도 중요한 요인이었다.

헨리의 부모는 분명 교육과 자기계발을 신봉하는 사람들이었지만, 안타깝게도 자신들의 가치관을 자녀에게 주입하려 하면서 지나치게 엄격했으며 세심하지 못했다. 그래도 결국에는 자녀들이 모두 부모의 건강한 걱정을 해소해줄 수 있었다. 헨리는 전문직이자 변호사이자 오르간 연주자가 되어 아버지와 어머니 모두의 희망을 두루 채워주었다. 헨리의 남동생은 분명 부모에게 고통을 안겨주었을 혼종결혼混宗結婚을 끝내고 새 자동차 딜러로 성공했다. 여동생은 대학 교육을 받았다.

에릭슨은 여기서 허버트 스피걸Herbert Spiegel*이 설명한 '파급효과ripple effect'를 예시한다. 가족의 각 구성원에게 먼저 효과가 나타나면 그 효과

---

* 1914~2009, 미국의 최면을 통증·불안·중독 환자의 주요 치료법으로 활용한 정신과 의사로 유명하다.

가 가족 전체로 파급된다는 뜻이다. 헨리는 손톱을 물어뜯는 증상이 완화되자 자신감이 커지고 적극적으로 행동하기 시작했다. 헨리는 '직접 악기를 선택'했다. 가족 구성원 하나를 비합리적인 강압에서 해방시켜주자 이어서 다음 구성원이 해방되고, 그다음 구성원이 해방되었다. 지나친 걱정에 사로잡혀 있던 부모도 물론 자녀들에 대한 과도한 걱정에서 자유로워졌다. 어떤 치료에서든 환자 한 사람에게만 초점을 맞추어도 그 환자에게 일어난 변화가 그의 '세계'나 '체계' 내의 모두를 변화로 이끈다.

감정과 생각을 새로운 틀에

✝

관점을 재구성하는
9가지 이야기

"내게 번민을 안겨주는 것은 일어난 일 그 자체가 아니라
그 일에 대한 우리의 견해다."

심리치료 문헌에서 재구성reframing 과정을 다룬 예는 많다. 가장 기억에 남는 예로는 빅토르 프랑클Viktor E. Frankl*이 《죽음의 수용소에서》에서 소개한 집단수용소 체험이다. 수용소에 함께 갇혀 있던 사람들이 희망을 잃고 죽어간 동안, 프랑클은 수용소에서 풀려난 뒤에 해야 할 강의—수용소 체험을 논의할 강의—를 구상하느라 여념이 없었다. 그래서 그는 죽음을 눈앞에 둔 절망적인 상황을 재구성했다. 그는 주어진 현실을 마음속으로 변형해서 사람들이—신체적으로나 정신적으로— 절망적인 상황을 극복하는 데 도움이 되는 풍부한 경험의 원천으로 삼았다.

물론 이런 사고방식이 이후 프랑클의 생존에 아무런 영향을 끼치지 않았다거나, 그와 함께 수용된 사람들이 희망을 잃은 탓에 죽음에 이

---

* 1905~1997, 오스트리아의 신경학자이자 정신과 의사. 홀로코스트에서 살아남은 경험을 바탕으로 의미치료 이론을 정립했다.

르렀다고 볼 수는 없다고 주장하는 회의적인 시각이 있다. 그렇다 해도 스스로 경험을 재구성하는 사고방식 덕분에 그 순간 프랑클의 정신과 마음은 계속 살아 있었을 것이다. 다시 말하지만, 프랑클의 재구성은 전반적으로 삶을 지향하는 태도와 일맥상통했다. 그는 진실로 가르치는 일에 가치를 두고 실제로 강의한 경험이 있기 때문에 자연히 수용소의 경험을 훗날 강의 재료로 삼으려 했다.

바츨라비크Watzlawick, 위클랜드Weakland, 피슈Fisch는 《변화Change》(1974)라는 책에서 이렇게 말한다. "재구성이란 우리가 어떤 상황에서 겪은 경험에 따라 개념 또는 정서의 장면이나 관점을 바꿈으로써 그와 동일한 구체적인 상황의 '사실'도 잘 맞거나 더 잘 들어맞는 새로운 틀에 넣어서 전체 의미를 바꾸는 과정이다."

이들 세 저자는 철학자 에픽테토스Epictetus의 말을 인용한다. "내게 번민을 안겨주는 것은 일어난 일 그 자체가 아니라 그 일에 대한 우리의 견해다." 저자들은 "세계에 대한 우리의 경험은 우리가 지각하는 대상을 범주화하는 작업에 기반을" 두고 "어떤 대상이 어느 한 범주에 속하는 것으로 개념화하면 그 대상이 다른 범주에도 속한다고 간주하기란 무척 어렵다"고 지적한다. 재구성을 통해 '다른 범주에 속하는' 것으로 확인한 뒤에는 '현실'에 대한 이전의 제한된 관점으로 되돌아가기 어려워진다.

다음 이야기는 에릭슨이 재구성을 어떻게 활용하는지 보여준다.

이야기 1
혼자서는 못 자는 아이

내 아들 로버트가 집에 한 층을 새로 올렸다. 그리고 아들과 며느리는 위층으로 방을 옮겼다. 다섯 살배기 더글러스와 두 살배기 베키는 아래층에 저희 둘만 남아서 몹시 무서워했다. 로버트가 나를 찾아왔기에 나는 "더글러스의 침대가 제 부모의 침대보다 작지"라고 조언했다. 로버트는 아들에게 얼마나 큰 아이인지 강조하면서, 아들의 크기를 아래층에 있던 부모의 침대 크기와 연관시키기로 했다. 또 베키는 오빠 더글러스의 침대 크기와 연관시켜주기로 했다.

그다음에 나는 아래층에서 위층으로 인터콤을 사용하는 방법을 아이들에게 확실히 알려주라고 말했다. 그 뒤로 아들네 가족은 편하게 잘 수 있었다. 다만 더글러스가 심한 걱정에 사로잡힌 것만큼은 사실이었다. 더글러스가 처음 며칠 밤은 위에서 같이 자도 되냐고 물었던 것이다.

여기서 핵심은 자아를 강조하는 것, 곧 침대 크기에 중점을 두고서 큰 아이라고 강조해주는 데 있었다.

에릭슨은 더 크고 싶어 하는 모든 아이의 소망을 건드린다. 로버트의 두 아이는 공포심과 무력감에서 벗어나 스스로를 더 큰 아이로 보게 되었다.

아이들은 그들이 잃은 것—부모와 함께 있는 것—에 주목하는 대신에 미래로 주의를 돌렸다. 더글러스에게 부모의 침대를 보게 해서 다음에는 더글러스가 그 침대를 차지할 차례라는 것을 알려주었다. 마찬가지로 베키에게는 더 크면 더글러스의 침대를 차지할 거라고 일깨워주었다.

이야기 2
유행 좇는 아이

초등학생인 내 딸이 학교에 다녀와서 이렇게 말했다. "아빠, 우리 학교 여자애들이 다 손톱을 물어뜯어요. 저도 유행에 뒤처지고 싶지 않아요."

내가 말했다. "음, 물론 유행에 뒤지면 안 되겠지. 여학생들한테 유행은 아주 중요한 거니까. 그런데 너는 그 애들보다 유행에 한참 뒤져 있겠구나. 그 애들은 연습을 많이 했잖아. 그러니 네가 그 애들을 따라잡으려면 매일매일 손톱을 많이 물어뜯는 수밖에 없어. 자, 네가 매일 하루에 세 번씩 15분 동안 시간을 정해놓고 손톱을 물어뜯으면 금방 따라잡을 수 있을 거야. 시계는 아빠가 주마."

딸은 처음에는 열심히 했다. 그러다 점차 늦게 시작해서 일찍 끝내기 시작하더니, 어느 날 이렇게 말했다. "아빠, 제가 학교에서 새로운 유행을 퍼뜨릴래요. 긴 손톱을 유행시킬 거예요."

에릭슨은 처음에는 유행을 따르고 싶어 하는 아이의 욕구에 '동조'하면서 점차 '유행을 따르는 행동'을 시련으로 만든다. 에릭슨은 종종 이런 식으로 증상에 접근해서, 결국에는 증상을 유지하는 것이 증상을 포기하는 것보다 더 귀찮은 일로 만든다.

이야기 3
쉬운 여자

다음은 대학 4학년이던 어느 여학생이 보낸 편지다. "저희 엄마는 평생 외할머니한테 잡혀 살았습니다. 엄마는 어른이 되면, 아이를 낳으면, 절대 자식한테 이래라저래라 하지 않겠다고 맹세했대요. 그래서 엄마는 저와 단짝이자 가장 좋은 친구가 되어주었지요. 엄마는 제가 초등학생 때부터 고등학교를 졸업할 때까지 줄곧 제일 좋은 친구가 되어주었습니다. 고등학교를 졸업한 뒤 저는 캘리포니아에 있는 가톨릭 대학교에 진학했습니다. 저는 독실한 가톨릭 신자거든요. 일주일에 두 번 엄마에게서 전화가 오거나 제가 일주일에 두 번씩 엄마에게 전화를 걸고, 매주 편지를 주고받습니다. 엄마는 제 절친한 친구니까요.

그런데 언제부턴가 문제가 생겼어요. 대학에 들어갔을 때 체중이 47킬로그램에서 59킬로그램으로 늘었습니다. 첫해 여름방학에 집에 갔을 때는 36킬로그램 언저리로 떨어졌어요. 그러다 대학으로 돌아가자 체중이 다시 59킬로그램으로 불어났고, 이듬해 여름에는 다시 36킬로그램 정도로 떨어졌어요. 세 번째 여름에도 역시 같은 일이 벌어졌고요. 이제 곧 부활절이고, 저는 올해 졸업합니다. 현재 몸무게는 59킬로그램이고 피닉스에서 여름을 보낼 계획인데, 이렇게 뚱뚱한 제 몸을 참을 수가 없어요. 저는 정크푸드를 강박적으로 입에 달고 살아요. 저 좀 도와주시겠어요?"

그렇게 해서 나는 그 학생을 불러 최면을 걸었고 체중에 관해 의견을 나누었다. 그러다 이런 사실을 발견했다. 나이 든 세대는 유치원생과도, 초등학생과도 친구가 될 수 없다.

나는 환자에게 어머니는 진정한 친구가 아니라고 말했다. 환자는 남자친구를 사귄 적이 없으며, 항상 어머니에게 모든 것을 털어놓았다. 남자친구가 생기려고 하면 이상한 느낌이 들어서 헤어졌다. 환자는 그 느낌이 어떤 건지 설명하지 못했다.

나는 환자에게 최면을 걸어 그녀가 알아야 할 사실들이 있으며, 무의식으로 내 말을 들을 수 있다고 말했다. 그런 다음 환자가 무의식으로 들을 수 있게 작업하기로 했다. 나는 가벼운 최면 상태의 환자에게 본래 어머니는 딸에게 제일 친한 친구가 되어줄 수 없으며, 그녀의 어머니는 오히려 자기가 지배당한 방식과 정반대의 방식으로 딸을 지배하고 있다고 설명했다. 그리고 이게 무슨 뜻인지 납득될 때까지 곰곰이 생각해보라고 말했다. 체중 문제는 나중에 다룰 거라고 말했다.

그해 여름, 환자가 피닉스로 돌아왔을 때 체중은 51킬로그램까지만 떨어졌다. 그리고 환자는 이렇게 말했다. "선생님이 옳아요. 엄마는 외할머니가 엄마를 지배한 방식과 정반대로 저를 지배해요. 그리고 외할머니는 우리하고 같이 살면서 엄마도 지배하고 아빠도 좌지우지해요. 아빠는 알코올중독자예요. 엄마가 저를 지배하지만 저는 평범한 여자가 되고 싶어요. 남자를 만날 때마다 알 수 없는 이상한 느낌이 들어요."

그래서 내가 환자에게 말했다. "당신은 독실한 가톨릭 신자죠. 신앙심은 아주 좋지만 미국에서 제일 유혹하기 쉬운 여자예요."

환자는 엄청난 충격을 받은 얼굴이었다. "저를 유혹할 수 있는 사람은 없어요."

내가 말했다. "당신이 얼마나 쉽게 유혹에 넘어갈 수 있는지 설명할게요. 만약 내가 젊은 남자이고 당신을 꼬시고 싶다면, 우선 데이트를 신청하고 저녁식사에 초대하고 영화관에 데려가서 아주 멋진 시간을 보낼 겁니다. 두 번째 데이트에서는 당신이 아주 아름답다고 생각하며, 육체적으로 당신에게 강하게 끌린다고 말할 겁니다. 그리고 남은 시간을 아주 순수하게 보낼 겁니다. 나는 당신이 좋은 시간을 보내도록 수고를 아끼지 않을 거예요. 세 번째 데이트에서는 진심으로 당신을 유혹하고 싶지만 당신은 유혹에 넘어올 부류의 여자가 아니라는 걸 안다고 말할 겁니다. '그러니 이런 얘기는 그만하고 좋은 시간을 보내죠'라고 말하고는 이렇게 충고할 거예요. '나한테 데이트를 여덟 번까지는 허락하지 마세요. 일곱 번은 아주 안전할 거예요. 그렇지만 여덟 번째 데이트는 허락하지 마세요.'

그러면 당신은 마음 놓고 나에게 네 번째, 다섯 번째, 여섯 번째 데이트를 허락하겠죠. 그러는 사이 당신 몸에서 호르몬이 요동칠 겁니다. 일곱 번째 데이트에서는 호르몬이 왕성하게 작용하겠죠. 나는 당신 이마에 굿나잇 키스를 하고, 일주일을 기다렸다가 당신에게 전화해서 여덟 번째 데이트를 신청할 겁니다. 그러면 어떻게 될지 알겠죠?"

환자는 어떤 일이 벌어질지에 수긍했다.

내가 말했다. "자, 체중 문제로 넘어갈게요. 당신은 4년 동안 나쁜 양상을 반복해왔어요. 단번에 그 양상을 끊지는 못해요. 다음번 크리스마스에는 비키니 차림으로 거울을 보고 앞모습을 찍은 사진을 나한테 가져와요. 크리스마스 당일에 받아보고 싶군요."

환자는 사진을 가져왔다. 그녀는 불행하고 비참했다. "이 사진을 찍을 때 58킬로그램 나갔어요. 저 자신이 싫었어요."

"살이 덕지덕지 붙었군요. 자, 이 사진은 가지고 싶지 않네요. 도로 가져가도 됩니다."

"저도 갖기 싫어요. 찢어버릴 거예요."

1년 뒤 환자는 45킬로그램에서 48킬로그램 사이를 유지하고, 졸업 후 교사가 되었으며, 안정적으로 만나는 남자친구도 생겼다. 그리고 환자는 이렇게 말했다. "남자친구 손이 제 무릎에서, 제 어깨에서 멈춰요. 이상한 느낌이라는 게 뭔지 저도 알아요. 내년에도 가톨릭 학교에서 가르칠 생각은 없어요. 공립학교 자리를 알아볼 거예요."

그래서 환자는 올해 9월부터 공립학교에서 학생들을 가르쳤다. 그리고 아주 아름다운 여인이 되었다.

———————

에릭슨은 이 환자가 집에 머무를 때는 '작은' 소녀이고, 집을 떠나 있을 때는 '큰' 소녀라는 점을 설명했다. 그는 이 사실에 주목했지만, 환자도 반드시 이런 통찰을 얻어야 한다고 생각하지는 않았다. 어째서 에릭슨은 환자에게 제일 쉽게 유혹당하는 여자라고 말할까? 먼저 이런 식으로 도발해서 환자의 주의를 완벽하게 사로잡는다. 다음으로 에릭슨은 환자에게 정상적인 성적 감정을 느낄 능력이 있다고, 사실 그녀가 남자친구와 헤어지게 된 그 '이상한 느낌'은 정상적인 성적 감정이라고 알려주려는 것 같다. 에릭슨은 환자의 상상 속에서 이런 성적 감정이 쌓여서 실제로 환자가 그 감정을 느끼는 정도로 경험하게끔 유도한다. 그런 '이상한' 느낌에 대한 환자의 태도가 재구성된다. 환자는 이제 그런 느낌을 긍정적으로 생각할 수 있다.

에릭슨은 이야기로 환자를 '유혹'한 뒤 환자에게 비키니 차림으로 찍은 사진을 가져오라고 요구한다. 그는 전라에 가까운 환자의 사진을 유심히 보면서 애초에 그가 유발한 친밀감의 환상('유혹')을 강화한다. 그런 다음 '연인'으로서 집에서 멀리 떠난 '큰' 소녀인 그녀에게 살이 덕지덕지 붙었다고 말하고 비키니 사진을 보관하고 싶지 않다면서 그녀의 과체중 이미지를 거부한다. 환자도 사진을 찢어버리면서 자신의 과체중 이미지를 거부한다. 환자는 에릭슨과 소통하면서 결과적으로 자아상과 성性을 대하는 태도를 바꾸었다.

이야기 4
비만, 술, 담배와 멀어지는 기술

건강 문제로 퇴직한 어느 경찰이 내게 이렇게 말했다. "저는 폐기종*에 걸리고 고혈압도 있는 데다 보시다시피 이렇게 심각한 비만입니다. 저는 술을 너무 많이 마십니다. 또 너무 많이 먹습니다. 일자리를 구하고 싶은데 폐기종과 고혈압 때문에 어렵습니다. 담배도 줄이고 싶습니다. 아니, 아예 끊고 싶습니다. 술은 하루에 위스키를 5분의 1병 정도만 마시고 음식도 적당히 먹고 싶습니다."

내가 물었다. "결혼하셨습니까?"

"아뇨, 미혼입니다. 보통은 음식을 직접 해 먹지만, 집 근처에 간편하게 먹을 수 있는 작은 식당이 하나 있어서 거기에 자주 갑니다."

"그러니까 지근거리에 편리한 식당이 있어서 거기서 식사를 하는군요. 담배는 어디에서 삽니까?"

환자는 한 번에 두 보루씩 구입했다. 내가 말했다. "그러니까 오늘 피울 담배뿐 아니라 나중에 피울 것까지 쟁여놓는군요. 자, 음식을 직접 만든다면 장은 어디서 보나요?"

"다행히 집 근처에 작은 식료품점이 하나 있습니다. 거기서 장도 보고 담배도 삽니다."

"술은 어디에서 구입합니까?"

---

* 만성 폐쇄성 폐질환.

"마침맞게도 그 식료품점 바로 옆에 괜찮은 주류판매점이 있습니다."

"그러니까 근처에 간편한 식당도 있고, 간편한 식료품점도 있고, 간편한 주류판매점도 있군요. 그리고 조깅을 하고 싶지만 조깅은 할 수 없을 것 같고요. 자, 당신 문제는 아주 단순합니다. 조깅을 하고 싶지만 할 수 없다고요? 그래도 걸을 수는 있잖아요. 좋아요, 담배는 한 번에 한 갑씩 사세요. 걸어서 시내를 가로질러 딱 한 갑만 사오세요. 그러면 몸이 좋아지기 시작할 겁니다. 장을 볼 때는 집 근처 식료품점에 가지 마세요. 1킬로미터 이상 떨어진 식료품점으로 가서 딱 한 끼 해 먹을 만큼만 장을 보세요. 그러면 하루에 적어도 세 번은 걷게 됩니다. 술도 마시고 싶은 만큼 마셔요. 처음에는 적어도 1킬로미터 넘게 떨어진 술집으로 가서 첫 잔을 마셔요. 두 번째 잔을 마시고 싶으면 거기서 다시 1킬로미터 이상 떨어진 술집으로 가고요. 세 번째 잔을 마시고 싶으면 다시 1킬로미터 넘게 떨어진 술집으로 가세요."

환자는 화가 나서 씩씩거리며 나를 바라보았다. 나한테 욕까지 하고 격분한 채로 떠났다.

한 달쯤 지나서 다른 환자가 찾아와 이렇게 말했다. "퇴직 경찰 하나가 선생님을 찾아가보라고 권하더군요. 선생님이야말로 일을 제대로 할 줄 아는 분이라면서요."

그 경찰은 그 뒤로 담배를 한 보루도 살 수 없었다! 그리고 식료품점으로 걸어가는 것이 의식적인 행동이라는 것을 알았다. 그에게 통제력이 생긴 것이다. 나는 그에게서 음식을 빼앗지 않았다. 담배도 빼앗지 않고 술도 빼앗지 않았다. 다만 나는 그에게 걸을 기회를 만들어주었다.

———————

이 환자는 행동을 재구성해야 했다. 에릭슨은 환자가 무심코 하는 행동의 범주를 지치는 일로 만들었다. 에릭슨이 언급한 것처럼 환자는 '식료품점으로 걸어가는 것이 의식적인 행동'이라는 사실을 깨달았다.

여기서 에릭슨은 그 환자가 경찰로서 오랜 세월 명령을 수행해온 사실을 간파했다. 그래서 환자에게 명령을 내리고 그가 명령에 따를 것으로 기대했다. 이 이야기는 환자 자신의 준거기준에 맞춰 환자에게 접근하는 중요한 사례다. 모든 환자에게 꼭 이런 방식으로 접근해야 하는 건 아니다.

이야기 5
방귀를 뀌고 사라진 학생

어느 날 대학에서 한 여학생이 강의실 앞으로 나와 칠판에 적다가 방귀를 크게 뀌었다. 여학생은 곧바로 강의실을 뛰쳐나가 집으로 돌아가서 집 안의 블라인드를 죄다 내리고, 식료품도 전화로 주문해놓고 어두워진 뒤에야 식료품을 가지고 들어갔다. 그리고 내게 "저를 환자로 받아주시겠습니까?"라고 묻는 편지를 보냈다.

나는 그녀가 보낸 편지에서 피닉스 주소를 찾아 "네, 그러지요"라고 답장을 보냈다. 그러자 그녀에게서 "정말로 저를 환자로 받고 싶으세요?"라고 다시금 확인하는 편지가 왔다. 나는 의아해하면서 "네, 그러고 싶군요"라고 답장을 보냈다.

그녀는 석 달쯤 지나서야 다시 이런 편지를 보냈다. "해가 진 뒤로 약속을 잡고 싶어요. 그리고 아무하고도 마주치고 싶지 않아요. 부디 제가 선생님 진료실로 찾아갈 때 주위에 아무도 없게 해주세요."

나는 밤 10시 30분에 예약을 잡아주었다. 그녀는 내게 강의실에서 큰 소리로 방귀를 뀌고 뛰쳐나간 뒤로 방 안에 틀어박혀 두문불출한 사연을 들려주었다. 그녀는 가톨릭으로 개종한 신자라는 말도 했다. 자, 가톨릭으로 개종한 신자들은 누구나 독실하다. 나는 그녀에게 "당신은 진실로 선한 가톨릭 신자입니까?"라고 물었다. 그녀는 자신 있게 그렇다고 말했다. 그리고 나는 두 시간쯤 그녀와 함께 있으면서 가톨릭 신자로서 그녀가 얼마나 선한지 물었다.

그리고 다음 회기에 나는 이렇게 말했다. "당신은 선한 가톨릭 신자라면서요. 그런데 왜 하나님을 모독하고 왜 그분을 비웃습니까? 선한 신자라면서요. 부끄러운 줄 아셔야 해요. 하나님을 모독하고도 선한 가톨릭 신자를 자처하다니요!"

환자는 스스로를 변호하려 했다.

내가 말했다. "나는 당신이 하나님을 거의 존중하지 않는다고 증명할 수 있어요." 나는 해부학 서적과 해부학 도감을 꺼내 인체 해부도를 보여주었다. 그리고 직장과 항문 괄약근의 단면도를 보여주었다.

내가 말했다. "자, 인간은 뭔가를 만들어내는 재주가 아주 뛰어납니다. 아무리 그래도 몸속에 고체와 액체와 기체를 담고 있다가, 기체만 따로 배출하는 밸브를 만들 만큼 솜씨가 뛰어난 사람을 상상이나 할 수 있을까요?" 이어서 이렇게 말했다. "하나님은 하실 수 있죠. 어째서 당신은 하나님을 존중하지 않습니까?"

그리고 이렇게 말했다. "자, 당신이 진실하고 정직하게 하나님을 존중한다면 증명해보세요. 우선 콩을 조금 구우세요. 해군에서 휘슬베리whistleberry*라고 부르는 콩으로요. 양파와 마늘로 양념을 하세요. 그리고 옷을 다 벗고 집 안에서 춤을 추고 돌아다니면서 요란한 놈, 부드러운 놈, 큰 놈, 작은 놈을 내뿜으면서 하나님의 솜씨를 마음껏 즐기세요."

그녀는 그렇게 했다. 1년 뒤 그녀는 결혼했고, 아기를 낳았다. 나는 그녀의 상태를 확인하러 왕진을 갔다. 이야기를 나누던 중 그녀는 "아기 젖 먹일 시간이네요"라고 말했다. 그녀는 블라우스를 풀어헤치고 가슴을 드러내 아기에게 젖을 물리면서 아무렇지 않게 나와 대화를 나누었다. 준거기준이 완전히 전환된 사례다.

이야기 6
시나몬 얼굴

내게서 통증치료를 받은 여자 환자가 나를 찾아왔다. 그녀가 이렇

---

* 방귀를 뀌게 만드는 콩 종류.

게 말했다. "오늘은 제 문제로 온 게 아니에요. 우리 딸 좀 봐주세요. 여덟 살인데 자기 언니를 미워해요. 저도 미워하고 아빠도 미워해요. 학교 선생님도 미워하고 친구들도 미워해요. 우체부 아저씨도 미워하고, 우유 배달부도 주유소 직원도 미워해요. 한마디로 모두를 미워해요. 자기 자신도 미워하고요. 전부터 딸애를 캔자스의 할머니 할아버지한테 데려가서 여름을 보내려고 했는데, 애가 할머니 할아버지도 미워하네요, 만난 적도 없으면서요."

그래서 내가 물었다. "도대체 왜 모든 사람을 미워하는 거죠?"

"얼굴에 주근깨가 잔뜩 났거든요. 학교에서 아이들이 우리 딸을 '깨순이'라고 불러서, 딸애는 주근깨를 끔찍이도 싫어해요."

"따님은 지금 어디 있습니까?"

"차에 있어요. 들어오기 싫대요. 주근깨 때문에 선생님도 싫어해요."

"나가서 따님을 데리고 들어오세요. 억지로 끌고라도 여기로 데려오세요."

나는 다른 방에서 책상 앞에 앉아 있었다. 엄마는 딸을 억지로 데리고 오지 않아도 되었다. 아이가 제 발로 들어와 문간에 서서 주먹을 꼭 쥐고 턱을 쳐들고는 싸울 기세로 나를 노려보았다.

아이가 거기 서 있는 동안 나는 아이를 쳐다보며 이렇게 말했다. "넌 도둑이야! 넌 도둑질을 하는구나!"

아이는 자기는 도둑이 아니며 아무것도 훔치지 않았다고 항변했다. 아이는 그 점에 관해서는 당당히 맞서 싸울 수 있었다.

"허, 그래! 넌 진짜 도둑이야. 넌 도둑질을 하잖아. 나는 네가 뭘 훔쳤는지도 알아. 네가 훔쳤다는 증거가 있거든."

아이가 말했다. "증거 따윈 없어요. 난 아무것도 훔치지 않았으니까요."

"네가 그걸 훔칠 때 어디 있었는지도 아는걸."

아이는 나한테 무척 화가 났다. 나는 계속 말했다. "네가 어디에 있었고 무얼 훔쳤는지 말해주마. 넌 부엌에서 식탁 옆에 서 있었어. 거기서 너는 시나몬쿠키랑 시나몬번이랑 시나몬롤이 잔뜩 들어 있는 쿠키 단지에 손을 뻗었지. 그러다 시나몬이 네 얼굴에 쏟아진 거야. 넌 시나몬 얼굴이로구나!"

그리고 2년이 흘렀다.

아이는 결국 주근깨에 정서적으로 반응하고 호의적인 태도를 보였다. 내가 아이의 적대감과 분노를 일부러 더 강화한 후 마음속에 말 그대로 공백을 만들자 호의적으로 반응하는 마음이 들어찬 것이다. 나는 아이에게 도둑질할 때 어디에 있었고 무엇을 훔쳤는지 안다고 말했다. 게다가 증거도 있다고 말했다. 나는 사실 아이에게 장난을 쳤고 재미난 상황이 벌어진 것이다. 아이는 아무 잘못도 저지르지 않았는데 도둑으로 몰리다가 그것이 장난이라는 것을 알자 오히려 마음을 놓았다.

아이는 시나몬 롤이나 번이나 쿠키를 좋아했고, 그래서 나는 아이의 주근깨에 새 이름을 붙여주었다. 사실 치료 효과를 거둔 것은 바로 환자의 감정, 환자의 생각, 환자의 반응이었다. 비록 환자는 인지하지 못하지만 말이다.

———————

훗날 에릭슨은 '시나몬 얼굴' 사례에 관해 이렇게 설명했다. "치료자가 하는 행위와 치료자가 하는 말이 중요한 게 아니라 환자가 어떤 행동을 하고 환자가 어떻게 이해하는지가 중요하다는 사실을 알아야 한다."

나는 시나몬 얼굴 아이가 에릭슨 박사에게 보낸 카드를 볼 기회가 있었다.

"에릭슨 선생님께. 오늘 선생님을 생각했어요. 선생님이 저에게 보내주신 '괴상한' 편지를 읽었어요. 어떻게 지내시나요? 선생님께는 꼭 밸런타인데이 카드를 보낼게요. 저는 올해 6학년이 됐어요. 제가 누군지 잘 기억나지 않겠지만 별명을 보면 생각날 거예요. 뒷장을 보세요.

짠, 제 이름은 B─ H─(시나몬 얼굴)예요. 이만 줄여야겠어요.

시나몬 얼굴 드림"

카드의 메시지는 세 가지 색조의 자주색 크레용으로 또박또박 적혀 있었다. 그리고 메시지와 함께 적갈색 머리카락에 불그스름한 주근깨가 잔뜩 난 작고 예쁜 소녀의 컬러 사진이 동봉되어 있었다. 소녀는 빙그레 웃고 있었다.

이야기 7
건선은 적고 감정은 많네요

어느 젊은 여자가 이렇게 말했다. "몇 달 동안 겨우 용기를 짜내서 선생님을 찾아왔어요. 보시다시피 여름인데도 저는 옷깃을 세우고 긴소매옷을 입었어요. 간밤에 카펫에 떨어진 각질과 오늘 아침 침대에 떨어진 각질을 보고는, '정신과에 가봐야겠구나. 건선이 이렇게 심한데 그깟 정신과에 간다고 뭔 대수겠어?'라는 생각이 들었죠."

내가 말했다. "그러니까 건선이 있다고 생각하는군요."

환자가 말했다. "여기서 옷을 벗는 건 싫어요. 그냥 봐도 제 팔이랑 목에 보이잖아요. 사방에 각질을 떨어뜨리고 다닐 수도 있고요."

"어디, 건선을 봅시다. 그것 때문에 내가 죽는 것도 아니고 당신이 죽는 것도 아니잖아요."

환자가 건선을 보여주었다. 나는 찬찬히 살펴보고서 말했다. "당신이 생각하는 정도의 3분의 1도 안 되는군요."

"선생님이 의사이시니까 도움을 구하러 온 거예요. 그런데 제 몸에 있는 건선이 3분의 1도 안 된다고 하시다니. 얼마나 심한지 제 눈에도 뻔히 보이는데 3분의 1로 줄여서 말씀하시네요."

내가 말했다. "맞아요. 당신에게는 감정이 많아요. 건선은 얼마 안되고 감정이 많아요. 살아 있는 사람이니까 감정을 느끼지요. 건선은 적고 감정은 많아요. 당신의 팔과 몸에도 감정이 많은데, 당신은 그걸 '건선'이라고 불러요. 그래서 당신한테 건선이 있긴 하지만 당신이 생각하는 정도의 3분의 1도 안 된다는 겁니다."

환자가 말했다. "상담료를 얼마나 드려야 하죠?"

내가 금액을 말해주었다.

환자가 말했다. "수표를 써드릴게요. 다시는 안 와요."

2주 뒤 환자가 전화해서 말했다. "선생님께 예약을 잡아도 될까요?"

"그럼요."

"죄송해요. 선생님을 다시 뵙고 싶어졌어요."

"내가 옳게 진단한 거니까 사과할 필요 없습니다. 사과받고 싶지도 않고요."

환자가 말했다. "선생님 말씀이 맞군요. 사과할 것까진 없네요. 진단을 정확하게 내려주셨으니 감사드려야겠어요. 군데군데 건선이 조금 있긴 하지만 그게 다예요. 선생님이 보시지 않은 다른 부위도 그렇고요. 2주 동안은 선생님한테 엄청 화가 났어요."

에릭슨은 이 환자에게 "건선은 얼마 안 되고 감정이 많아요"라고 말하면서 건선과 감정을 대등하게 취급하고, 감정이 많을수록 건선은 적고 건선이 많을수록 감정은 적다고 암시한다. 다음으로 에릭슨은 환자가 감정을 그에게 쏟아부을 기회를 준다. 환자가 그에게 화내고 2주 내내 화가 난 상태가 되자 건선이 줄어들었다. 감정은 많고 건선은 적어진 것이다.

따라서 에릭슨은 환자들을 도발하고, 혼란에 빠뜨리고, 불편한 감정을 끌어내 새로운 준거기준을 찾도록 준비시킨다. 재구성은 환자 자신의 마음가짐이나 신념과 조화를 이루면서 진행된다. '방귀를 뀌고 사라진 학생' 사례에서 에릭슨은 우선 환자가 스스로를 종교적인 사람으로 여기게끔 유도하기로 한다. '시나몬 얼굴' 사례에서는 아이에게 걸맞은 장난스러운 태도로 접근한다. 그리고 건선 환자를 도발해서 환자의 적대적인 태도와 경쟁적인 성향을 지적한다. 건선 환자는 스스로 화가 난 사실을 깨닫는다. 환자는 에릭슨이 옳으며, 자기에게는 정말 감정이 많다는 점을 인정한다. 그런 다음 무의식 차원에서, 에릭슨이 단언한 말 중 나머지 절반도 옳을 거라고, 곧 건선은 그녀가 생각하는 정도의 3분의 1밖에 되지 않는다는 말도 옳을 거라고 인정한다. 환자의 몸에서 발진이 거의 다 사라지면서 이런 생각을 증명했다.

'시나몬 얼굴'의 소녀는 도둑이 아니라 '시나몬 얼굴'이라고 불려서 안심하고 피식 웃은 뒤로는 언제든 얼굴의 주근깨만 생각하면 미소 짓게 되었다. 처음의 증오와 분노가 내심 즐거운 감정으로 대체된 것이다. 에릭슨의 말처럼 '재미난 상황'이 벌어졌다. 그리고 소녀에게 이런 재미난 상황은 에릭슨이 없을 때도 지속되었다.

'방귀를 뀌고 사라진 학생' 사례에서는 통제력을 잃고 수치심에 시달리던 상황이 환자가 실제로 소유한 예민한 통제력, 말하자면 직장에 고체와 액체도 담고 있으면서 가스만 배출하는 능력을 제대로 인식하는 상황으로 재구성된다. 실제로 에릭슨은 환자에게 집 안에서 옷을 다 벗은 채 춤을 추고 돌아다니며 이런 통제력을 연습하면서 마음껏 즐기라고 지시했다. 물론 이보다 피상적인 방식으로 환자에게 방귀를 뀌도록 허용해주기만 했어도 방귀를 뀌는 건 끔찍한 잘못이라는 자책을 떨쳐냈을지 모른다. 그러나 에릭슨은 환자의 금기를 존중하면서, 남들 앞에서 방귀를 뀌라고 제안하지는 않는다.

한편 에릭슨은 이 사례의 후일담을 소개한다. 환자는 자기 몸을 인정하면서 다른 자연스러운 기능까지 받아들였다. 그래서 1년 뒤에는 가슴을 드러내고 아기에게 젖을 물리면서 아무렇지도 않게 에릭슨과 대화를 나눌 수 있었던 것이다.

이야기 8
한 번도 발기하지 못한 남자

나는 환자에 따라 치료법을 구상한다. 어느 의사가 나를 찾아와 이렇게 말했다. "저는 첫 경험을 사창가에서 치렀습니다. 역겨운 경험이었어요. 그래서 지난 20년 동안 한 번도 발기한 적이 없습니다. 별별 여자를 다 불러서 큰돈을 쥐여주며 '발기시켜달라'고 해봤지만 모두 실패했어요. 그런데 결혼하고 싶은 여자를 만났습니다. 그 여자와 잠자리를 같이해봤어요. 착하고 배려심이 많은 여자인데, 발기가 되지 않습니다."

내가 말했다. "제가 그분을 만나보지요. 먼저 그분과 둘이서만 이야기를 나눠보고, 그다음에 두 분과 함께 얘기해봅시다."

나는 그 여자에게 이렇게 말했다. "밤마다 남자친구와 함께 침대에 들어가긴 하되 아주 쌀쌀맞게 대하세요. 가슴도 만지게 하지 말고 몸에 털끝 하나 건드리지 못하게 하세요. 그냥 안 된다고 하세요. 내 지시를 꼭 따라야 합니다."

나는 그 의사에게 전화해서 이렇게 말했다. "밀드러드 양에게 밤마다 선생과 잠자리에 들라고 일러뒀습니다. 하지만 키스하거나 가슴을 애무하거나 성기를 만지거나 몸을 만지는 일체의 행위를 거부하라고 했고요. 석 달 동안 꾸준히 그렇게 해보세요. 석 달이 지나면 그때 다시 와서 이야기합시다."

3월 초에 그 의사는 자제심을 잃고 여자친구와 '강제로' 성관계를 맺었다.

밀드러드는 몸매도 좋고 아주 아름다운 여자였다. 그 의사는 그 자신이 아니라 밀드러드로 인한 발기불능에 직면했으며, 그래서 그의 준거기준이 달라졌다. 밀드러드가 그것을 불가능하게 만든 것이다. 그 자신이 아니라.

그래서 그는 축 늘어진 성기를 붙잡고 있을 필요가 없었다. 밀드러드가 그것을 불가능하게 만들어주었으니까.

환자는 사창가에서 첫 성관계를 치르고 역겨운 느낌에 시달린 나머지 돈을 주고 여자들을 '사서' 직접 치료해보려 했지만 실패 양상만 강화된 상태였다. 그래서 에릭슨은 환자의 발기부전이 성을 너무 쉽게 구할 수 있는 탓에 생긴 결과로 보았다. 에릭슨은 환자의 여자친구와

협력해서 정반대의 상황, 그러니까 성이 금지된 상황을 연출했다.

에릭슨은 어떻게 된 상황인지 설명하면서 언제나처럼 모호한 대명사를 사용한다. "밀드러드가 그것을 불가능하게 만들어주었으니까"라는 마지막 문장에서 우리는 (그리고 아마도 환자는) 그에게 불가능한 '그것'이 무엇인지 궁금해진다. 성관계를 맺는다는 의미일까? 축 늘어진 성기를 붙잡는다는, 곧 자위를 해봐도 발기시키지 못한다는 의미일까? 계속 발기부전으로 남는다는 의미일까? 어쨌든 에릭슨은 환자의 '적'을 외부로 끌어냈다. 그러자 환자는 자신에게 화를 내면서 발기하지 못하는 무력감을 강화하지 않고, 외부에 있는, 곧 밀드러드에게 있는 '불능'의 원인을 공격할 수 있었다. 일단 발기할 수 있을지 걱정하지 않고 만족스러운 성관계를 맺은 뒤에는 그만큼 강렬한 공격성을 드러내지 않고도 성관계를 즐길 수 있었다.

이야기 9
손가락 빠는 열다섯 살

열다섯 살인데도 늘 엄지를 빨고 다니는 소녀가 있었다. 소녀의 부모는 내게 전화해서 울며불며 하소연했다. 딸이 엄지를 빨아서 온종일 골머리를 앓는다고 했다. 소녀는 스쿨버스를 타고 엄지를 빨아서 운전사를 당혹스럽게 했으며, 다른 학생들도 불쾌해했다. 학교 선생님들도 소녀가 엄지를 빤다고 불평했다. 부모는 딸에게 나한테로 데려가겠다고 말했다.

소녀는 반항적으로 요란하게 엄지를 빨면서 내 진료실에 들어섰다. 부모는 다른 방에 있어서 내가 딸에게 무슨 말을 하는지 듣지 못했다. 나는 이렇게 말했다. "나는 너한테 엄지를 빠는 건 정말 어리석은 짓이라고 말할 거야."

소녀가 말했다. "꼭 우리 부모님처럼 말씀하시네요."

"아니, 나는 현명하게 말하는 거야. 너는 부모님이 겪는 다소 가벼운 불편, 스쿨버스 운전사가 겪는 다소 가벼운 불편에 만족하지. 학교에서는 엄지를 빨면서 돌아다니고. 그런데 그 학교에는 학생이 몇천 명이나 되잖니? 너는 모두에게 다소 가벼운 불편을 퍼뜨리지. 네가 어리석지 않고 네가 정말 현명한 아이라면 너희 아버지를 꼭지 돌게 만드는 방식으로 엄지를 빨겠지.

너희 어머니 아버지한테 물어보니까, 너희 집에는 저녁식사를 마치고 나면 꼭 하는 일들이 있다더구나. 아버지는 신문을 보신다면서? 한자리에 앉아 첫 장부터 마지막 장까지 다 보신다더구나. 내가 부모님한테 미리 약속을 받아놨어. 네가 엄지를 빠는 것 가지고 뭐라 하지 않기로. 앞으로 그 문제로는 일언반구도 없을 거야.

자, 시계를 하나 구하렴. 오늘 밤 저녁식사 뒤에 아버지 옆에 앉아서 20분 내내 엄지를 빨아. 어머니는 아주 규칙적인 분이니까 설거지를 하시게 놔두고. 어머니는 퀼트를 좋아하시지? 설거지가 끝나면 늘 같은 자리에 앉아서 퀼트를 하시잖아. 아버지 옆에 20분 있었으면 이제 어머니 옆에 가서 시계를 보며 엄지를 빨아. 열심히, 쪽쪽쪽.

부모님한테서는 네가 엄지를 빠는 걸로 뭐라 하지 않기로 약속을 받아놨으니, 넌 두 분을 아주 불쾌하게 만들면서 즐길 수 있어. 그분들은 아무것도 할 수 없고.

스쿨버스 운전사 있잖아, 그 양반은 하루에 두 번만 만나지. 학교 친구들은 주중에 매일 만나고. 스쿨버스 운전사건 친구들이건 토요일이나 일요일에는 만나지 않잖아. 그러니까 그냥 퍼뜨려. 여학생들은 보통 어떤 남자애나 여자애를 특히 싫어하지. 그러니 엄지 빠는 걸 이용해보렴. 싫은 애가 너를 바라볼 때마다 엄지를 입에 넣어. 그리고 제대로 빨아서 쫓아버려. 그리고 학생들이 싫어하는 선생님이 있잖아. 그러니 다른 선생님들한테는 쓸데없이 퍼뜨리지 마. 싫은 선생님을 볼 때마다 엄지를 입에 넣고 쪽쪽거리면서 쫓아버려."

한 달도 지나지 않아 소녀는 다른 할 일이 있다는 것을 알았다. 내가 엄지 빠는 것을 의무로 만들어버리자, 소녀는 의무적으로는 아무것도 하고 싶지 않았던 것이다.

에릭슨은 소녀의 부모가 '꼭 하는 일들'을 거론하면서 은연중에 엄지를 빠는 행위의 강박적인 속성으로 소녀의 주의를 돌린다. 에릭슨은 소녀에게 '어리석기'(말하자면 생각도 목적도 없이 행동하기)를 그만두라고 암시한다. 대신에 더욱 효과적으로 적대감을 드러낼 수 있다고 말한다. 엄지를 빠는 행동을 재구성한 것이다. 엄지를 빠는 행동은 더 이상 통제할 수 없는 '습관'이 아니다. 이제는—적대감을—유용하게 소통하는 방식이다.

이 이야기에서도 에릭슨은 다른 많은 아동 치료 사례와 마찬가지로 진료실에서 부모를 내보내고 아이와 대화를 나누는 것으로 시작한다. 에릭슨은 무엇보다도 아동을 부모와 분리된 개인으로 존중해주는 것이다. 또 하나의 측면으로는 우리 모두의 내면에 있는 아이와 대화를 나눈다. 자꾸 강압적으로 나오고 조바심하고 포용력이 부족한 부모는 사라진다. 부모가 치료에 개입해서는 안 된다. 이런 차원에서 에릭슨은 스스로에게 과도하게 엄한 초자아, 지나치게 엄격한 '당위'의 요구를 제거하고 내면의 아이가 나와서 성장하게 해주라고 전하고 있다. 에릭슨은 어린 시절의 충동―자발성·호기심·충동성·폭발성 등등―을 묻어두지 말고 이런 충동을 '현명하게' 돌려서 표현하라고 말하는 듯하다. 이 소녀처럼 우리도 우리가 하는 행위와 다른 사람들의 반응(예컨대 사람들의 짜증) 사이의 연관성을 찾을 수 있다면 특정한 유형의 행동을 그만두기로 마음먹을 수 있을 것이다.

이런 유형의 '증상 처방'에는 알프레드 아들러Alfred Adler가 치료에 관해서 한 말이 적용된다. 아들러는 이렇게 말한 적이 있다. '치료는 누군가의 수프에 침을 뱉는 것과 같다. 계속 먹을 수는 있어도 즐길 수는 없다.' 에릭슨은 엄지 빠는 행위를 의무로 만들어버림으로써 '이 소녀의 수프에 침을 뱉은' 셈이다.

경험으로 배운다는 것

✛

굳은 감각을 깨우는
4가지 이야기

"여섯 살이 되는 건 너무 힘들어요."

이야기 1
여섯 살 되기

지난주에 내 며느리에게서 손녀의 여섯 살 생일을 알리는 편지가 왔다. 생일 이튿날 손녀는 엄마에게 야단맞을 짓을 해서 혼이 나고는 이렇게 말했다.

"여섯 살이 되는 건 너무 힘들어요. 이제 겨우 하루 살아봤는데 말예요."

이야기 2
다른 방식으로 체험하기

우리는 잠을 자거나 어쩌면 꿈을 꾸기 위해 밤에 침대에 든다. 그리고 꿈에서 우리는 머리로 생각하지 않고 경험한다.

어느 날 나는 아들 랜스에게 사탕을 주지 않았다. 그리고 사탕이라면 이미 충분히 먹었다고 말했다. 이튿날 아침에 아들은 아주 기분 좋게 일어나서 내게 이렇게 말했다. "사탕 한 봉지를 다 먹었어요."

내가 아직 사탕이 든 봉지를 보여주자, 아들은 자기가 사탕을 다 먹은 걸 알기 때문에 분명 내가 사탕을 더 사왔을 거라고 생각했다. 아들이 사탕을 먹기는 먹었다. 꿈속에서 말이다.

또 언젠가 랜스는 버트에게 놀림을 받고 들어와서 내게 버트를 혼내달라고 말했다. 나는 안 된다고 했다. 그런데 이튿날 아침 랜스는 "아빠가 버트를 때려주셔서 기뻐요. 그래도 큰 야구방망이로 때린 건 너무했어요"라고 말했다. 아들은 내가 버트를 호되게 벌준 줄 알았다. 아들은 아빠가 버트를 벌주기를 바라는 마음에서 오는 죄책감을 너무 심하게 벌주었다고 비난하는 식으로 풀었다. 아들에게 무슨 일이 일어난 것이다.

최면에 빠지지 않고 이성을 놓지 않으려는 환자들 가운데 다수는 밤에 다른 문제를 생각할 때 최면 상태로 들어가는 꿈을 꾼다. 그리고 꿈속에서 최면 상태로 특정한 행동을 한다. 그런 사람들은 이튿날 다시 찾아와 이렇게 말할 것이다. "꿈에서 그 문제의 해결책을 찾았어요." 치료는 주로 수많은 다채로운 학습을 모두 활용하려는 무의식적 동기다.

———

온갖 종류의 경험이 있고, 꿈은 그중 한 가지 경험이다. 이 이야기에서 에릭슨은 최면에 걸리지 않아도 치료가 일어날 수 있다고 말한다.

이를테면 환자가 집에 돌아가 꿈속에서 치료를 완성하는 것이다. 합리성을 추구하는 환자는 이 이야기를 듣고 집으로 돌아가 최면에 빠지는 꿈을 꿀 수도 있다.

이야기 3
수영은 물을 느끼며 배우는 것

경험으로 배우면 머리로 배울 때보다 학습 효과가 훨씬 좋다. 피아노 의자에 배를 대고 엎드려서도 수영 동작을 모두 배울 수 있다. 리듬과 호흡, 머리 움직임과 팔 동작, 발차기 따위를 배울 수는 있는 것이다. 그러나 물속에 들어가면 개헤엄밖에 할 줄 모른다. 수영은 물에서 배워야 한다. 그리고 한번 배워두면 할 줄 안다.

경험으로 배우는 것이 무엇보다 중요하다. 누구나 학교에 다니면서 의식적으로 배워야 할 것을 배웠다. 물에 관해서는 무의식으로 배운다. 물에서 특정한 리듬에 맞춰 고개를 돌리고 손으로 물살을 가르고 발차기하는 법을 배운다. 수영을 못하는 사람은 발로 물을 차는 느낌과 손으로 물살을 가르는 느낌과 오스트레일리안 크롤법*을 할 때 몸을 좌우로 틀다가 물을 먹는 느낌을 알지도 못하고 내게 설명하지도 못한다.

배영을 할 때는 다음과 같은 점을 잘 안다. 뒤로 헤엄치면서 등 밑

---

* 팔을 한 번 저을 때마다 반대편 발을 두 번 차는 영법으로, 오늘날 크롤법의 원형.

에서 물이 튀는 느낌에 얼마나 주의를 기울이는가? 알몸으로 헤엄친 적이 있다면 수영복이 얼마나 걸리적거리는지 안다. 알몸으로 물속에 들어가면 물살이 훨씬 더 가볍게 살갗을 스친다. 수영복은 분명 방해요인이다.

나는 여러분이 지금 이 강의실에서 최면에 관해 얼마나 배우건 관심이 없다. 누구나 이따금—잠들지도 깨어 있지도 않은, 중요하지 않은 순간에—선잠이 든 상태로 최면을 배우기 때문이다. 나는 아침에 눈을 뜨면 바로 일어나는 것을 좋아하고, 아내는 늘 15~20분 정도 밍기적거리며 천천히, 서서히 깨는 것을 좋아했다. 나는 혈액이 곧장 머리로 갔다. 아내는 혈액 공급이 매우 느렸다. 누구에게나 자기만의 방식이 있다. 얼마나 많이 최면에 걸려봐야 최면을 직접 관찰하는 데 흥미를 잃을까? 열두 번쯤 최면에 걸리면 될까?

그레이트솔트 호수에서 수영해본 적이 있는가? 물처럼 보이고 물처럼 느껴지는 호수다. 나는 그 호수에서는 수영할 수 없다는 사실을 알고 있었다. 그래도 헤엄쳐보면 어떻게 될지 궁금했다. 나는 그 호수가 과포화 상태의 소금물이라는 사실을 온전히 인지했다. 그러나 직접 헤엄쳐본 경험이 있어야만 그 호수에서 수영하면 어떻게 되는지 알 수 있었다. 대다수 최면 피험자는 경험하는 동시에 이해하고 싶어 하는데, 경험은 따로 떼어놓아야 한다. 그리고 상황이 벌어지는 대로 내버려두라.

에릭슨은 촉각을 통해 몸을 인식하는 방법을 강조한다. 에릭슨이 다양한 감각과 리듬, 동작을 언급하는 사이 그의 이야기를 듣는 사람들은 자기도 모르게 비슷한 경험을 떠올린다. 에릭슨은 "수영해본 사람은 발로 물을 차는 느낌을 떠올릴 수 있어요"라고 말하지 않고 부정적인 진술로 바꿔서 "수영을 못하는 사람은 …… 을 설명하지 못한다"고 말한다. 나중에는 "뒤로 헤엄치면서 등 밑에서 물이 튀는 느낌에 얼마나 주의를 기울이는가?"라는 질문을 던져서 암시를 준다. 감각 경험에 주의를 집중하는 것이 바람직하고 가치 있다고 암시하는 것이다.

에릭슨은 "나는 여러분이 지금 이 강의실에서(강조 표시는 내가 했다) 최면에 관해 얼마나 배우건 관심이 없다"고 말함으로써 최면을 배우는 과정은 이 강의실 밖에서도 지속된다는 장기적인 최면 후 암시를 제시한다. 다음으로 '이런 학습'이 아침에 눈을 뜨는 것과 같은 여러 가지 구체적인 상황에서 이루어진다고 간접으로 암시한다. 더불어 각자 '자기만의 방식'에 따라 '이런 학습'을 한다고 제시한다. 또 경험에 따른 학습은 단순히 경험하고 경험을 돌아보고 분석하지 않을 때 가장 잘 일어난다고 설명한다. 에릭슨은 여기에 다시 최면 후 암시를 끼워넣는다. 그러니까 열두 번 정도 최면을 경험한 뒤에 학습이 이루어진다고 암시하는 것이다. 마지막으로 경험하는 동안 경험을 이해하려고 애쓰지 말아야 한다고 다시 강조한다. 이 원칙은 물론 최면 경험뿐 아니라 모든 경험에 적용된다. 경험을 이해하고 싶다면 검토하고 되새기고 분석하는 작업은 나중에 경험과 어느 정도 거리가 생긴 뒤로 미루는 것이 바람직하다.

이 이야기는 성치료를 받는 환자들에게 들려주면 꽤 유용할 수 있다. 감각에 집중하는 연습을 설명할 때 좋은 도입부가 될 것이다. 자신의 감각에서 동떨어진 환자들은 촉각에 집중하면 도움을 받을 수 있다.

이야기 4
한번 맛보지그래

내 아들 버트는 유능한 정신과 의사가 될 수도 있었지만 농사를 택했다. 아들 여섯에 딸 하나를 둔 버트는 자식들이 담배나 술, 마약 따위를 배울까 봐 걱정했다. 그래서 처음부터 아이들에게 해롭지 않으면서 흥미로워 보이는 자동차 윤활유 따위를 보여주었다. 아이들이 그게 뭐냐고 물으면 버트는 "한번 맛보지그래?"라고 대구하곤 했다. 아니면 예쁜 병을 가져와서 "한번 냄새를 맡아보지 않을래?"라고 말하곤 했다. 암모니아는 좋은 냄새가 아니다! 버트의 아이들은 뭐든 입에 넣을 때 진지하게 생각하는 법을 배웠다. 꽤 바람직한 성장 방식이다.

에릭슨은 여기서도 학습의 최선의 방법은 경험을 통해 배우는 거라는 신념을 제시한다. 부모든 교사든 치료자든 경험의 기회를 제공한다. 버트는 아이들에게 경험을 통해 '뭐든 입에 넣을 때 진지하게 생각하도

록' 가르쳤기 때문에 담배든 술이든 마약이든 그것이 해롭다고 알려주지 않아도 되었다. 그는 아이들의 인격이 형성되는 시기에 스스로 식별하는 능력을 기르는 경험을 제공했다. 일단 식별력이 길러지고 나면 담배든 술이든 마약이든 아이들 스스로 내리는 결정을 믿을 수 있다.

삶에 굳은살이 박이도록

✝

스스로 길을 찾도록 이끄는
6가지 이야기

"삶을 즐겨라. 온전히 즐겨라.
삶에 유머를 더할수록 우리는 더 잘 살게 된다."

이야기 1
누구의 삶에든 얼마간의 비는 내리는 법

다음 이야기는 어느 학생이 에릭슨이 죽어가고 있다고 걱정하자 에릭슨이 그 학생에게 전하는 말이다.

아주 때 이른 걱정인 듯싶네. 나는 죽을 생각이 전혀 없거든. 사실 죽음은 내가 마지막으로 할 일이겠지!

내 모친은 아흔네 살까지 사셨고, 조모와 증조모 두 분 모두 아흔셋을 넘기셨네. 부친은 아흔일곱하고도 반년을 더 살다 가셨지. 부친은 과일나무를 심으면서 열매를 따 드실 때까지 살아 있을지 궁금해하곤 하셨네. 아흔여섯이던가 일곱일 때도 과일나무를 심으셨지.

정신치료를 하는 사람들은 병과 장애, 죽음을 잘못 이해하고 있네. 그들은 지나치게 병과 장애, 죽음에 적응해야 한다고 강조하지. 애도

하는 가족들을 위로할 때도 얼토당토않은 게 많아. 누구나 태어난 순간부터 죽어간다는 사실을 잊으면 안 돼. 어떤 사람은 남보다 더 효율적이라서 죽는 데 긴 시간을 허비하지 않고, 또 어떤 사람은 오래 기다리지.

내 아버지는 여든에 심한 심장동맥 질환 발작으로 쓰러지셨네. 병원으로 옮길 때는 의식이 없었지. 내 누이가 아버지를 모시고 갔는데, 의사가 이랬다더군. "큰 기대는 하지 말아야 할 듯싶군요. 아버님은 연세가 많으세요. 평생 열심히 살아오셨고, 심장동맥 증상이 많이 심각합니다."

누이가 이렇게 말하더군. "내가 의사에게 콧방귀를 뀌면서 '선생님은 우리 아버지를 모르시잖아요!'라고 대꾸해줬단다."

아버지가 의식을 되찾았을 때 의사도 거기 있었어. 아버지는 "어찌된 게요?"라고 물으셨지.

의사는 아버지에게 이렇게 말했네. "걱정 마세요, 에릭슨 씨. 심각한 심장동맥 발작을 일으키셨지만 두세 달 있으면 아주 건강하게 댁으로 돌아가실 겁니다."

아버지가 역정을 내며 이러셨지. "두세 달이라니, 기가 찰 노릇이군! 한 주를 통째로 날리게 생겼어!" 아버지는 일주일 동안 집에 계셨네.

아버지는 여든다섯에 두 번째로 비슷한 심장발작을 일으키셨네. 그때도 같은 의사였어. 아버지는 의식을 되찾고는 "어찌 된 게요?"라고 물으셨네.

의사가 그랬어. "지난번과 같습니다."

아버지가 짜증스러운 듯 끙 하고 앓는 소리를 내더니 이러셨지. "또 한 주를 날려버리겠군."

아버지는 큰 개복수술을 받고 장을 2.7미터나 잘라내셨네. 회복실에서 마취에서 깨어나며 간호사에게 물으셨지. "이번엔 또 무슨 일이오?"

간호사가 아버지에게 사정을 설명하자, 아버지는 끙 하고 신음을 내뱉더니 "일주일이 아니라 열흘을 버리게 생겼네"라고 말씀하셨지.

아버지는 여든아홉에 세 번째 심장발작을 일으키셨네. 의식을 되찾고는 "또 같은 일이오, 의사 선생?"이라고 물어보셨어.

의사는 "그렇습니다"라고 대답했고.

아버지는 "이제는 한 번에 일주일씩 허비하는 나쁜 버릇이 들겠구면"이라고 말씀하셨지.

아버지는 아흔세 살에 네 번째 발작을 일으키셨네. 의식을 되찾고는 "솔직히 말하면, 의사 양반, 네 번째는 살아남지 못할 줄 알았소. 이제 다섯 번째는 정말로 끝일 거라는 생각이 드는군."

아버지가 아흔일곱하고 반년을 더 사셨을 때 아버지와 내 누이 둘이 주말에 고향마을에 다녀올 계획을 세웠네. 아버지 친구들은 다 돌아가시고 그분들 자식 중에도 몇은 세상을 떠났지. 아버지와 누이들은 누구를 만날지, 어느 모텔에 묵을지, 어느 식당에서 밥을 먹을지 따위를 계획했네. 그러고는 차를 타러 나갔지.

차까지 다 와서 아버지가 "참, 모자를 두고 왔구나"라고 말하고는 급히 모자를 가지러 들어가셨어. 누이들은 한참 기다리다가 침착하게 서로 마주 보면서 "때가 왔네"라고 말했어.

누이들은 집 안으로 들어갔어. 아버지는 심각한 뇌일혈을 일으켜 숨진 채 바닥에 쓰러져 계셨지.

내 어머니는 아흔세 살에 넘어져서 고관절이 부러지셨네. "내 나이의 부인네한테는 참 어리석은 일이야. 어서 나아야지." 그리고 정말로 나으셨네.

1년 뒤 어머니가 또 넘어져서 반대편 고관절이 부러졌을 때는 이러시더군. "지난번에 고관절이 부러졌을 때 회복하느라 기력이 다 빠져나갔어. 이번에도 회복할 수 있을지 어떨지 모르지만, 어느 누구도 내가 노력하지 않았다고 말하지는 못할 거야."

나는 알았네. 그리고 나의 텅 빈 얼굴을 보고 다른 식구들도 알았지. 두 번째로 고관절이 부러진 것 때문에 돌아가시리라는 것을. 어머니는 '나이 든 여자들의 벗'인 출혈성 폐렴으로 돌아가셨어.

어머니가 자주 하시던 말이 있다네. "누구의 삶에든 얼마간의 비는 내리는 법. 어둡고 쓸쓸한 날도 있는 법." 롱펠로Henry Longfellow*의 〈비오는 날The Rainy Day〉이라는 시의 한 소절이야.

내 아버지와 어머니는 언제나 삶을 온전히 즐기셨어. 나는 환자들에게 늘 이렇게 강조해. "삶을 즐겨라. 온전히 즐겨라." 삶에 유머를 더할수록 더 잘 살게 된다네.

----

* 1807~1882, 미국의 시인.

그 학생이 어떤 연유로 내가 죽어간다고 생각하게 됐는지는 모른
다. 나는 그것을 미루려 한다.

─────────

에릭슨은 죽음 때문에 불안해하고 싶지 않다면서 삶은 그 자체로 의
미가 있다고 강조했다. 에릭슨은 그의 아버지가 아흔일곱에 과일나무
를 심었다고 말한다. 시선을 미래에 두었다는 뜻이다. 그의 아버지는
진취적인 사람이었으며 세상을 떠나는 순간에도 무언가를 하려던—모자
를 가져오고 사람들을 방문하려 했다—중이었다. 제프리 지그는 "참,
모자를 두고 왔구나"라는 말은 그의 머릿속에 무슨 일인가 일어나고
있다는 무의식적인 인식에서 나온 말로 해석한다.

에릭슨은 종종 이 이야기를 마친 뒤 그의 아버지가 네 번째 심장동
맥 발작에서는 살아남지 못하리라고 생각한 것은 옳았다고 말했다. 그
의 아버지는 아흔일곱하고도 반년을 더 살고 뇌일혈로 세상을 떠났다.
에릭슨은 또한 그의 아버지가 병을 대하는 태도, 병을 '삶의 섬유질의
일부'로 여기는 태도를 소개했다. 에릭슨은 모든 식단에는 어느 정도
섬유질이 필요하다면서, 전투식량을 먹고 사는 군인들은 섬유질이 얼
마나 중요한지 알 거라고 말한다. 비극과 죽음, 질병은 모두 우리 삶의
섬유질이다.

에릭슨은 말년에 꽤 많은 시간을 들여서 사람들이 그의 죽음에 대
비하게 해주었다. 그는 애도하는 시간이 길어지기를 바라지 않고 유머
와 재담을 섞어 사람들의 불안한 마음을 흐트러뜨렸다. 한번은 테니슨

Alfred Tennyson*을 잘못 인용해 "내 배가 바다로 나갈 때 모래톱에 구슬픈 울음이 들리지 않게 하시오"**라고 말했다. 에릭슨은 죽음에 관해 터놓고 이야기했다. 또한 그의 아버지처럼 에릭슨도 앞날을 내다보면서 세상을 떠났다. 그다음 주 월요일에 예정된 강의를 기대하면서 죽음을 맞이한 것이다. 역시 에릭슨답게 장례식도 치르지 않고 매장도 하지 않았다. 유해는 스쿼피크 산에 뿌려졌다.

이 이야기의 마지막에 에릭슨은 이렇게 덧붙였다. "그 학생이 어떤 연유로 내가 죽어간다고 생각하게 됐는지는 모른다. 나는 그것을 미루려 한다." 무엇을 미룬다는 뜻일까? 죽음을? 아니면 그 학생의 생각을?

이야기 2
거절당한 프로포즈

내 아버지는 열여섯 살 때 베개에 쪽지 한 장 써놓고 집을 나가 역으로 간 뒤, 모아둔 돈 몇 푼을 턱 내놓으며 "제일 멀리 가는 표를 주세요"라고 말했다. 그리고 위스콘신의 비버댐이라는 시골마을에 도착했다. 길을 걷다 농부들을 봤는데, 몇은 말을 몰고 몇은 소달구지를 몰았다. 아버지는 소달구지를 몰던 백발이 성성한 농부에게 다가

---

* 1809~1892, 영국 빅토리아 여왕 시대의 대표 시인.
** 〈모래톱을 건너며(Crossing the Bar)〉라는 시에서 "And may there be no moaning of the bar / When I put out to sea"(내가 바다로 떠날 때 모래톱에 구슬픈 울음이 들리지 않기를 바라네)라는 구절을 "Let there be no moaning at the bar when my ship sets out to sea"라고 인용했다.

가 이렇게 말했다. "똑똑한 청년이 댁의 농장에서 일손을 거들어드리면 어떻겠습니까?"

아버지는 찰리 로버츠라고 이름을 댔다. 가족도 없고 돈도 없고 아무것도 없다고 말하자, 마침내 백발의 농부가 "달구지에 타라. 나랑 가서 농장에서 일하자"라고 말했다.

농부는 집으로 가는 길에 달구지를 세우고 말했다. "자네는 그냥 달구지에 있게. 난 사위를 만나야 하네." 꽃무늬 원피스를 입은 소녀가 단풍나무 뒤에 숨어 빼꼼 내다보자, 찰리는 "뉘 댁 따님이오?"라고 물었다. 소녀는 나직이 "우리 아버지네 딸이지요"라고 답했다. 그러자 찰리는 "이젠 내 것이오"라고 말했다.

7년 뒤 아버지가 정식으로 청혼했을 때 어머니는 작은 주머니에서 조그만 벙어리장갑 한 짝을 꺼내 건넸다. 그 지방에서는 청혼을 거절할 때 "남자에게 벙어리장갑을 준다"고 말했다. 아버지는 그 집에서 성큼성큼 걸어나갔다. 아버지는 밤새 잠을 이루지 못하고 이튿날 아침 어머니를 만나러 가서 말했다. "나는 벙어리장갑 한 짝을 달라고 하지 않았소. 한 켤레로 주시오." 그 장갑은 어머니가 양털을 빨아서 빗질해서 만든 털실로 짠 것이었다.

어머니는 열일곱 살에 그 장갑을 짜두었고, 청혼을 받은 것은 스무 살 때였다. 아버지는 어머니를 알았다. 어머니는 아버지를 알았다. 그리고 나는 어머니가 다니던 시골 학교에서 아이들을 가르쳤다.

'찰리 로버츠'라는 이름은 에릭슨의 아버지가 열여섯 살에 집을 나가서 쓰던 이름이다. 에릭슨이 들려주는 그의 아버지 이야기에는 모험심과 자신감, 스스로 길을 찾아나가는 역량이 엿보인다. 에릭슨이 그의 가족에 관해 들려준 모든 이야기에는 스스로 길을 찾아나가는 자질이 자주 나온다.

이 이야기는 목표를 바라보고, 목표를 향해 꾸준히 나아가고, '안 된다'는 대답은 받아들이지 않는다는 메시지를 전달하는 듯하다. 물론 목표를 성취하는 데 필요한 노력을 다해야 한다. 이 이야기에는 찰리 로버츠가 장래의 장인어른 밑에서 여러 해를 일했다는 정보가 빠져 있다. 다른 여러 이야기에서도 단지 뚝심 있고 끈기가 있다는 이유만으로는 보상이 주어지지 않는다. 적절한 전략을 세우고, 내가 깊은 인상을 심어주고 싶은 공동체에서 높이 평가받는 방식으로 노력해야 한다.

이야기 3
75년간의 결혼생활을 유지시킨 것

우리 부부가 결혼했을 때 아내가 내 어머니에게 "아버님과 의견이 맞지 않을 때는 어떻게 하세요?"라고 물었다.

어머니는 "내 생각을 허심탄회하게 말하고 입을 닫는단다"라고 대답했다.

그러자 아내는 마당으로 나가서 아버지에게 "어머님과 의견 충돌이 생길 때는 어떻게 하셨어요?"라고 물었다.

아버지는 "내 할 말을 다 하고 입을 닫는단다"라고 대답했다.

아내는 "그러고 나서 어떻게 됐어요?"라고 물었다.

아버지가 말했다. "둘 중 하나가 자기 식대로 했지. 늘 그런 식으로 잘 풀렸단다."

———

에릭슨의 부모는 75년 가까이 결혼생활을 유지했다. 그들의 화목한 결혼생활은 상호 존중을 토대로 유지된 듯하며, 절대 어떤 의견을 강요하지 않는다는 원칙을 고수했다.

이야기 4
도움은 필요 없어요

내 딸 크리스티가 나에게 이렇게 말했다. "아버지는 고학으로 의대를 나오셨잖아요. 물론 다리를 절어서 무척 힘드셨겠죠. 저는 그때의 아버지보다 젊으니까 제 힘으로 대학을 마칠게요."

내가 말했다. "좋다, 애야."

"그럼 질문이에요. 저를 먹여주고 재워주는 비용으로 얼마를 청구하시겠어요?"

진지한 물음이었다. "숙식비가 보통 일주일에 25달러이지만, 여기에 설거지와 청소, 침대 정리와 전화 사용료, 냉장고를 마음대로 이용하는 권한까지 포함된 건 아니야."

딸이 말했다. "그럼 그건 넉넉잡아 10달러쯤 하겠네요. 시내에 가서 일자리를 구할게요."

"추천서를 써줄까?"

"사회보장번호랑 고등학교 졸업장이 추천서죠."

8개월 정도 우리는 크리스티가 어디서 일하는지 몰랐다. 알고 보니 크리스티는 굿사마리탄 병원에 가서 기록실에서 타자 치는 일을 하고 싶다고 말했고, 병원에서는 45킬로그램도 안 나가는 자그마한 아가씨를 보고는 "의학·생리학·정신과 관련 용어를 많이 알아야 돼요"라고 설명했다.

크리스티는 이렇게 말했다. "네, 알아요. 그래서 도서관에서 돌런드 의학사전이랑 스테드먼 의학사전, 워런 심리학사전을 읽었어요."

그들은 일단 크리스티를 시험해보고는 계속 채용하기로 했다.

그해 말, 크리스티는 십 대의 반항심이 커져서 미시간으로 떠나기로 했다. 오빠가 혹시 돈이 필요한지 물었지만 크리스티는 "필요 없다"고 잘라 말했다. 내 아내도 물었고, 나도 물었다. 모두 "필요 없다"는 대답을 들었다.

그렇게 크리스티는 피닉스에서 입던 겨울옷을 싸들고 1월 말 미시간으로 향하는 기차를 탔다. 미시간에 도착했을 때는 기온이 영하 11도였다. 도착한 지 사흘 만에 학교에 등록하고 학장실에 일자리를 구했다. 학장은 크리스티의 학생카드를 보고 19학점을 신청한 걸 알았다. 근로학생은 16학점까지만 신청할 수 있었다. 크리스티는 이렇게 말했다. "저는 학장실에서 일하잖아요. 학장님께서 제 업무와 성적을 지켜보시면서 어떻게 처리할지 결정해주세요." 그러자 학장은 "좋아, 그러지"라고 답했다.

이렇게 해서 크리스티는 19학점을 수강했다. 그런데 크리스티가 학장에게 말하지 않은 사실이 하나 있었다. 크리스티에게 학장실 업무가 중요한 이유는 여학생 기숙사 카드가 학장실에 보관되어 있었기 때문이다.

크리스티는 또 결혼한 아들과 딸을 둔 노부부를 찾아내 집에 젊은 사람이 있는 게 좋지 않으냐고 설득했다. 결혼한 아들이 일주일에 한 번 노부부를 모시고 저녁식사를 하러 나갔고, 딸도 일주일에 한 번씩 노부부를 모시고 저녁식사를 하러 나갔다. 크리스티는 그들을 구슬려서 요리와 청소 일을 많이 얻어내고 공짜로 숙식을 해결했으며, 아들과 딸은 크리스티에게 베이비시터 비용까지 지불했다.

크리스티는 왜 꼭 기숙사 카드가 보관된 학장실에서 일해야 했을까? 기숙사에서 살지 않는다는 것을 들키면 안 되기 때문이었다. 그리고 크리스티는 우리 부부와 믿을 만한 친구 몇 명 외에는 아무에게도 할인점에서 일한 사실을 말하지 않았다.

———————

에릭슨은 종종 기지 넘치는 자녀들의 사례를 들려주면서 환자들에게 각자의 자원을 충분히 활용하도록 용기를 주었다. '권위'를 이용해서 원하는 목표—이 경우에는 19학점을 이수하고 캠퍼스 밖에서 거주

하는 것—를 달성한다. 역시 권위(상징적으로, '내면의 권위')가 적이 아니라 동지로 비친다.

이야기 5
머리에 벽돌을 맞은 정신과 의사

정신과 의사인 로버트 피어슨은 미시간에서 가정의원을 운영했다. 100킬로미터 이내에서 의사라고는 피어슨밖에 없었다. 가장 가까운 병원이 100킬로미터나 떨어져 있었다. 어느 날 그는 건축업자를 불러서 3층의 굴뚝을 허무느라 가족들을 친척집에 보내야 했다. 건축업자는 피어슨이 집에 있는 줄 모르고 벽돌을 헐어 바닥에 던졌다. 피어슨은 조심성 없이 집 밖으로 나가다가 떨어지는 벽돌에 이마를 맞아서 두개골 골절이 생겼다.

피어슨은 무릎을 꿇고 주저앉으며 이렇게 말했다. "에릭슨만 여기 있었어도. 젠장, 그 선생은 애리조나에 가 계시잖아. 내 몸은 내가 알아서 챙겨야 돼." 그래서 그는 급히 국소마취를 했다. 그리고 차를 몰고 100킬로미터를 달려서 입원 수속을 밟았다. 그런 다음 신경외과 의사를 불러 "마취는 안 해도 됩니다"라고 말했다. 신경외과 의사는 꼭 마취를 해야 한다고 정중하게 고집했다. 그래서 피어슨은 마취과 의사에게 "마취 상태에서 제가 하는 말을 전부 기록해주세요"라고 부탁했다.

피어슨은 수술이 끝나고 의식을 회복하자마자 마취과 의사에게

"외과의가 이런 말을 하고, 이런 말을 하고, 이런 말을 했소"라고 말했다. 피어슨은 수술 중에 나온 말을 모두 기억한 것이다. 외과의는 실버플레이트를 넣을지 말지 의논한 내용을 피어슨이 다 들은 것을 알고 소스라치게 놀랐다.

피어슨은 외과의에게 이렇게 말했다. "다음 주 수요일에(그때는 목요일이었다) 샌프란시스코 연례회의에서 논문을 발표해야 합니다."

그러자 의사가 말했다. "한 달 안에 침실 슬리퍼를 신고 목욕 가운을 걸치기만 해도 운이 좋은 겁니다.

피어슨이 말했다. "우리 타협합시다. 화요일에 와서 내 머리를 꼼꼼히 검사하세요. 아무 이상이 발견되지 않으면 나는 샌프란시스코로 갑니다. 이상이 발견되면 병원에 남을게요." 그 의사는 땀을 뻘뻘 흘리면서 아주 꼼꼼히 검사해보고는 마지못해 그를 보내주었다고 한다.

나는 샌프란시스코에서 이마에 일회용 반창고를 붙인 피어슨을 만났다. 그는 반창고를 떼고는 "이걸 어떻게 생각하십니까?"라고 물었다. 머리 선에 흉터가 하나 있었다.

내가 말했다. "어쩌다 상처를 입었소?"

피어슨은 "두개골이 골절됐어요"라고 말하고는 어떻게 된 사정인지 들려주었다.

에릭슨 부친의 심장발작 이야기처럼 이 이야기에서도 심각한 신체

적 외상을 극복할 때 마음의 힘이 몸을 압도한다는 점을 예시한다. 피어슨은 "내 몸은 내가 알아서 챙겨야 돼"라고 말한다. 이런 마음가짐은 누구에게나 적용된다. 스스로 '책임'지는 태도는 극단적인 위기 상황에서 절박한 필요에 따라, 있는 줄 몰랐던 내면의 자원을 발견할 때 드러날 수 있다.

피어슨의 이야기는 우리가 대체로 우리 자신에게 허용하는 것보다 더 많이 안다는 사실을 보여준다. 피어슨은 마취 상태에서 나온 말을 모두 기억해냈다. 그걸 기억하는 것도 놀랍지만, 마취과 의사에게 "마취 상태에서 제가 하는 말을 전부 기록해주세요"라고 미리 부탁한 것을 보면, 모두 기억할 수 있다는 것을 예견한 것도 놀랍다. 물론 피어슨은 다른 사람들에게 이런 과제를 내줄 때,—마취 상태처럼—누구나 수동적이고 무력할 수밖에 없는 상태에서도 스스로 상황을 통제하고 있다.

이 이야기의 주제는 우리가 흔히 전제하는 일상의 역할이 뒤집힌다는 것이다. 예컨대 외과 의사와 마취과 의사가 치료를 하는 동안 환자가 스스로 책임진다. 실제로 의사의 역할을 떠안은 것이다. 그러나 환자들은 대체로 병이 나면 퇴행한다. 그리고 의사를 전능하고 막강한 부모의 지위에 올려놓는다. 사실 의사가 하는 일은 자신의 지식을 이용해서 환자의 바람과 요구에 따라 치료하고 처치하는 것이다.

이야기 6
굳은살

어느 공사장 인부가 40층에서 떨어져 두 팔을 제외한 온몸이 마비되었다. 영구마비였다. 죽을 때까지 마비된 채로 살아야 했다. 그는 고통스러운 현실 앞에서 어떻게 해야 할지 알고 싶어 했다. 내가 말했다.

"사실 당신이 할 수 있는 건 별로 없어요. 다만 고통스러운 신경에 굳은살이 박이게는 할 수 있지요. 그러면 통증이 많이 느껴지지 않을 겁니다.

자, 사는 게 퍽 지루할 테니까 친구들에게 만화책을 가져오라고 하고 간호사에게 풀과 가위를 가져다달라고 하세요. 만화에서 농담과 재미난 이야기를 모아서 스크랩북을 만드세요. 스크랩북을 만들면 정말로 즐거울 겁니다. 같이 일하던 동료가 병원에 올 때마다 스크랩북을 주세요."

그래서 그는 몇백 권인지 모를 정도로 많은 스크랩북을 만들었다.

─────────

에릭슨은 먼저 환자의 주의를 고통에서 굳은살―공사장 인부들에게 익숙한 주제―로 돌린다. 다음으로 환자의 삶, 환자의 일상과 관련된 활동으로 관심을 돌려야 한다. 에릭슨은 사는 게 참 지루해질 거라는 엄연한 사실을 거론한다. 환자가 사회 활동―우선 친구들에게 만화책을 가져오게 하고, 다음으로 그가 만든 스크랩북을 사람들에게 돌려주는 활동—에 참여하도록 유도한다. 따라서 환자는 어떤 활동에 몰두하면서도 그 활동 덕분에 사람들과 꾸준히 관계를 유지한다는 사실을 인지하지 못한다. 환자는 더 자립적이 되고 고통을 '벗어나' 살 수 있게 되었다.

다시 아이처럼 보기

+

열린 눈으로 차이를 간파하는
16가지 이야기

"마술사는 모두 '아이들을 가까이 두지 마라.
아이들이 속임수를 꿰뚫어볼 것이다'라고 말한다.
어른들은 자기네가 모든 것을 본다고 생각하지만
그들은 아무것도 보고 있지 않다."

사물을 마치 처음 보는 듯이 새로운 눈으로 바라보는 몇 가지 유명한 명상법이 떠오른다. 라즈니쉬Bhagwan Shree Rajneesh[*]는 《비밀의 서The Book of Secrets》[**]에서 수트라sutra[***] 하나를 소개한다. "아름다운 사람이나 일상의 사물을 마치 처음 보는 듯이 보라." 라즈니쉬는 우리가 익숙한 사물이나 친구나 가족을 보지 않는 데 길들여진다고 지적한다. "흔히 하늘 아래 새로운 것이 없다고들 한다. 사실 하늘 아래 낡은 것은 없다. 다만 우리 눈이 낡아서 사물이 눈에 익을 뿐이다. 그러면 새로운 것이 없어진다. 그러나 아이들에게는 모든 것이 새롭다. 그래서 아이들은 모든 일에 신바람이 나는 것이다. ……" 라즈니쉬는 그 장章을 끝내면서 이렇게 말한다. "새롭게, 마치 처음 보는 양 보아라. …… 그러면 당신의 눈길에 신선함이 더해질 것이다. 당신의 눈이 순수해질 것이다. 그런 순

[*]   1931~1990, 인도의 신비주의자, 구루, 철학자.
[**]   의식을 초월하는 명상법에 관한 지침과 수행자들의 질문에 대한 답변을 담은 책.
[***] 산스크리트어로 금언·가르침을 뜻한다.

수한 눈은 볼 수 있다. 순수한 눈은 내면세계로 들어갈 수 있다."

앞서 에릭슨의 이야기 몇 편에서 '새롭게 보는' 방법을 살펴보았다. 네 번째 수업의 '미국 사격팀의 훈련법'에서 에릭슨은 소총수들에게 총을 쏠 때마다 마치 처음 쏘는 양 생각하라고 가르친다. '의족으로 얼음판 건너기'의 참전용사는 눈을 감으면 얼음판을 건너는 줄 모르므로 이전의 연상을 버리라고 주문받는다. 그 뒤로 그는 넘어질 것에 대비하느라 뻣뻣해진 채로 걷지 않는다. 그는 한 발 한 발 '순수하게' 접근하면서 자신의 운동감각에 적절히 반응하고 자신의 균형감각을 믿는다.

사실 지금 이 순간에 집중하는 자세의 가치는 에릭슨의 이야기에서 거듭 강조된다. 독자는 두 번째 수업의 '무의식은 몸으로 말한다'와 같은 이야기를 떠올리면서 실제로 길을 걸을 수 있다. 이렇게 하면 무엇을 하든 새로운 눈으로 보게 된다.

이번에 들려주는 이야기 몇 편에서는 맑고 '열린' 눈으로 바라보는 태도가 강조된다.

이야기 1
아이처럼 그리기

어떻게 해야 다시 아이처럼 생각하는 법을 배워서 창의성을 되찾을 수 있을까?

아이들을 보라. 우리 집 막내딸은 3년 만에 대학을 마치고 4학년에 석사학위를 따고 2년 9개월 만에 의대를 마쳤다. 그 딸이 아주 어릴 때 그림을 그리면서 이런 말을 했다. "이 그림은 그리기가 어려워요. 어서 다 그려서 내가 뭘 그리는지 알고 싶어요."

아이들이 어떻게 그림을 그리는지 관찰하라. 이건 헛간이니? 아 뇨, 그건 젖소예요. 아, 아니에요, 그건 나무예요. 그림은 아이들이 원 하는 것이 된다.

아이들은 대개 직관적 상상력이 뛰어나며, 간혹 상상 속에 놀이 친 구를 두기도 한다. 아이들을 다과회를 열었다가 과수원 놀이로 바꿀 수도 있다. 그리고 과수원 다과회를 부활절 달걀 찾기 놀이로 바꿀 수 있다. 아이들은 순진무구해서 사물을 이리저리 옮길 수 있다.

최면 상태에서 우리는 평소 쓰지 않는 수십억 개의 뇌세포를 사용 한다. 아이들은 아주 솔직해서, "난 널 좋아하지 않아"라고 말한다. 반면에 어른들은 이렇게 말한다. "만나서 반가웠습니다."

우리는 사회적으로 아주 엄격한 규칙을 따르면서도 스스로 행동 을 제약하는 줄 모른다. 그러나 최면 상태에서는 자유로워진다.

이야기 2
단어 가지고 놀기

우리 집에는 로저라는 이름의 바셋종 수컷이 있었다. 로저가 죽었 을 때 아내가 많이 울었다. 이튿날 우체통에는 저 위의 넓은 묘지에 서 유령 로저가 아내에게 보낸 편지가 들어 있었다.

물론 유령 로저는 편지 작가치고는 꽤 다작多作이었다. 그리고 다른 유령들에게서 내 자식들이 어릴 때 어떻게 행동했는지에 관한 소문을 많이 주워들었다. 손주들은 그 편지를 읽고 제 부모들의 감춰진 이야기를 알게 되었다.

아이들은 단어를 가지고 놀고, 생각을 가지고 논다. 기발한 상상력으로 고양이와 강아지를 주위에 두지만 어른들 눈에는 잘 보이지 않는다.

어느 날 우리가 차로 미시간에서 위스콘신으로 부모님을 뵈러 갈 때, 나는 앞을 미리 내다보면서 저 앞에 무엇이 있는지 알 수 있었다. 나는 팬케이크 먹는 이야기를 꺼냈다. "넌 팬케이크를 얼마나 큰 걸로 먹고 싶니?"

그리고 차가 건초 더미를 옆을 지나갔다. "먹을 게 잔뜩 쌓여 있네." 팬케이크 쌓인 것stack, 건초 더미haystack. 우리는 그런 식으로 다채롭게 노는 법을 배웠다.

최면 상태에서는 써먹을 게 있으면 뭐든 다 써먹는 것이 최선이다. 어린 시절과 관련된 것일 수도 있다.

이야기 3
다리가 왜 그래요?

언젠가 대규모 의학학회에서 강연을 했는데, 강연이 끝나자 어떤 의사가 다가와 이렇게 말했다. "선생님께서 칠판에 그려주신 그림과 도해와 설명을 따라가면서 아주 즐겁게 강의를 들었습니다. 그런데 이해가 가지 않는 게 하나 있어요. 왜 칠판 앞에 놓인 지시봉을 쓰지 않으셨나요? 왜 지팡이를 들고 다니면서 지시봉 대신 쓰시는지요?"

내가 말했다. "지팡이를 갖고 다니는 건 내가 다리를 절기 때문이지요. 지시봉만큼 간편하기도 하고요."

그가 말했다. "선생님은 다리를 절지 않으시잖아요."

다른 청중도 내가 다리를 전다는 사실을 눈치채지 못했다. 다들 내가 괜히 거드름을 피우느라 지팡이를 주머니에 넣고 다니면서 지시봉으로 쓰는 줄 알았던 것이다.

여러 집을 방문해보면 어린애들은 금방 "다리가 왜 그래요?"라고 물었다. 다리가 이상한 걸 알아차렸기 때문이다. 아이들의 마음은 활짝 열려 있다. 어른들은 스스로를 제약하는 경향이 있다. 마술사는 모두 "아이들을 가까이 두지 마라. 아니면 아이들이 속임수를 꿰뚫어볼 것이다"라고 말한다. 어른들은 마음이 닫혀 있다. 어른들은 자기네가 모든 것을 본다고 생각한다. 그러나 그들은 보고 있지 않다. 그들은 틀에 박힌 시각으로 볼 뿐이다.

이야기 4
가운에서 나온 토끼

나는 마술사를 불러서 내 아이들에게 마술쇼를 보여주었다. 마술사는 아이들에게 최대한 멀리 떨어져 앉으라고 했다. 그리고 내게는 가까이 앉아도 된다고 했다. 마술사는 나만 다른 방으로 데려가 골판지 상자에 든 토끼를 꺼내 보여주었다. 나는 그를 유심히 관찰했다. 어려운 일은 아니었다. 마술사의 두 손만 지켜보면 됐으니까. 그리고 마술사가 그 방에서 나올 때 그가 토끼를 가지고 나오지 않는 걸 확인했다.

마술쇼가 시작되었고, 나는 그의 손이 골판지 상자를 열어서 토끼를 꺼내지 않는지 유심히 지켜보았다. 그런데 마술쇼가 30분쯤 진행됐을 때 갑자기 토끼가 그의 모자에서 나타났다. 나중에 알고 보니 마술사가 아까 그 방에서 잠시 내 주의를 돌려놓고 골판지 상자에서 토끼를 꺼내 가운 주머니에 몰래 숨겨둔 것이다. 나는 그의 가운에서 토끼가 꿈틀거리는 것을 전혀 보지 못했는데 말이다.

멀리 떨어져 앉아 있던 아이 하나가 이렇게 말했다. "아저씨가 아까 가운에서 꺼냈잖아요!"

이야기 5
여자 옷을 입은 지 얼마나 됐습니까?

사람들이 말하는 걸 들을 때는 모든 가능성을 들어야 한다. 또한 넓은 마음과 아무런 제약이 없는 자세로 생각해야 한다. 칼 로저스 Carl Rogers*의 책에서 네 번째 쪽 세 번째 줄에 있는 말을 아무 환자에게

---

* 1940년대에 인간 중심 치료를 발전시킨 심리학자. 인간 중심 치료에서는 인간을 긍정적인 변화를 위한 동기와 잠재력을 지닌 존재로 여기고, 치료자가 내담자를 받아들여 공감하고 존중하고 이해하면 내담자 스스로 변화를 모색하면서 문제를 해결한다고 본다.

나 무턱대고 적용해서는 안 된다. 포괄적으로 생각해야 한다.

어느 아름다운 여인이 내 진료실에 들어와 앉더니, 옷소매의 보푸라기를 떼면서 이렇게 말했다. "제가 상담 예약을 하지 않은 거 알아요, 에릭슨 선생님. 볼티모어에 가서 선생님 친구들을 다 만나봤어요. 뉴욕에 가서도 선생님 친구들을 다 만나봤고요. 보스턴과 디트로이트에도 가봤지만, 저한테 꼭 맞는 정신과 의사는 한 명도 만나지 못했어요. 제가 피닉스까지 온 이유는 선생님이 제게 꼭 맞는 정신과 의사인지 알아보기 위해서예요."

내가 말했다. "그렇게 오래 걸리지 않을 겁니다." 나는 환자의 이름과 나이, 주소, 전화번호를 받아 적고 몇 가지 질문을 던진 다음 이렇게 말했다. "부인, 제가 부인에게 꼭 맞는 정신과 의사군요."

"어째 좀 자만하시는 거 아닌가요, 에릭슨 선생님?"

"아뇨, 전 그저 사실을 말한 겁니다. 제가 부인에게 꼭 맞는 정신과 의사입니다."

"자만심이 하늘을 찌르는군요."

내가 말했다. "이건 자만심 문제가 아니라 엄연한 사실이에요. 제가 증명하기를 원하신다면 부인께 질문 몇 가지만 던져봐도 증명할 수 있어요. 자, 잘 생각해보세요. 제가 그 질문을 던지길 원하지는 않으실 것 같으니까요."

환자가 말했다. "아뇨, 계속하세요. 질문이 뭐죠?"

내가 말했다. "여자 옷을 입은 지는 얼마나 됐습니까?"

"어떻게 아셨죠?"

나는 그야말로 꼭 맞는 정신과 의사였다. 자, 내가 어떻게 알았을까? 그렇다. 환자가 옷소매에서 보푸라기 떼는 모습을 보고 알아차렸다. 나는 남자라서 절대로 팔을 '옆으로 빼서' 내리지 않는다. 팔을 옆으로 빼서 내릴 이유가 없다. 그러나 여자들에게는 그래야 할 이유가 있다. 그런데 환자는 팔을 옆으로 빼서 내리지 않고 보푸라기를 떼었다. 남자들만 그렇게 한다. 여자들은 가슴에 변화의 징후가 겉으로 드러나기 전부터 팔을 옆으로 빼서 내리는 법을 배운다. 나는 내 딸들을 관찰하면서 열 살 전후에 이런 현상이 나타나는 것을 발견했다. 예를 들어 베티 앨리스는 열 살 무렵 책꽂이에서 뭘 꺼내거나 라디오를 들 때 팔을 이런 식으로(불룩한 가슴을 피하듯이) 들었다. 나는 아내에게 "베티 앨리스가 목욕할 때 가슴을 한번 봐요"라고 말했다. 아내가 보고 나와서 "이제 막 젖꼭지에 변화가 생기기 시작했어요"라고 말했다.

말괄량이는 남자아이처럼 뛰고 남자아이처럼 공을 던진다. 그러다 어느 날 갑자기 여자아이처럼 뛰고 여자아이처럼 공을 던지기 시작한다. 말괄량이가 남자아이처럼 뛰는 이유는 골반 크기가 남자아이와 다르지 않기 때문이다. 그러다 어느 날 골반이 남자아이보다 1밀리미터 더 커지면서부터 여자아이처럼 뛴다.

남자아이들은 누구나 거울을 들여다보고 사는 시기를 거친다. 그럴 만한 이유가 있다. 얼굴을 만지면 피부가 두꺼워지는 느낌이 든다. 피부가 두꺼워져야 수염이 날 수 있다. 그리고 피부가 두꺼워지면 느낌이 달라진다. 그들은 얼굴에서 뭔가 달라진 것을 눈치챈다.

대체 이게 뭐지? 누이들은 늘 거울만 들여다보는 오빠나 남동생을 보고 헛바람이 들어갔다고 놀린다.

─

이 이야기와 앞선 이야기들 사이에 중요한 차이가 있다면, 경험으로 자료를 해석하도록 '교육받은' 명쾌한 시각을 소개한다는 점이다.

에릭슨은 관찰하고 차이를 알아차리는 것의 중요성을 지적할 뿐 아니라, 관찰할 현상을 얻으려고 상황을 설정해서 중요한 정보를 끌어내는 몇 가지 사례를 소개한다. 달리 말하면, 환자가 유용하거나 유익한 정보를 직접 주려고 하지 않으면(이 이야기에 나오는 환자처럼) 에릭슨이 그런 행동을 부추기는 상황을 설정한다. 우리가 흔히 '시험'이라고 설정하는 상황을 뜻한다. 실제로 에릭슨은 이런 방법으로 다음 이야기에서 두 살배기 아기에게 난청 검사를 시도한다. 덜 직접적인 방법으로, '검사 즐기는 여자' 사례에서 에릭슨은 중요한 정보로 이어지는 시험 문제를 소개한다.

이처럼 다음의 몇 가지 이야기에서 관찰은 판단이나 경험으로 이어진다.

이야기 6
두 살배기의 난청 검사

나는 주립고아원 원아들을 진찰하면서 시력도 좋지 않고 청력에도 문제가 있고 학습장애가 있는 아동을 분류해야 했다. 그런데 한두 살 먹은 아이들에게는 어떻게 청력 검사를 실시할까? 청력을 완전히 잃은 두 살배기 아기는 어떻게 검사할까? 그 아이가 청력을 잃은 사실을 어떻게 알아낼 수 있을까? 게다가 나는 아이에게 완전히 낯선 사람이었고, 그 아이는 나를 본 적이 없었다.

고아원 보모들은 내가 제정신이 아니라고 생각했다. 내가 보모들에게 아이를 뒤로 걷게 해서 데려오고, 보모들도 뒤로 걸어서 들어오라고 주문했기 때문이다. 책상 뒤쪽의 한쪽 옆에 양철판이 있었다. 묵직한 서진書鎭이었다. 나는 그것을 바닥에 떨어뜨렸다. 보모는 주위를 둘러보았고, 청력을 잃은 아이는 바닥을 보았다. 바닥에서 진동을 느낀 것이다. 자, 나는 이런 방법을 생각해낼 수 있었는데 여러분은 왜 못했을까? 환자에 관해 알아보고 싶으면 관찰해야 한다. 환자의 행동을 관찰하라.

이야기 7
아기가 엄마의 얼굴을 연구하듯

6개월 된 아기가 패블럼Pablum*을 먹으면서 엄마 얼굴을 볼 때, 엄마가 '거 참 대단해! 냄새 한번 지독하군' 이렇게 생각하면 아기는 엄마 얼굴에서 중요한 메시지를 읽고 먹던 걸 뱉어낸다.

---

* 유아용 식품 상표명.

우리 치료자가 할 일은 아이들이 엄마나 아빠의 얼굴을 연구하듯 환자를 관찰하는 것이다. 아이들은 꾸중을 듣기 직전에 정확히 언제 멈춰야 할지 안다. 그리고 사탕을 달라고 할 때는 정확히 몇 번을 졸라야 사탕을 얻어낼 수 있는지도 안다. '안 돼'라는 말을 아무리 많이 들어도 상관없다. 아이들은 '안 돼'가 점점 약해지는 것을 알아챌 수 있다. 아이들은 '안 돼'가 가장 약해진 순간을 포착해서 다급하게 사탕을 달라고 조른 끝에 '좋아'라는 대답을 받아낸다.

에릭슨은 우리가 어릴 때는 단어에 수반되는 메타메시지와 어조를 감지했다고 말한다. 우리가 스스로 검증할 능력을 갖추지 못했을 때에는 부모의 태도와 취향에 크게 영향을 받았다는 뜻이다. 이런 영향은 우리의 습관과 가치관, 취향을 결정하는 기제뿐 아니라, 안타깝게도 부모의 두려움과 편견, 공포증을 수용하는 기제에도 근본적으로 작용한다.

내 생각에 에릭슨은 치료자들에게 이 이야기를 들려주면서 한편으로는 "이제는 이런 언어 외적인 메시지에 주목해보면 어떨까?"라고 제안하는 것 같다. 그건 그렇고, 에릭슨이 '안다know'와 '안 돼no'라는 말을 반복해서 사용하는 것이 특징적이다. 이를테면 에릭슨은 환자에게 스스로 증상에 '안 돼'라고 말할 수 있다는 사실을 '알' 수 있다고 암시하는 것일 수도 있다. 앞의 이야기 마지막에서 에릭슨은 '좋아'라고 말함으로써 '기분 좋은' 표현으로 마무리한다. 부정어인 '안 돼'가 간접적이거나 또는 은밀한 방식으로 점점 약해지고 마지막에—'좋아'라는 말로—환자가 성공이나 위안과 같은 긍정적인 결과를 내리라는 메시지를 보내는 것이다.

이야기 8
차이에 관한 생각

고등학교 야구부에서 주장을 맡고 축구부에서도 주장을 맡은 전력이 있는 학생이 있었다. 그는 애리조나 주립대학교에 들어가고 싶었다. 그런데 양쪽 팔뚝의 길이가 2.5센티미터쯤 차이가 나는 것으로 밝혀졌다. 그 학생은 몹시 괴로워했다. 그는 나를 찾아와 이렇게 말했다. "선생님은 불구가 되는 게 어떤 건지 모르실 거예요."

그는 공부도 못하고 일도 못하고 시합에도 나가지도 못했다. 한쪽 팔이 짧은 탓에 불구가 된 것이다. 의사들은 그의 어머니에게 사실을 알리고 그가 정신분열증 전前단계라고 알렸다.

자, 어떤 환자가 내게 고통도 모르고 불구가 되는 게 뭔지도 모른다고 말할 때 나는 그가 틀렸다고 생각한다. 나는 안다. 나는 고등학교를 졸업한 뒤에 몸이 마비됐지만, 그것 때문에 방해를 받지는 않았다고 당당히 말할 수 있다. 그때 나는 눈동자 빼고는 아무것도 움직이지 못했다. 그래서 나는 신체 언어를 익혔다.

대학에 들어간 첫해에 나는 〈번개〉라는 연극에서 프랭크 베이컨 Frank Bacon *을 보았다. 그는 극이 진행되는 동안 '안 돼'라는 말을 열여섯 가지 다른 뜻으로 표현하는 연기로 스타가 되었다. 나는 이튿날 저녁 다시 극장에 가서 '안 돼'의 다양한 의미를 헤아렸다.

에릭슨은 차이를 유용하게 알아차리는 것과, 팔 길이가 정상 범위 안에서 다른 정도의 사소한 차이에 강박적으로 집착하거나 건강염려증 증세를 보이는 것이 어떻게 다른지 지적하는 듯하다.

이야기 9
풀잎마다 다른 초록색

나는 어느 헤로인 중독자를 잔디밭으로 보내서 환상적인 것을 발견할 때까지 가만히 앉아 있으라고 말했다. 알레르기 전문의인 그는 색깔을 지각하는 능력이 아주 뛰어났다! 그는 한 시간 반쯤 잔디밭에 앉아 있다가 집으로 들어와 이렇게 말했다. "풀잎마다 초록의 색조가 전부 다른 거 아세요?" 그러더니 아주 옅은 색부터 아주 진한 색까지 죽 읊었다. 그는 크게 감탄했다! 잎사귀마다 엽록소의 양이 모두 다르다. 엽록소의 양은 건기인지 우기인지에 따라, 토양의 비옥한 정도에 따라 달라진다.

또 언젠가 나는 그에게 잔디밭에서 동쪽을 향해 앉아 있으라고 했

----

* 1864~1922, 미국의 성격파 배우이자 극작가.

다. 그는 잔디밭에 앉아 있다가 들어와서 이렇게 말했다. "옆집 마당에 있는 편백나무가 태양을 향해 기울고 남쪽으로 구부러져 있어요. 둘러보니 박사님 댁 잔디밭에는 편백나무가 다섯 그루 있는데, 모두 남쪽으로 구부러져 있더군요."

내가 말했다. "내가 처음 피닉스에 왔을 때 그걸 발견하고는 시내를 다 돌아다니면서 일일이 확인했지요. 굴광성屈光性 나무를 처음 봤을 때 무척 감탄했어요. 사람들은 흔히 나무가 곧게 자라는 줄 알아요. 그런데 굴광성 나무가 있다니! 해바라기를 보면 몇 시인지 알 수 있잖아요."

꽃밭시계라고 들어본 적이 있는가? 우리 할머니 댁에는 꽃밭시계가 있었다. 나팔꽃은 아침에 피고, 어떤 꽃은 일곱 시에 피고, 어떤 꽃은 여덟 시에 피고, 또 어떤 꽃은 아홉 시에 피고, 또 어떤 꽃은 열 시에 피고, 또 어떤 꽃은 정오에 피었다. 그리고 달맞이꽃 같은 것도 있었다. 밤에 꽃이 피는 선인장은 밤 열 시 반이나 열한 시에 꽃을 피운다.

알레르기 전문의는 피부색을 구별하도록 훈련받은 사람이라 분명 색조와 색채의 미세한 차이를 지각하는 능력도 발달했을 터였다. 물론 에릭슨은 자연 현상을 관찰하라고 말하는 것 같지만, '열린 마음'을 가지라는 암시도 끼워넣었다. 에릭슨의 말이 최면 후 암시로 작용해서, 그의 말을 들은 사람은 굴광성 나무나 달맞이꽃을 볼 때마다 '열린 마

음'을 떠올릴 것이다. 또 나중에는 지각뿐 아니라 감정에도 열린 마음으로 반응할 것이다.

이야기 10
두통을 간직하려는 남자

그 환자는 내가 도착하기도 전에 벌써 진료실에 앉아 있었다. 나는 환자의 이름과 주소 따위를 받아 적고 왜 나를 찾아왔는지 물었다.

환자가 말했다. "저는 공포증이 있어요. 비행기 공포증이요."

내가 말했다. "부인, 제가 오기도 전에 그 의자에 앉아 계셨잖아요. 대기실로 나갔다가 다시 들어와 앉아주시겠습니까?" 환자는 썩 내켜하지 않았지만, 내가 시키는 대로 했다. 그리고 내가 물었다. "그럼 무슨 일로 오셨습니까?"

"남편이 9월에 해외a-broad로 나가자고 하는데, 저는 비행기 타는 게 죽을 만큼 무서워요."

내가 말했다. "부인, 환자가 정신과 의사를 만나러 왔으면 정보를 숨겨서는 안 됩니다. 정보를 숨기면 도움을 받을 수 없으니까요. 딱히 상관이 없어 보인다고 해도요. 아무튼 제가 부인에 관해 알아낸게 있는데, 불편한 질문을 하나 해도 될까요?"

"좋아요."

"부군께서는 부인이 외도하는 사실을 알고 계십니까?"

"아뇨. 그런데 어떻게 아셨어요?"

"부인이 신체 언어로 말씀해주시네요."

환자는 발목을 꼬고 앉아 있었다. 나는 그런 자세를 취하지 못한다. 환자는 오른쪽 다리를 왼쪽 다리 위로 꼬고 그 다리를 다시 발목에 단단히 걸어서 완전히 닫힌 상태였다. 내 경험상, 외도 사실을 들키고 싶어 하지 않는 기혼여성은 언제나 이런 식으로 닫혀 있다.

환자는 'a-broad'라고 말했다. 'abroad'라고 한 단어로 말하지 않고 'a'와 'broad' 사이에서 잠시 멈추었다. 다음에 환자는 남몰래 만나는 애인을 내게 데려왔다. 그들은 몇 년째 만나온 사이였다. 그다음에 환자가 와서 애인과 헤어지는 문제를 상의했다. 상대 남자도 매일 지독한 두통에 시달린다면서 다시 나를 찾아왔다. 그는 자녀가 있고, 결혼생활에 문제가 있다고 했다. 그래서 나는 그에게 아내를 데려오라고 말했다. 자녀들도 만나보고 싶다고 말했다. 그의 아내가 찾아왔는데, 그녀도 몸이 닫혀 있었다.

나는 그 부인에게 말했다. "외도를 하시는군요."

그녀가 말했다. "네, 남편이 얘기하던가요?"

"아니요, 부인의 신체 언어를 보고 눈치챘습니다. 남편분이 왜 두통에 시달리는지 이제 알겠군요."

"그이가 먼저 저더러 외도하라는 식으로 제안했어요. 몇 년 전에요. 꽤 즐거웠지요. 그런데 남편은 제가 계속 외도하기를 바라지 않았어요. 남편이 제가 계속 바람피운다고 의심하는지는 모르지만, 왠지 그이도 안다는 생각이 들 때가 있어요."

다음으로 나는 그녀의 남편에게 최면을 걸어서 아내에게 외도하라는 식으로 말했는지 물었다. 그는 이렇게 말했다. "그때는 제가 너무 바빠서 남편으로서의 의무를 다하지 못하는 것 같았거든요. 얼마 안 가서 질투심 때문에 아내에게 외도를 그만두라고 요구했지요. 아내는 그러겠다고 했어요. 그런데 아내가 계속 바람을 피우는 증거가 자꾸만 눈에 띄었어요. 그래도 아내가 외도하는지 확인하고 싶지는 않아요."

"그래서 두통에 시달리는군요. 두통은 어떻게 하고 싶은가요?"

"저는 계속 두통에 시달리겠죠."

그는 한때 애리조나주 민주당 위원장이었다. 그는 아내에게 관심을 더 많이 쏟기 위해 위원장직을 그만두었다. 그러나 때는 이미 늦었다.

어떤 사람들은 뭔가를 알고 싶지 않아서 고통을 간직한다. 그래야 그 무언가를 생각하지 않을 테니까.

에릭슨은 환자가 특이하게 'a-broad'라고 말하는 것을 관찰한다. 환자는 분명 불륜을 저지르는 자신을 '외설적broad'이라고 여기는 듯하다. 에릭슨은 또한 시각적으로도 환자의 특이한 자세를 포착한다.

에릭슨은 다른 모든 이야기와 마찬가지로 이 이야기를 여러 가지 목적으로 이용한다. 마지막에 그는 아주 중요한 사실을 지적한다. 증상을 없애고 고통과 불편한 마음이 커질 수도 있다면 계속 증상을 안고 사는 편을 택할 수도 있다는 점이다.

이 사례의 남편에게는 자존심에 상처를 입는 것이 두통보다 더 고통스러웠을 것이다. 남편이 민주당 '위원장head'의 지위를 포기하면서 '가장head'의 지위를 되찾으려 했을 때는 이미 늦었다. 어떤 면에서 그의 머릿속head 통증은 '참수'당했다는 자각을 상징적으로 표현한다. 그리고 고통은 또한 주어진 상황에 직면하지 못하게 막아주는 역할을 하기도 한다. 아내의 외도 사실을 안다고 실토하면 아내와 헤어지라는 말을 들을 것 같기도 하고, 무력하고 무능력한 남자가 된 느낌이 들 터였다. 그는 두통을 간직하기로 선택한다.

이야기 11
검사 즐기는 여자

48세의 어떤 여자가 나를 찾아와 이렇게 말했다. "의사를 스물여섯 명이나 바꿔가며 검사를 받아봤어요. 어떤 의사는 2주 동안 입원시켜놓고 검사를 했죠. 또 어떤 의사는 일주일 동안 입원시키고 검사했고요. 결국에는 다들 이러더군요. '정신과 의사를 만나보시는 게 좋겠습니다. 어째 검사받는 걸 즐기시는 것 같군요'라고요."

환자는 내게 그간의 사연을 들려주었다. 내가 환자에게 물었다. "검사받는 동안 의사를 방해하는 어떤 특이한 행동을 하셨습니까?" 환자는 한참 생각하더니 대답했다. "글쎄요……. 의사가 제 오른쪽 가슴을 검사하려고 할 때마다 재채기가 나왔어요."

"부인은 오른쪽 가슴을 만질 때마다 재채기를 하시는군요. 젊을 때

임질과 매독에 걸린 적이 있다고 의사에게 말했고, 의사가 오른쪽 가슴을 만질 때마다 부인은 재채기를 하고, 그때마다 의사는 오른쪽 가슴 검사를 중단했고요."

"맞아요."

"음, 부인을 산부인과에 의뢰할게요. 제가 전화로 뭐라고 하는지 들어보세요."

나는 산부인과 의사에게 전화를 걸어 이렇게 말했다. "48세 여성 환자가 제 진료실에 오셨어요. 오른쪽 유방에 덩어리가 있는 것 같아요. 양성인지 악성인지는 모르겠고요. 심리적으로 특정한 증상이 있어요. 자, 환자를 그쪽에 보낼 테니까 오른쪽 유방을 꼼꼼히 검사해 주세요. 그리고 이상이 발견되면 즉시 병원으로 보내세요. 아니면 환자가 도망갈 겁니다."

산부인과 의사는 환자의 오른쪽 가슴을 검사했다. 그리고 환자를 당장 병원으로 데려가 오른쪽 유방의 악성 종양을 수술했다.

───────────

환자들은 감추려고 애쓰는 두려움을 무의식중에 누설한다. 이 이야기에서 에릭슨은 치료자들에게 겉으로 드러난 현상만 관찰할 것이 아니라 환자가 감추려고 애쓰는 것을 찾아야 한다고 말한다. 에릭슨이 지적하듯 환자들은 대개 그들에게서 관심을 돌리려 하면서도 은연중에는 숨기고 싶은 부분을 드러낸다.

에릭슨은 환자가 성병을 앓은 병력은 숨기지 않고 밝히면서도 오른쪽 가슴에서 주의를 돌리려 하는 행동을 지적했다. 환자가 자신이 유방암에 걸린 사실을 의사가 알아낼까 봐 두려워한다는 것을 암시하는 행동이었다. 사실 에릭슨은 환자가 진단(환자가 벌써 스스로 알아낸 진단)에 직면하기 두려워서 수술을 피할까 봐 걱정했다.

이야기 12
점술가

후디니Harry Houdini*처럼 에릭슨도 이른바 초자연적 현상**이나 체험을 사기나 착각이나 고도의 관찰력에 바탕을 둔 현상으로 일축했다. 에릭슨의 이런 태도는 1979년 6월 8일 어니스트 페치Ernest F. Pecci*** 박사에게 보낸 편지에 요약되어 있다.

"초심리학**** 분야가 과학적으로 정립된다는 말은 믿어지지 않고, 또 이런 분야가 존재한다는 증거라는 것도 잘못된 수학 논리, 잘못된 자료 해석, 사소한 감각 단서를 간과하는 오류, 편향된 해석, 그리고 종종 노골적인 사기 행각에 바탕을 둔 것 같다고 알려드려야 할 듯합니다. 저는 50년 넘게 최면이라는 학문을 신화적이고 비과학적인 어감과 분

---

*   미국의 마술사.
**   ESP, extrasensory perception, 초염력. 즉 초감각적 지각이나 초능력.
***   1960년대 뉴에이지 운동을 주도한 정신과 의사.
**** 일반 심리학으로 설명할 수 없는 정신 영역을 다루는 학문.

리하려고 노력해왔습니다."

다음 이야기에서 에릭슨은 점술가들이 입술과 목(성대 주위), 얼굴의 움직임을 비롯해 사소한 신체 움직임을 관찰하고 해석하는 법을 익힌 사실을 알고서 그들을 속인 재미있는 사례 몇 가지를 소개한다. 그런 다음 숨겨둔 대상을 '마술적으로' 찾아내는 데 쓰이는 수법을 파헤친다. 그리고 에릭슨이 자주 들려주는 이야기, 곧 J. B. 라인J. B. Rhine*을 속여서 그가 초자연의 막대한 힘을 보유했다고 믿게 만드는 이야기를 소개한다. 이러한 모든 상황에서 에릭슨은 '초자연적인' 설명에 의지할 필요가 없다고 조심스럽게 지적한다. 그가 설명하는 '초능력' 묘기는 대개 지극히 '평범한' 방법으로 설명할 수 있다. 의사소통은 시각과 촉각으로 이루어진다. '마술사'는 단지 대다수 사람들이 무시하는 '사소한 감각 단서'를 관찰하도록 훈련한 것이다.

우리는 따로 생각하지 않아도 되는 단순한 설명을 아주 쉽게 받아들인다. 내 경험 하나를 소개하겠다. 나에게 열심히 최면을 받아온 해럴드가 어느 점술가를 찾아갔다. 점술가는 해럴드의 가족과 관련된 내밀한 정보까지 알아맞혔다. 해럴드는 크게 감명받았다.

나는 우선 내 부모님, 형제자매 여덟 명의 이름과 그들이 태어난 곳을 일부러 틀리게 적었다. 해럴드는 우리 가족을 잘 알았다. 틀린 정보를 여러 개 적어서 봉투에 넣은 뒤, 해럴드에게 봉투를 재킷 안

---

* 1895~1980, 초심리학을 심리학의 한 분야로 정립하고 과학 연구로 접근한 인물.

주머니에 넣으라고 했다.

그리고 해럴드와 함께 점술가를 만나러 갔다. 점술가는 내 아버지 이름을 피터로, 어머니 이름을 비어트리스로 댔을 뿐 아니라 이름과 장소를 모두 틀리게 말해서 해럴드를 무척 놀라게 했다. 점술가는 줄줄이 틀린 정보를 읊었다. 점술가는 해럴드에게 관심을 두지 않았으며, 그가 어리둥절해하는 모습을 보고는 그저 자기한테 감동해서 그런 줄로 알았다. 우리는 계속 틀린 정보를 줄줄이 읊어댄 점술가의 사무실을 나왔다.

해럴드가 내게 물었다. "선생님 아버님 존함은 앨버트잖아요. 어째서 피터라고 할 수 있죠?"

"내가 속으로 계속 '피터, 피터, 피터' '비어트리스, 비어트리스, 비어트리스'라고 말했거든."

해럴드는 그 점술가에 대한 믿음을 접었다.

뉴올리언스에서 어느 점술가가 찾아와 의사인 내 친구와 그의 여자친구에게 점을 봐주었는데, 용하게 잘 맞혔다. 그리고 내 아내 베티에게 언젠가는 결국 나를 사랑하게 될 거라고 말했다. 그는 베티에게 우리 아이들에게 붙여줄 이름까지 말해주었다. 이 일로 의사 친구와 그의 여자친구는 깊은 인상을 받았다. 사실 베티와 나는 그 점술가가 들어올 때 그가 원하는 정보를 다 주기로 작정한 터였다. 아내와 나는 잠재의식 차원에서 점술가에게 정보를 준 것이다.

혹시 사람들이 숫자를 셀 때 입술을 움직이는 것을 본 적이 있는가? 또는 사람들이 책을 읽을 때 입술을 움직이는 것을 본 적이 있는

가? 나는 마비 때문에 입술이 뻣뻣하고 안쪽이 부어서 잘 움직이지 않으며, 그래서 점술가를 혼란에 빠뜨릴 수도 있었다.

여기에 소개한 두 가지 상황 모두에서 점술가는 잠재의식 차원의 생각이나 목소리로 나오지 않은 말을 해독하면서 '독심술'을 쓸 수 있었다. 에릭슨도 이 기술을 연마했는데, 그래서 독심술사나 마술사로 이름을 떨칠 수도 있었다.

이야기 13
독심술

코넬 대학교에서 6자리 곱셈을 척척 해내는 서번트증후군idiot savant[*]인 학생을 두고 사람들이 호들갑을 떨었다. 그는 6자리와 8자리 숫자의 제곱근, 세제곱근을 바로 답할 수 있었다. 그리고 재주가 하나 더 있었다. 그는 다른 사람에게 건물 안 어디든 핀을 숨기라고 했다. 그런 다음 그 사람과 손잡고 걸으면서 그 사람의 마음을 읽겠다고 했다.

코넬 대학교에서 이 문제를 놓고 열린 토론에서 나는 이렇게 제안했다. "왜 굳이 건물 안에 핀을 숨기라고 합니까? 나한테는 2층에 숨

---

[*] 특정 분야에서 천재적인 재능을 보이면서 자폐나 지적 장애가 있는 증상.

겼는지, 1층에 숨겼는지, 아니면 다른 어디에 숨겼는지 말해주지 않아도 됩니다. 손잡고 교정을 함께 걸으면서 핀을 찾아드리지요."

나는 2층에서 그림 액자에 박혀 있던 핀을 찾았다. 손을 잡고 같이 걷다 보면 핀에 가까이 다가갈 때 상대가 약간 주춤한다. 나는 계단 쪽으로 향할 때 미세하게 주춤하는 느낌이 들자 곧 2층으로 올라갔다. 계단 맨 위에 이르면 손에서 다시 긴장이 느껴진다. 어느 쪽으로 돌까? 어느 한쪽으로 방향을 잡으면 손에서 힘이 빠진다. 반대쪽으로 향하면 손에서 다시 긴장이 전해진다. 그러니 원을 그리면서 빙돌기만 하면 된다!

이야기 14
초능력

J. B. 라인이 피험자 몇 명과 테이블 앞에 둘러앉아 초능력을 시연했다. 다른 몇 사람과 나는 옆 테이블에서 불신하는 눈길로 라인을 지켜보았다. 우리는 가까이 붙어 앉아서 곁눈질로 카드를 보려 했다. 밤이었고 테이블 위에는 전등이 켜져 있었다. 라인이 테이블에 놓인 카드 한 장을 뒤집었다. 우리는 고개를 숙이고 카드에 비스듬히 반사된 빛을 보았다. 카드 뒷면에 비친 별 모양, 다이아몬드 모양의 자국이 보였다.

알다시피 원래 카드에는 스탬프가 찍혀 있다. 카드 뒷면에 비치는 흐릿한 자국은 빛을 각기 다르게 반사하므로 각도만 잘 맞추면 어떤 카드인지 알아볼 수 있다. 카드가 매끄러워 보여도 뒤집으면 조금 거친 부분이 나올 수 있다. 그래서 같이 앉아 있던 길버트와 왓슨과 나는 피험자로 자청했다. 라인은 완벽한 피험자 셋을 얻은 줄로만 여겼을 것이다. 우리 셋 다 카드를 하나도 빠뜨리지 않고 알아맞혔으니까.

————

에릭슨이 설명하듯이, 꼭 숙련된 관찰자가 아니어도 카드 뒷면의 형상 같은 차이는 알아차릴 수 있다. 때로는 사물을 다른 각도나 관점에서 보기만 하면 된다.

다음 사례에서는 신중히 관찰하는 동시에 아주 뛰어난 기억력을 동원해서 놀라운 재능을 펼치는 한 청년의 이야기가 나온다.

이야기 15
카드 마술

우스터에서 최면 피험자 하나가 내게 이렇게 말했다. "이 카드 마술은 마음에 들지 않아요. 머리가 지끈거리거든요. 그래도 선생님은 어떻게 하는 건지 아셔야 되는군요. 드러그스토어에 가서 카드 한 벌을 사세요. 포장을 뜯은 뒤 조커와 추가 카드는 전부 빼세요." 그리고 그가 말했다. "카드를 대여섯 번쯤 완전히 섞은 다음 카드 몇 장을 떼어놓고 다시 섞으세요. 한 번에 한 장씩 앞면이 위로 오게 해서 패를 돌리고 다시 엎어놓으세요." 이어서 그가 말했다. "카드를 집어서 다시 섞고 뒷면이 위로 오게 해서 패를 돌리세요." 그리고 그는 엎어놓은 카드를 순서대로 정확히 맞혔다. 그는 카드를 뒤집어서 보여주고 다시 엎어놓았다.

그런 다음으로 그는 어떻게 한 건지 내게 알려주었다. 일단 뒷면에 X표와 자잘한 정사각형이 잔뜩 그려진 카드 한 벌을 산다. 정사각 모양이 완벽하게 인쇄된 카드는 한 장도 없다. 그는 이렇게 말했다. "저는 그저 이 카드에는 여기 정사각형의 한 면이 없고, 다른 카드에는 저기에 한 면이 없는 것만 기억하면 돼요. 그렇게 52장을 통째로 외우는 거죠. 그래서 늘 머리가 아파요. 시간도 오래 걸리고 연습을 많이 해야 하거든요!" 그는 이런 식으로 큰돈을 벌어 학교를 마쳤다.

사람들이 어떤 일까지 해낼 수 있는지 참으로 놀랍다. 다만 스스로 무엇을 할 수 있는지 모를 뿐이다.

이야기 16
소년을 사로잡다

나는 콜로라도 정신병원에서 인턴을 마치고 정신과에서 특수 레지던트로 일할 때 간단한 마술 몇 가지를 배웠다. 그 무렵 콜로라도 정신병원에서는 비행청소년을 위한 아동상담 클리닉을 열었다. 정신과 소속 의사들이 2주에 한 명씩 돌아가면서 클리닉을 담당해야 했는데, 다들 그 일을 무척 두려워했다. 아이들이 우리를 몹시 싫어하고 적대적이라서 고문 같은 시간이었기 때문이다.

마침내 내 차례가 돌아왔다. 한 소년이 나를 쏘아보면서 들어왔고, 나는 간단한 마술을 보여주었다. 속임수를 들키지 않으려고 그 소년에게서 돌아앉은 참이었다. 소년은 곧 내 마술을 간파할 수도 있었다면서 속임수를 알려달라고 요구했다. 이어서 나는 다른 마술을 보여주어야 했다. 우리는 결국 좋은 친구가 되었다. 그래서 나는 대여섯 가지 마술을 익혔는데, 내가 마술을 한다는 소문이 돌자 아이들이 모두 나를 만나고 싶어 했다. 내게는 아이들이 원하는 것이 있었고, 덕분에 나는 아이들에게서 내가 원하는 것을 얻어냈다. 아이들과 어울려 놀면서 내가 그들에게 장난치는지 모르게만 하면 되는 간단한 일이었다.

———————

"아이들과 어울려 놀면서 내가 그들에게 장난치는지 모르게만 하면 되는 간단한 일이었다." 이 말은 에릭슨의 가장 중요한 한 가지 원칙을 요약한다. 치료자는 환자의 관심을 끌면서 대체로 잠재의식 차원의 암시를 통해 환자의 무의식을 '가지고 장난친다'는 원칙이다. 말하자면 치료자는 환자가 전에는 접근하지 못하던 과거의 학습과 지식의 형태로 환자에게서 '음악'을 끌어낸다. 대다수 환자들이 처음에는 악기가 된 것처럼 경험하고 치료자에게 그들을 연주하도록 허용한다. 경험이 쌓이면 환자들도 스스로 연주하는 법을 터득할 수 있다.

진짜 아픈 사람들

✝

심한 정신증 치료에 효과적인
4가지 이야기

"저는 미치고 싶지 않아요."

에릭슨은 심한 정신병 환자를 치료할 때 환자의 모든 문제를 해결하려고 시도하지 않았다. 일반 환자를 대할 때처럼 작은 변화를 일으켜서 더 크고 넓은 변화가 일어날 수 있도록 접근했다. 정신증이 있는 사람들은 주로 '흑백논리'처럼 극단적으로 반응하기 때문에 에릭슨도 이들에게는 대체로 명료하게 개입했으며, 대개 즉각적인 결과를 얻었다.

에릭슨이 처음으로 정신병 환자를 맡은 것은 정신병원에서 일할 때였다. 이때 환자들을 상대하면서 그의 중요한 치료 원칙 몇 가지를 발전시켰을 수도 있다. 그가 자주 적용하는 두 가지 원칙, 곧 '환자의 언어로 말하라'와 '환자와 함께하라'는 틀림없이 이때 구상했을 것이다.

남들은 환자의 '병력'을 알아내거나 '원인'을 찾아내려고 매달릴 때 에릭슨은 종종 예상치 못한 요소를 끌어들인다. 다음에 소개할 '서 있는 환자에게 밀대를 주다'와 '허버트 이야기' 사례에서 보겠지만, 에릭슨은 종종 환자가 직접 행동을 취하고 선택을 해야 하는 정도까지 몰아붙였다.

아홉 번째 수업에서는 이런 사례를 살펴보고, 나아가 효과적인 조작과 재구성을 활용하는 방법을 비롯해 그 밖의 치료법도 알아보겠다.

이야기 1
재킷을 뒤집어 입은 의사

우스터에서 내 환자 가운데 인사를 받으면 늘 그대로 되돌려주는 환자가 있었다. 그는 질문을 받으면 환한 얼굴로 바라보기만 했다. 다정하고 유순하고 무척 조용한 사람이었다. 그는 식당에 가고, 침대에 들어가고, 정리 정돈을 잘했다. "안녕하세요"라고 말하거나 "안녕히 가세요"라고 말할 뿐 다른 말이 없었다.

나는 그를 면담하려다가 나가떨어졌다. 나는 그의 병력을 알고 싶었다. 그는 누가 봐도 비현실의 세계에 사는 사람이었다. 그의 세계로 들어가기까지는 시간이 꽤 오래 걸렸다.

어느 날 나는 그에게 다가가 "안녕하세요?"라고 인사를 건넸다. 그는 "안녕하세요?"라고 대꾸했다.

나는 재킷을 벗어서 뒤집고 앞뒤를 돌려 입었다. 그러고는 그의 재킷을 벗겨서 뒤집은 다음 앞뒤를 돌려서 입히고, "당신 이야기를 듣고 싶어요"라고 말했다.

나는 그의 이야기를 들었다. 환자와 함께해야 한다.

에릭슨은 재킷을 뒤집어서 앞뒤를 돌려 입음으로써 상징적으로 환자의 '뒤집힌', 그리고 '앞뒤가 바뀐' '비현실' 세계로 들어갔다. 그런 다음 환자와 똑같은 '언어'를 사용해서 환자가 그에게 동참하도록 유도했다. 일단 둘이 같은 '세계'(뒤집히고 앞뒤가 바뀐 세계)에 들어가자, 서로 대화를 나눌 수 있었다.

한편 환자가 '인사를 받으면 반드시 그대로 되돌려준다'는 사실은 환자가 치료자의 행동을 모방하리라는 것을 보여주는 좋은 지표였다.

이야기 2
서 있는 환자에게 밀대를 주다

6, 7년 동안 병동에서 우두커니 서 있는 환자가 있었다. 그는 말을 하지 않았다. 구내식당에도 가고, 누가 자러 들어가라고 하면 또 시키는 대로 하고, 용변을 봐야 할 때는 화장실에도 갔다. 그 외에는 대체로 서 있었다.

누가 옆에서 한 시간 동안 말을 걸어도 그는 전혀 대꾸하지 않았다. 어느 날 나는 그가 반응하지 않을 수 없게 만들었다. 나는 바닥에 광을 내는 밀대를 들고 그에게 다가갔다. 30×30센티미터 너비의 나무토막에 1미터 길이의 긴 손잡이가 달린 도구였다. 나무토막에 낡은 양탄자가 덮여 있어서 앞뒤로 밀며 바닥에 광을 냈다.

나는 그에게 다가가 그의 손가락으로 밀대 손잡이를 감싸게 했다.

그는 가만히 서 있었다. 나는 매일 그에게 "밀대를 움직이세요"라고 말했다.

그는 아주 조금씩 앞뒤로 움직이기 시작했다. 날마다 그가 밀대를 미는 면적을 넓혀서 드디어 몇 시간이고 병동을 깨끗이 청소하게 만들었다. 그러자 그가 입을 열었다. 온종일 바닥 청소를 하라면서 자기를 혹사시킨다고 나를 비난하기 시작한 것이다.

나는 그에게 "다른 걸 하고 싶으면 뭘 해도 좋아요"라고 말했다. 그러자 그는 침대 정리를 시작했다. 그리고 말하기 시작하고, 자신의 과거를 들려주고, 망상을 표현하기 시작했다. 얼마 지나지 않아 나는 그에게 기본적인 특권을 누리게 해줄 수 있었다.

그는 병원 구내를 거닐었다. 그리고 1년 만에 집으로 돌아가 일도 하고, 1주일, 2주일, 3주일, 한 달 동안 집에 다녀올 수도 있었다.

그는 여전히 정신병 환자이지만, 바깥세상에 적응할 수 있었다.

―――――――

이 이야기에서 에릭슨은 작은 변화를 일으켜 서서히 변화를 키워가는 원칙을 소개한다. 앞서 여러 가지 상황에서 특히 공포증을 치료할 때 이 원칙을 살펴보았다. 에릭슨은 또한 환자가 스스로 책임질 수 있을 때까지 이끌어주었다. 나는 에릭슨이 환자에게 "당신이 할 때까지 내가 할 것이다"라고 말하는 것을 들은 적이 있다. 이 사례에서는 환자가 결국 침묵을 깨고 왜 자기를 혹사시키느냐고 불만을 토로할 때까지 환자를 이끌어주었다. 환자가 '스스로' 할 수 있을 때, 이를테면 말을 시작할 때, 에릭슨은 '새로운 대안'을 제시한다. 스스로 선택하는 능력은 건강해지고 있다는 것을 보여주는 최초의 실질적인 조짐이었다.

이야기 3
두 명의 진짜 예수 그리스도

우리 병동에는 예수 그리스도가 두 명 있었다. 각각 존과 알베르토라는 이름의 두 환자는 온종일 "나는 예수 그리스도다"라고 말하고 다녔다. 그들은 사람들을 붙잡고 "내가 진짜 예수 그리스도다"라고 말했다.

그래서 나는 존과 알베르토를 긴 의자에 앉히고 이렇게 말했다. "거기 앉으세요. 이제 한 사람씩 나한테 자기가 예수 그리스도라고 말해봐요. 존, 알베르토에게 그가 아니라 당신이 예수 그리스도라고 설명하세요. 알베르토, 존에게 당신이 진짜 예수 그리스도라고, 존이 아니라 당신이 진짜라고 말하세요."

나는 계속 두 사람을 의자에 앉히고 온종일 서로에게 자기가 진짜 예수 그리스도라고 설명하게 했다.

한 달쯤 지나서 존이 이렇게 말했다. "내가 예수 그리스도인데 미치광이 알베르토는 자기가 예수 그리스도라고 하네요."

내가 존에게 말했다. "이봐요, 존. 알베르토도 당신하고 똑같은 소리를 하네요. 내 생각에는 둘 중 하나는 미쳤어요. 예수 그리스도는 한 분뿐이니까요."

존은 내 말을 듣고 일주일 동안 생각에 잠긴 뒤 이렇게 말했다. "제가 저 미치광이 녀석하고 똑같은 말을 하는군요. 저자는 미쳤는데, 저는 또 저자가 하는 말을 똑같이 하는군요. 그러니까 저도 미쳤겠네요. 하지만 저는 미치고 싶지 않아요."

내가 말했다. "흠, 내 생각에 당신은 예수 그리스도가 아니에요. 그리고 당신은 미치고 싶지 않아요. 병원 도서관에서 일하게 해드리죠." 존은 도서관에서 며칠 일하다가 나를 찾아와 "뭔가 아주 단단히 잘못됐어요. 책마다 페이지 하나하나에 죄다 제 이름이 있어요"라고 말했다. 그리고 책을 펼쳐서 'J, O, H, N T, H, O, R, N, T, O, N'을 보여주었다. 그는 모든 페이지에서 그의 이름을 발견했다.

나는 그의 말에 동의하고 페이지마다 'M, I, L, T, O, N E, R, I, C, K, S, O, N'이 얼마나 자주 나오는지 보여주었다. 그리고 그의 도움을 받아서 휴 카마이클 박사의 이름도 찾고, 짐 글리턴의 이름과 데이브 새코의 이름도 찾았다. 사실 그가 어떤 이름을 떠올리든 같은 페이지에서 그 이름을 다 찾을 수 있었다.

존이 말했다. "이 글자는 이름에 속하는 게 아니군요. 해당 단어에 속하는 거예요!"

"맞아요."

존은 계속 도서관에서 일했다. 6개월 뒤 그는 정신병 증상이 말끔히 사라진 상태로 퇴원했다.

에릭슨은 일반적인 '설득' 방법에 기대지 않는다. 대신 두 가지 사례 모두에서 존이 스스로 망상에 빠진 사실을 깨달을 수 있는 상황을 조성해준다. 에릭슨은 환자의 행동을 '모방'하는 기법에 의지한다. 첫 번째 사례에서 에릭슨은 존이 마침 똑같은 망상에 사로잡힌 다른 환자를 통해 자신의 망상을 비춰볼 수 있는 상황을 만들어준다. 두 번째 사례에서는 어떤 페이지에서 그의 이름을 찾아 환자의 행동을 똑같이 모방한다.

이런 '모방' 기법은 로버트 린드너Robert Lindner가 그의 고전적인 이야기 '제트 추진기 달린 소파The Jet-Propelled Couch'에서 활용한 기법이다. 언젠가 에릭슨은 내게 린드너가 그의 제자였으며, 이 이야기가 들어 있는 《50분의 시간The Fifty-Minute Hour》을 출간하기 전에 그에게 자문을 구했다고 말했다. '제트 추진기 달린 소파'는 어느 치료자가 망상의 세계에 사는 환자를 치료하는 이야기다. 치료자가 자신의 망상 세계로의 '여행'과 경험에 관한 흥미진진한 이야기를 장황하게 늘어놓으며 환자의 망상에 동참하자, 환자가 오히려 치료자 역할을 떠맡아서 그들 둘이 함께 몰입한 세계는 사실 망상이라고 치료자를 일깨워주려 한다.

이야기 4
허버트 이야기

내가 처음 로드아일랜드 주립병원에 갔을 때 남자병동에서 일했는데, 그곳에는 1년 가까이 입원해 있던 허버트라는 환자가 있었다. 정신병원에 입원하기 전 허버트는 체중이 100킬로그램쯤 되고, 육체노동으로 벌어먹고 카드게임을 했다. 노동과 카드게임이 삶의 전부였다.

그러다 점점 우울증에 빠져, 끝내는 아주 심각해졌다. 그는 체중이 줄기 시작해서 결국 로드아일랜드 주립병원에 입원했으며, 넉 달 새 체중이 36킬로그램까지 줄었다. 경관급식tube feeding*으로 하루에 4000칼로리를 섭취했지만 체중은 늘지 않았다.

아니나 다를까, 허버트는 내 차지가 되었다. 다른 의사들이 허버트에게 경관급식을 해주는 데 넌더리를 낸 탓이었다. 나는 신참인 데다 젊은 의사라서 궂은일을 도맡아 했다. 처음 허버트에게 경관급식을 해줄 때 양을 2500칼로리로 줄였다. 몸무게 36킬로그램인 남자에게는 그게 충분한 양이라고 판단했기 때문이다.

내가 경관급식을 해줄 때 허버트가 이렇게 말했다. "선생도 다른 의사들처럼 미쳤소? 그 사람들하고 똑같이 허접한 속임수를 써서 관으로 음식물을 넣어주는 척하는 거요? 관을 가져온 건 알아요. 그건 나도 보이니까. 그런데 당신네는 전부 마술사들이라 그게 감쪽같이 사라지게 하잖아요. 후디니처럼! 나는 아무것도 먹은 게 없어요! 당신네는 그저 내 코에 관을 꽂고 말로는 음식물을 넣고 있다고 하지만, 실제로는 아무것도 넣지 않잖소. 어차피 나한테는 위가 없으

---

* 삽입된 관을 통해 음식물을 주입하는 방법.

니까."

나는 허버트가 하는 말에 귀 기울였다. 그는 우울증 때문에 시큰둥하고 신랄하고 냉소적으로 세상을 보았다. 그가 자기에게는 위가 없다고 말했을 때 나는 그에게 "당신에게는 위가 있는 것 같은데요"라고 대꾸했다.

"선생도 다른 의사들처럼 머리가 어떻게 됐나 보군! 왜 정신병자들 병원에 정신이 이상한 의사들이 있는 게요? 하긴 정신이 이상한 의사들한테는 정신병원만 한 데가 없겠군."

일주일 내내 경관급식을 하는 도중 나는 허버트에게 이렇게 말했다. "다음 주 월요일 아침에는 당신에게 위가 있다는 걸 나한테 증명해야 할 겁니다."

"구제불능이구먼. 선생은 여기 다른 환자들보다 더 정신이 이상해요. 위도 없는 내가 위가 있다고 증명할 거라니."

월요일 아침, 나는 허버트에게 경관급식용 관을 끼웠다. 우유 반병, 크림 반 통, 날달걀, 베이킹소다, 식초, 대구간유 원액을 관에 흘려넣었다. 경관급식을 할 때는 위로 들어가는 관의 길이만큼 공기 기둥이 생긴다. 그래서 공기 기둥이 더 들어가지 않게 하려고 끊임없이 주입해야 한다.

나는 허버트에게 급식을 해주면서 공기 기둥 여러 개를 그의 위로 밀어넣었다. 그런 다음 관을 빼고 옆에 서서 기다리자, 허버트가 트림을 하면서 말했다. "썩은 생선이군."

내가 말했다. "당신이 그 말을 했어요, 허버트. 당신은 당신이 트림한 걸 알아요. 그게 썩은 생선인 것도 알고요. 위가 있어야 트림을 할 수 있는데, 당신은 트림을 해서 당신에게 위가 있다는 걸 나한테 증명했어요." 허버트는 계속 트림을 했다!

그가 내게 말했다. "선생은 자기가 똑똑한 줄 아시는군?"

나는 그의 말에 동의했다.

어느 날부터 허버트는 선 채로 잠을 잤다. 사람이 서서 잘 수 있는지는 몰랐지만, 아무튼 나는 허버트를 살펴보았다. 간호조무사들은 허버트가 격하게 저항하는 바람에 겁이 나서 침대에 눕히지 못하고 그냥 허버트가 하는 대로 내버려두었다. 나는 새벽 1시와 2시, 3시에 병동으로 내려가서 선 채로 깊이 잠든 허버트를 보았다.

나는 그에게 일주일 동안 매일 이렇게 말했다. "허버트, 당신은 누워서 잘 수 있다는 걸 내게 증명할 겁니다."

허버트가 말했다. "구제불능이구먼. 선생은 숱한 망상에 빠져 사시는군."

그다음 주에 나는 매일 허버트에게 목욕을 하는지, 아니면 샤워라도 하는지 물었다. 허버트는 내 질문에 몹시 모욕감을 느꼈다. 물론 그는 목욕을 하고 샤워를 했다. 누구든 정신이 온전히 박힌 사람이라면 목욕을 한다.

"대체 왜 그러쇼? 몰라서 묻는 게요?"

"그냥 물어본 거예요."

그가 말했다. "매일 물어봐야 됩니까?"

내가 말했다. "음, 그래야 해요. 당신은 누워서 잘 수 없다고 생각하고, 또 누워서 잘 수 있다는 걸 나한테 증명해야 하니까요.”

허버트가 말했다. “정말 구제불능이군.”

그래서 다음 주 어느 날 밤, 나는 허버트를 물 치료실로 데려가서 끊임없이 물이 나오는 욕조에 누우라고 했다. 캔버스 해먹이 달린 욕조였다. 몸에 바셀린을 바르고 누워서 욕조 위로 덮개를 덮은 뒤 머리만 덮개 위로 나오게 한다. 욕조에 누워 있으면 체온 정도로 따뜻한 물이 몸 위로 계속 흐른다. 이제 어떻게 되는가 하면, 잠이 든다! 달리 할 수 있는 게 없다.

이튿날 아침에 나는 허버트를 깨웠다. “허버트, 당신이 누워서 잘 수 있다는 걸 나한테 증명할 거라고 했잖아요.”

허버트가 말했다. “건방진 양반!”

내가 말했다. “그리고 당신은 침대에서도 잘 수 있어요.” 그 뒤로 허버트는 침대에서 잤다.

나는 그의 체중이 50킬로그램으로 늘자 이렇게 말했다. “허버트, 당신한테 관으로 음식물을 주입하는 데도 지쳤어요. 다음 주에는 당신이 이걸 직접 마실 겁니다.”

허버트가 말했다. “난 삼키지 못해요. 어떻게 하는지 몰라요.”

내가 말했다. “허버트, 다음 주 월요일에는 당신이 누구보다 먼저 식당 앞에 나와 있을 겁니다. 문을 쾅쾅 치면서 간호조무사들한테 ‘문 열어요!’라고 소리칠 겁니다. 우유와 물을 마시고 싶을 테니까요. 내가 테이블에 우유와 물을 갖다놓을 건데, 당신은 정말로 그걸 마시고 싶어 할 겁니다.”

허버트가 말했다. "선생은 진짜 구제불능이라니까! 거참, 안됐어. 젊은 사람이 병원에서 미친 작자들하고 같이 있더니, 이렇게나 어린데 완전히 정신이 나갔어."

나는 일주일 내내 그에게 식당 문을 쾅쾅 치면서 우유와 물을 마시고 싶다고 소리칠 거라고 말했다. 허버트는 내가 정말로 완전히 정신이 나갔다고 믿었다.

일요일 밤, 허버트가 침대에 들어갔다. 나는 간호조무사를 시켜서 허버트의 손과 발을 침대에 단단히 묶게 했다. 그리고 음식에 소금을 잔뜩 쳐서 관으로 주입했다.

한밤중에 허버트는 갈증을 느꼈다. 지독한 갈증이었다. 아침에 침대에서 풀려나자자마자 바로 식수대로 뛰어갔지만 물이 나오지 않았다. 급히 화장실로 뛰어들어가서 변기 물이라도 마시려고 했지만 물이 잠겨 있었다. 허버트는 식당 쪽으로 뛰어가서 문을 쾅쾅 두드리며 간호조무사에게 소리쳤다. "문 열어요! 그 물을 마셔야 돼요! 그 우유를 마셔야 돼요!"

그는 마셨다.

내가 병동으로 내려가자 허버트가 말했다. "선생은 자기가 똑똑한 줄 아시는군."

내가 말했다. "그 말은 전에도 했잖아요. 그때도 동의했고, 지금도 동의해요."

허버트는 우유와 수프를 마셨다. 그러나 단단한 음식은 삼키지 못한다고 저항했다. 체중이 52킬로그램까지 늘었을 때 내가 그에게 말했다. "다음 주에는 단단한 음식도 드실 겁니다."

허버트가 말했다. "선생은 내가 생각한 것보다 훨씬 더 미쳤어요. 나는 단단한 음식은 삼키지 못한다니까."

내가 말했다. "다음 주에는 드실 겁니다."

어떻게 허버트가 단단한 음식을 먹도록 했을까?

나는 허버트도 한때는 어린아이였다는 것을 알았다. 나 역시 어린아이였다. 누구나 한때는 어린아이였고 누구에게나 인간의 본성이 있다. 나는 그저 인간의 본성을 이용했을 뿐이다. 여러분이라면 어떻게 허버트에게 단단한 음식을 먹이겠는가?

나는 허버트를 테이블에 앉히고 음식이 가득 든 접시를 앞에 놓았다. 그런 다음 오른쪽에 상태가 심각한 환자를 앉히고, 왼쪽에도 역시 상태가 심각한 환자를 앉혔다. 둘 다 한 번도 자기 접시에 담긴 음식을 먹은 적이 없고, 언제나 남의 접시에 담긴 음식을 먹은 사람들이었다. 허버트는 그 앞에 놓인 접시가 그의 것이라는 걸 알았다. 그러나 음식을 계속 그의 것으로 만들려면 삼키는 수밖에 없었다! 허버트로서는 미치광이들이 그의 음식을 빼앗아 먹는 걸 두고볼 수 없었다! 이것이 인간의 본성이다.

허버트가 처음으로 단단한 음식을 먹은 뒤 나는 그에게 식사가 마음에 들었는지 물었다. 그는 이렇게 답했다. "마음에 들지는 않았지만 꼭 먹어야 했소. 내 거니까."

내가 말했다. "단단한 음식을 삼킬 수 있다고 말했잖아요."

그가 말했다. "선생은 자기가 똑똑한 줄 알지."

내가 말했다. "허버트, 또 그 소리네요. 전에도 그 말에 두 번 동의했잖아요. 아무튼 이번에도 또 동의합니다."

허버트는 내게 욕을 퍼부으면서 자리를 떠났다.

허버트가 54킬로그램이 됐을 때 내가 말했다. "허버트, 당신은 단단한 음식도 먹고 체중이 늘고 있어요."

허버트가 말했다. "꼭 먹어야 해서 먹는 거요. 먹지 않으면 선생이 나를 또 그 미친 작자들 사이에 집어넣을 테니까요."

"맞아요."

"입맛이 하나도 없어요. 삼켜야 하는 음식이 마음에 들지 않아요. 그래도 그 얼간이들이 뺏어 먹지 못하게 하려면 삼키는 수밖에 없지."

내가 말했다. "허버트, 당신에게도 정말로 입맛이 있고 당신도 정말로 배가 고프다는 걸 알게 될 겁니다. 자, 지금 로드아일랜드는 1월이에요. 날이 춥죠. 당신한테 옷을 제대로 입힐 겁니다. 그리고 점심도 싸주지 않고 병원 농장으로 보낼 거예요. 지름이 5미터쯤 되는 떡갈나무가 있는데, 그걸 베서 불쏘시개로 만드세요. 그러면 입맛이 돌아올 겁니다."

허버트가 말했다. "그런 건 딴 데 가서 알아보쇼."

내가 말했다. "아무리 그래도 온종일 점심도 못 먹고 농장에 나가 있을 거예요. 저녁에 돌아올 때는 배가 고프다는 생각이 들 테고요."

허버트가 말했다. "헛꿈 꾸지 마쇼."

나는 허버트를 농장으로 보낸 뒤 주방장에게 가서 이렇게 말했다.

"왈시 부인, 부인은 150킬로그램 넘게 나가시죠. 음식을 좋아하시고요. 자, 왈시 부인, 아침과 점심을 거르세요. 배고프게 놔두세요. 그런 다음 저녁은 부인이 좋아하는 음식으로 준비하면서, 갖가지 좋아하는 음식을 실컷 드시게 될 거라고 기대하세요. 그리고 아주 많이 너그러워지세요. 드실 수 있는 양의 두 배를 준비하세요. 식탁을 어디에 차릴지는 제가 알려드릴게요."

허버트가 농장에서 돌아왔다. 나는 그를 한구석으로 데려갔다. 그의 앞에 식탁이 있고, 식탁에는 두 사람분의 식사가 차려져 있었다. 식탁 한쪽에는 왈시 부인이 앉아 있었다. 허버트는 부인과 식탁을 보았다. 왈시 부인이 커다란 그릇 가득 음식을 내오더니 게걸스럽게 먹기 시작했다.

불쌍한 허버트. 입에 침이 고인 채 왈시 부인을 바라보고 있었다. 허버트는 왈시 부인이 먹는 모습을 지켜보면서 점점 더 허기를 느꼈다. 결국 그는 "나도 좀 먹어도 될까요?"라고 물었다.

부인이 말했다. "그럼요."

허버트는 먹었다. 배가 고팠기 때문이다.

우리 집에서 온 가족이 모여 저녁을 먹을 때, 내 딸들은 늘 밖에 나가 강아지들에게 뼈다귀를 주었다. 딸들은 항상 "강아지들이 뼈다귀 물어뜯는 모습을 보면 저도 입에 침이 고이고, 갈비를 뜯고 싶어지거든요"라고 말했다.

그날 밤 병동에서 허버트가 말했다. "선생은 정말로 똑똑해요."

내가 말했다. "이제 드디어 아셨군요! 자, 허버트, 내가 당신을 위해 할 일이 하나 더 있어요. 예전에 카드게임을 하셨는데, 병원에 1년 가까이 입원해 있으면서 한 번도 카드게임을 한 적이 없어요. 아무도 당신에게 카드게임을 하라고 설득하지 못했으니까요. 자, 오늘 밤에는 카드게임을 할 거예요."

허버트가 말했다. "정신이 더 나가셨군그래! 아예 가망 없는 양반이야."

내가 말했다. "당신에게는 가망이 있어요, 허버트. 당신은 오늘 밤 카드게임을 할 거예요."

허버트가 말했다. "그럴 리가 없다니까!"

그날 저녁, 키 크고 건장한 간호조무사 둘이 허버트를 양옆에서 잡고 정신적으로 심각하게 손상된 환자들이 둘러앉은 카드게임 테이블로 데려갔다. 한 명은 포커를 하고, 한 명은 브리지를 하고, 또 한 명은 피너클을 했다. 그들은 패를 돌리고, 각자 자기 차례가 오면 카드를 냈다. 한 사람이 이렇게 말했다. "그걸 가질게. 그럼 난 풀하우스야." 다른 사람이 말했다. "내가 으뜸패를 내지." 그 옆에 있는 사람은 이렇게 말한다. "그럼 내가 30점을 따는 거야." 그들은 쉬지 않고 카드게임을 했다.

허버트는 간호조무사들 사이에 낀 채로 테이블 옆에 서서 얼토당토않은 카드게임을 구경해야 했다. 드디어 허버트가 입을 열었다. "이 얼간이들한테서 벗어나게 해줘요. 여기서 나가게만 해주면 같이 포커를 쳐드리지. 이자들이 카드게임 하는 꼴은 도저히 봐줄 수가 없소."

그날 밤 나는 병동으로 가서 허버트가 카드게임 하는 걸 구경했다. 허버트가 말했다. "선생이 또 이겼소."

내가 말했다. "당신이 이긴 겁니다."

몇 달 뒤 허버트는 퇴원했다. 체중도 늘어서 80킬로그램까지 나가고, 듣자 하니 날마다 일도 한다고 했다. 내가 허버트에게 해준 거라고는 그의 증상을 바로잡아준 것뿐이었다. 그를 어떤 상황에 넣어주면 그가 스스로 증상을 바로잡았다.

───────

에릭슨은 정신병원의 원칙과 환경을 이용해서 환자들에게 뭔가 하고 싶게 만드는 방법을 소개한다.

주로 환자 자신의 언어를 따라 함으로써 상황을 고수하게 만들거나 허버트의 경우처럼 좀 더 복잡한 심리적 구속을 이용하는 원칙이 적용된다. 에릭슨은 허버트에게 그의 생각이 옳지 않다는 점을 입증했다. 허버트에게 트림을 하게 해서 그에게도 위가 있다는 것을 입증했다. 또 허버트를 끊임없이 물이 흐르는 욕조에 눕게 함으로써 서서만 잘 수 있는 게 아니라 누워서도 잘 수 있다는 사실을 입증했다. 그리고 허버트가 음료를 마시지 않으면 안 되게끔 만들어 음료를 달라고 간청하게 하는 방법으로 그가 음식물을 삼킬 수 있다는 사실을 증명했다. 허버트를 정신이 심하게 손상된 환자 두 명 사이에 앉히고, 그가 음식을 먹지 않으면 그들이 그의 접시에 담긴 음식을 빼앗아 먹게 함으로써 허버트가 자발적으로 단단한 음식을 먹을 수 있다는 사실을 증명했다. 또

한 왈시 부인을 허버트 앞에 앉혀 게걸스럽게 먹게 함으로써 하버트에게 식욕이 있다는 사실을 증명했다. 마지막으로 에릭슨은 정신적으로 심각하게 손상된 사람들이 카드게임 하는 장면을 허버트에게 보여줌으로써 카드게임에 대한 욕구를 불러일으켜 그에게서 "여기서 나가게만 해주면 같이 포커를 쳐드리지. 이자들이 카드게임 하는 꼴은 도저히 봐줄 수가 없소"라는 약속을 받아냈다. 에릭슨은 허버트에게 카드게임을 제대로 해보고 싶은 마음을 일깨워주었다. 달리 말하면, 허버트가 카드게임을 제대로 해보고 싶은 욕구를 자각한 것이다.

에릭슨은 다소 겸손하게 이렇게 요약한다. "내가 허버트에게 해준 거라고는 그의 증상을 바로잡아준 것뿐이었다. 그를 어떤 상황에 넣어주면 그가 스스로 증상을 바로잡았다." 실제로 에릭슨은 증상을 하나씩 바로잡으면서 허버트에게 음식에 대한 욕구뿐 아니라 삶에 대한 욕구가 있다는 사실을 깨닫도록 유도하는 행동 양식과 사고방식, 반응 양식을 일깨워주었다. 허버트는 일단 카드게임을 시작하자 어쩔 수 없이 타인과 소통하려는 사회적 감각과 욕구를 자각하게 되었다.

에릭슨은 어떻게 사람들을 그가 바라던 방식대로 반응하게끔 유도했을까? 허버트의 경우에는 일상적인 인간 반응—경쟁심과 모방 성향(게걸스럽게 먹는 사람과 같이 있을 때 식욕이 생기는 것처럼)—에 관련한 지식을 활용한 것으로 보인다. 더불어 '인지적' 접근법을 활용했다. 예컨대—트림을 하려면—반드시 위가 있어야 한다는 사실을 인지적으로 수긍하지 않을 수 없는 상황으로 허버트를 집어넣었다.

물론 허버트는 정신병원에서 치료를 받는 환자였다. 에릭슨이 허버트의 행동을 거의 절대적으로 통제할 수 있는 공간이다. 그러나 에릭슨은 심리적 구속을 활용하는 방법을 소개한다. 심리적으로 구속할 때도 육체적 구속과 마찬가지로 원하는 결과가 나올 수밖에 없는 상황으로 환자를 몰아넣는다. 이 사례에서 허버트는 어려운 상황에 직면할 때마다 예상대로 반응했다. 에릭슨은 당구를 칠 때 공을 어디로 보낼지 미리 말하고 치는 방식으로 접근했다. 그러면 환자는 자신을 돕는 치료자의 능력에 깊은 인상을 받을 것이다.

에릭슨은 허버트를 치료하면서 증상을 한 번에 하나씩 다룬다. 처음에는 비교적 지엽적인 증상부터 시작해서, 일단 변화가 나타나기 시작하면 더 중요한 증상으로 넘어간다. 매번 앞서 성공한 사실을 바탕으로 성공을 예측한다.

선한 영향력 행사하기

✛

긍정적 결과를 위해 상황을 조종하는
16가지 이야기

"모든 정신치료의 긍정적 가치는
한 인간이 타인을 만난 뒤 변화할 줄 아는 능력에 기반을 둔다."

1980년 12월 7일, '에릭슨식 최면과 심리치료 접근법에 관한 국제회의'의 기조연설에서 제이 헤일리는 이렇게 말했다.

"에릭슨은 사실 권력을 자유자재로 다룰 줄 아는 분입니다. 다들 아시다시피 권력에 문제가 있다고 여기던 시대가 있었지만, 에릭슨의 시각은 달랐습니다. 에릭슨은 권력을 차지하거나 이용하기를 마다하지 않았습니다. 언젠가 에릭슨이 어느 전문가 모임에 있을 때 '그 모임에 권력이 없어서 내가 차지했다'고 말씀하시던 기억이 납니다. 에릭슨이 기꺼이 권력을 차지하고 이용한 걸 보면 그분이 자애로운 분이라 천만다행이라는 생각이 듭니다. 그가 자신의 힘을 파괴적인 목적으로 썼다면 매우 불행한 사태가 벌어졌을 테니까요. 에릭슨은 자애로울 뿐 아니라 진료실 안팎에서 한결같이 사람들을 도와준 분이었습니다. …… 저는 그분의 윤리의식이나 자애로운 마음을 의심해본 적도 없고, 그분이 남을 이용해서 사적인 영리를 추구할까 봐 걱정한 적도 없습니다."

에릭슨이 짓궂은 장난을 좋아한 사실을 감안할 때 그의 '자애로운 태도'를 염두에 두어야 한다. 보통 짓궂은 장난이라고 하면 적대감을 얄 팍하게 위장하는 표현 방식이지만, 에릭슨 집안에서는 장난의 '희생자' 가 '가해자'만큼 즐거워한다. 희생자는 피해를 입지 않으며, 때로는 누 가 희생자인지를 놓고 논쟁이 벌어지기도 한다. 에릭슨의 장난은 적대 감에서 비롯되거나 적대감을 표출하는 수단으로는 보이지 않는다.

열 번째 수업에 나오는 이야기는 계획한 목적을 달성하기 위해 상황 을 '설정'하는 방식의 본보기다. 사례에 나오는 짓궂은 장난과 유쾌한 이야기는 에릭슨의 치료 계획의 원형으로 보인다. 에릭슨은 치료할 때 도 농담하거나 장난칠 때처럼 미리 결과를 알았다. 환자는 결과를 몰 랐지만. 에릭슨은 목표-환자의 '병적'이거나 자기 파괴적인 반응을 '건강'하거나 건설적인 반응으로 바꾼다는 목표-를 정하고 치료를 시 작했다. 그는 치료자로서 목표를 달성하기 위해 상황을 조종한다. 환자 의 호기심과 동기를 유지하고 더 부추기기 위해 다양한 기법-도전, 호 기심 자극, 견제 전술, 유머-이 도입된다.

에릭슨의 장난에서 본질적인 요소는 적대감이 아니라 놀람이다. 환 자들은 치료받으면서 '처방'뿐만 아니라 자신의 반응에 놀랄 때가 많았 다. 농담을 들을 때 긴장이 고조되었다가 반전이 나오면서 순간적으로 안도하듯이, 환자도 에릭슨에게서 명쾌한 처방을 듣고 안심한다.

에릭슨은 충격과 놀람이 경직된 사고방식을 깨뜨리는 데 도움이 된 다고 보았다. 놀람을 꼭 세련되게 전달해야 하는 건 아니다. 내가 처음 에릭슨을 찾아가서 대화를 나눌 때였다. 그가 갑자기 서랍을 열더니 조그만 세발자전거용 경적을 꺼냈다. 그는 공 모양의 경적을 삑, 삑, 삑,

서너 번 꾹 누르면서 "놀람은 늘 도움이 되지"라고 말했다. 그때는 어린 아이 같은 행동으로만 보였을 뿐, 내게 별다른 영향을 주는 것 같지 않았다. 그러나 돌이켜보면 그런 장난은 내가 최면 상태로 들어가서 그의 암시에 반응하도록 전반적인 분위기를 조성하는 데 도움이 된 것 같다. 그러니까 끊임없이 나의 평정심을 깨트리고, 내가 떠올리려고 하던 어린 시절의 기억을 불러내는 데 필요한 어린 시절의 요소를 끌어낸 것이다.

다음의 첫 번째 이야기에 나오는 '조종'이라는 말은 흔히 '지배'나 '효과적인 행동'이나 '관리'를 뜻할 때 쓰인다.

한편 미래에 대한 긍정적인 태도는 우울증이나 강박사고를 치료하는 데 가장 좋은 접근법이다. 더 나아가 농담이나 장난이 절정에 이를 때 유쾌함을 기대하고 세월이 흐르면 성장하리라는 것을 기대하는 태도 또한 치료에 도움이 된다.

이야기 1
조종한다는 것

내가 환자들을 조종한다는 비난을 들으면 나는 이렇게 응수한다. 모든 엄마는 아기를 조종한다. 자식이 살기를 바란다면 말이다. 우리는 가게에 갈 때마다 점원이 우리의 주문에 따르도록 조종한다. 식당에 가면 웨이터를 조종한다. 학교 선생님은 학생들이 읽고 쓰는 법을 배우도록 조종한다.

사실 인생은 하나의 거대한 조종이다. 최후의 조종으로 우리는 영면에 든다. 이것도 조종이다. 사람들이 관을 내리고 밧줄을 꺼내야 한다. 모두 조종이다.

우리는 연필을 조종해서 글을 쓰고 생각을 기록한다. 그리고 스스로를 조종해서 플랜터스Planters* 땅콩이나 담배나 라이프세이버스Life Savers**를 가지고 다닌다. 내 딸은 라이프세이버스를 '민트페퍼 맛 세이퍼라이프스'라고 불렀다. 또 나비butterfly를 'flutterby'라고, 수박watermelon을 'melonwater'라고 불렀다. 그 딸은 지금 임신해서 댈러스에 산다.

나는 딸에게 보내는 편지에 아기 이름을 짓는 건 어렵지 않다고 적었다. 아들이면 '댈러스'라고 지으면 되었다. 딸이면 '앨리스'라고 불러도 되었다. 사위가 텍사스에서는 중간 이름을 넣어야 한다고 말했다. 사위는 아기에게 '빌리-루빈'이라는 이름을 지어주고 싶어 했다. 빌리루빈bilirubin이 무슨 뜻인가? 담즙 아닌가! 하긴 '헤모글로빈Hemo Globin'이라고 하지 않은 게 어딘가.

───────

에릭슨은 누구나 모든 상황에서 반드시 조종해야 한다고 강조했다. 폴 바츨라비크는 《변화의 언어The Language of Change》에서 "인간은 영향을

---
* 미국의 견과류 브랜드.
** 미국의 사탕 브랜드

끼치지 않는 게 불가능하다"고 지적했다. 모든 의사소통은 반응을 불러일으키므로 역시 조종이다. 따라서 효과적이고 적절하고 건설적으로 조종하는 편이 낫다. 에릭슨은 이렇게 짧은 이야기로 우리가 태어나서 죽을 때까지 조종하는 사례를 제시한다. 그리고 새로운 생명의 탄생을 말하면서 다시 원점으로 돌아오며, 이런 순환이 계속 이어진다. 에릭슨은 어릴 때 말장난을 즐기던 딸 록시에게 아기 이름을 지을 때도 장난스럽게 단어를 조작할 수 있다고 일깨워준다. 그는 또한 딸에게, 그리고 우리에게 어린 시절의 장난기와 자연스러움을 잃어서는 안 된다고 말한다.

에릭슨은 치료자들에게 이야기를 설정하는 방식을 가르치며 이렇게 말했다. "내가 학생들에게 가르치는 것이 하나 있다. 저마다 좋은 작가로 꼽는 작가의 신간을 구하라. 마지막 장章을 먼저 읽어라. 그리고 바로 앞 장의 내용을 추측하라. 가능한 모든 방향으로 추측하라. 대체로 추측이 틀릴 것이다. 그 장을 다 읽고 그 앞 장을 읽어라. 좋은 책을 골라서 마지막 장부터 시작해 거꾸로 읽어나가면서 끊임없이 추측한다."

에릭슨은 이 방법이 이야기를 설정하는 법뿐만 아니라 자유롭게—모든 방향으로—추측하는 법을 배우는 데도 효과적이라고 말했다. "그리고 경직된 사고방식을 깨뜨리는 아주 유용한 방법이기도 하다."

에릭슨은 이야기를 통해 독자들이 각자 목표를 정하고 목표를 달성하기 위한 전략을 세울 수 있다고 암시한다. 다음에 소개하는 그의 아들 버트의 이야기에서는 에릭슨 집안사람들이 짓궂은 장난을 얼마나 좋아하는지 엿볼 수 있다. 장난의 유쾌한 요소와 에릭슨의 재미있는 전달력 덕분에 버트의 이야기는 삶을 낙관적이고 흥미진진한 눈으로 바라보는 세계관의 전형을 보여준다.

이야기 2
새벽 3시에 찾아온 불청객

아들 버트가 내 아내의 친척들이 사는 캘리포니아의 펜들턴 부대로 전출됐을 때의 일이다. 우리는 버트가 언젠가는 그중 몇 집을 방문할 줄 알았다.

어느 날 새벽 3시, 녹초가 된 버트가 도로변에 있는 어떤 집의 문을 두드렸다. 바깥주인이 현관에 나와보니 젊은 해병이 서 있었다. 해병은 이렇게 말했다. "실례합니다. 이 댁 부인께 전해드릴 말씀이 있는데, 부인을 불러주시겠습니까?"

남자가 말했다. "나한테 말하면 안 됩니까?"

버트가 말했다. "부인께 온 전갈입니다. 부인을 불러주시면 제가 전해드리겠습니다."

버트는 부엌으로 들어가서 그 남자의 아내에게 말했다. "부인, 고속도로를 따라 걸어서 펜들턴 부대로 돌아가는 길에 문득 저희 어머니가 생각났습니다. 어머니가 보고 싶고 어머니가 타주시던 코코아 생각이 간절해졌지요. 제가 누군가에게 어머니의 코코아 만드는 법을 알려주면 어머니도 기뻐하실 것 같습니다. 제 어머니 비법대로 코코아를 타볼게요."

주인 남자는 속으로 계속 생각했다. '경찰을 불러야 하나, 의사를 불러야 하나, 헌병을 불러야 하나?'

버트는 코코아를 타면서 이런저런 세상 돌아가는 이야기를 늘어놓았다. 코코아가 거의 다 준비됐을 때, 버트가 말했다. "자제분이 있습니까, 부인?"

부인이 말했다. "네, 딸 셋이에요."

"따님들은 몇 살입니까, 부인? 아, 어리군요. 코코아는 자라나는 아이들에게 좋습니다. 아이들을 내려오라고 해서 저희 어머니가 타주신 것과 똑같은 코코아를 맛보라고 해주시겠어요?"

부인은 어린 세 딸을 불러왔고, 버트는 아이들을 위해 잠시 광대 짓을 하느라 등 뒤로 스푼을 들고 코코아를 저었다. 아이들을 즐겁게 해주는 일이라면 뭐든 다 했다. 그리고 코코아를 따라 한 모금 맛보고는 길게 한숨을 내쉬면서 "아, 맞아요. 어머니가 타주신 코코아랑 맛이 똑같아요. 어머니가 너무 보고 싶네요."

"어머니는 어디 사시는데요?"

"디트로이트에 계세요. 어머니와 어머니의 코코아가 무척 그립군요."

"어머니 존함이 뭔가요?"

"엘리자베스예요."

"성이 어떻게 되냐고요."

"부인, 제 어머니는 성 앞에 중간 이름이 있어요."

"어머니의 중간 이름이 뭔데요?"

"유피미어예요."

그러자 부인이 말했다. "엘리자베스 유피미어? 이런, 당신 성이 뭔데요?"

"에릭슨이에요, 애니타 누나."

1년쯤 지나서 우리가 캘리포니아에 사는 버트의 사촌 애니타를 방문했을 때, 그들 부부가 들려준 이야기다.

이야기 3
경찰서장에게 운전 허가증을 요청하다

버트는 열아홉 살 때 미시간에서 살았다. 우리는 피닉스에서 살았다. 버트가 편지에 이렇게 썼다. "차를 한 대 사고 싶은데, 제가 미성년자라서 서류에 서명을 받아야 해요."

나는 답장에 이렇게 적어 보냈다. "버트, 솔직히 말해서 나는 네가 차를 구입하도록 허가증에 서명해줄 수 없구나. 내가 책임질 수 없으니까. 나는 애리조나주에 살고 너는 미시간주에 살잖니. 자, 미시간에는 인구가 꽤 많지. 분명 네게 서명해줄 만한 평판이 좋은 분을 찾을 수 있을 게다."

그 뒤 버트는 어떤 사람의 사무실에 이렇게 적어 보냈다. "저는 아직 열아홉 살인데 차를 구입하고 싶습니다. 아버지가 애리조나에 계셔서 허가증에 서명해주실 수 없습니다. 귀하께서 대신 서명해주시면 감사하겠습니다."

그 남자가 말했다. "자네, 제정신인가?"

버트가 말했다. "네. 진지하게 생각해주십시오. 제가 정신이 똑바로 박힌 사람이라는 걸 아실 겁니다."

남자가 말했다. "그렇군, 자네는 제정신이야. 서류를 이리 주게." 그는 앤 아버의 경찰서장이었다!

버트는 주차할 때 한 치의 오차도 없이 차를 똑바로 세워야 하고 제한속도를 시속 800미터만 초과해도 안 된다는 사실을 잘 알았다. 버트가 처음 차를 몰고 디트로이트로 들어갔을 때 교통경찰이 버트를 불러 세우고는 이렇게 말했다. "그래, 자네가 버트 에릭슨이군. 자네 차를 대번에 알아봤지. 버트 에릭슨이 어떻게 생겨먹은 녀석인지 봐서 기쁘군."

그 후 버트는 친구들을 차에 태우고 미시간 북부로 갔다. 뒤에서 오토바이를 탄 순찰경관이 사이렌을 울리자 버트는 차를 갓길에 세웠다. 버트의 친구가 "너 뭐 잘못한 거 있어?"라고 물었다. 버트는 "없어"라고 답했다.

순찰경관이 차 옆으로 다가와서 말했다. "그래, 자네가 버트 에릭슨이군. 자네 차를 대번에 알아봤지. 경찰서장한테 서명을 받아낸 녀석이 어떻게 생겼나 보고 싶었거든."

───────────

버트는 운전 허가증을 받으려는 상대가 바로 그가 규정을 충실히 지키지 않으면 허가증을 박탈해갈 만큼 힘 있는 인물이라는 사실을 잘 안다. 버트는 법을 어기지 않겠다는 확신을 당당히 밝히고 경찰서장에게 허가증을 얻으려 할 만큼 대담하다.

이 이야기에서 전하는 메시지는 권위를 두려워할 필요가 없다는 것이다. 목표를 달성하기 위해 권위를 끌어들이거나 이용할 수 있다. 권위는 효과적인 접근에 즉각 반응한다.

또 하나의 메시지는 사람들은 변칙적이거나 특이한 방식으로 접근해올 때 긍정적으로 반응한다는 것이다. 버트를 막아 세운 경찰들은 버트가 그들의 최고 권위자에게 접근한 사실에 어리둥절해했다. 변칙적인 접근은 주의를 끈다. 더욱이 특이하게 접근할 때는 종종 사회에서 세워둔 기존의 장벽을 뛰어넘을 수 있다. 이를테면 면허증을 따는 과정에서 불필요한 절차를 생략할 수 있다. 정신내적 차원에 적용해보면 '내면의 권위'에 접근하여 일종의 거래를 성사시킴으로써 우리가 평정심이나 신경증 구조를 유지하기 위해 설정한 제약을 뛰어넘을 수 있다.

이야기 4
비밀스러운 친구

6월의 어느 날, 버트가 미시간에서 우리에게 편지를 보냈다. 편지 말미에 "이만 줄일게요. 델로리스를 만나야 해요"라고 적혀 있었다. 버트는 항상 비밀이 많은 아이라, 델로리스가 누구냐고 묻지 않는 편이 나았다.

우리는 일주일에 한 번쯤 델로리스에 관해 한 줄씩 언급한 편지를 받았다.

"덜로리스와 저녁을 먹었어요" "덜로리스에게 들르려고요"라는 식이었다. 버트는 밀워키에 사는 내 아버지에게도 비슷한 편지를 계속 써 보냈는데, 아버지도 묻지 않는 편이 낫다는 것을 알았다.

8월에 버트는 "덜로리스 사진 몇 장 보내드려야겠네요"라고 편지에 적었다. 할아버지에게도 같은 내용을 적어 보냈다. 그래서 우리는 기다렸다. 9월에는 우리에게 이런 편지를 보냈다. "할아버지 할머니도 덜로리스를 좋아하시면 좋겠어요. 아버지 어머니는 분명 좋아하실 거고요. 할아버지 할머니께 덜로리스를 보여드릴 방법을 알아냈어요. 추수감사절 만찬에 할아버지 댁에 가려고요."

자, 버트가 아주 근사한 선물을 준비했다. 버트는 사팔눈을 뜨고 안짱다리로 서서 두 팔을 몸에 딱 붙이고는 보는 이에게 짜증을 불러일으키는 바보 같은 미소를 지었다. 그런 꼴로 몹시 추운 추수감사절 새벽 한 시에 밀워키에 나타난 것이다.

버트가 안으로 들어가자 할아버지가 물었다. "덜로리스는 어디 있냐?"

버트는 아까보다 더 바보 같은 표정으로 말했다. "덜로리스를 비행기에 태우느라 애를 먹었어요. 옷을 입지 않았거든요. 밖에 있어요!"

"왜 밖에 있게 하니?"

할머니는 "목욕 가운을 가져오마"라고 말했다. 할아버지는 "넌 가서 그 아가씨를 데리고 들어와"라고 말했다.

버트는 한눈에도 무거워 보이는 커다란 상자를 들고 들어왔다. "비행기에 태우려면 이렇게 하는 수밖에 없었어요. 덜로리스가 옷을 제대로 입지 않아서요."

"상자를 열어라, 애야."

버트는 상자를 열었고, 그 안에는 덜로리스가 있었다. 칠면조 한 마리와 거위 한 마리가. 둘 다 이름이 덜로리스였다. 할아버지와 할머니는 덜로리스를 마음에 들어했다! 6월부터 꾸민 장난이었다!

에릭슨 집안사람들은 절대 믿지 마시길.

이야기 5
데이트 신청 받아내는 법

내 딸 크리스티가 열다섯 살이었을 때 노스하이 고등학교에서 열리는 농구 시합을 보러 갔다. 웨스트하이 고등학교 학생이던 크리스티는 유치원 때부터 알고 지내는 마지라는 친구와 함께 갔다.

크리스티는 그날 집으로 돌아와 내게 이렇게 말했다. "오늘 밤 농구장에서 누굴 봤게요? 윗동네에 살던 남자애 하나가 이사를 가서 그 애가 어떻게 됐는지 제가 종종 궁금해했던 거 기억나세요? 그 애가 노스하이 졸업반이더라고요. 학교 대표선수 표창을 세 개나 받았고 성적도 좋대요. 이제 제가 할 일은 그 애가 저한테 데이트 신청을 하게 만들고, 처음부터 다 자기 생각이라고 믿게 만드는 거예요."

나도 그 아이를 똑똑히 기억했다. 크리스티는 농구 시합에 세 번 다녀온 뒤 내 방에 들어와 이렇게 말했다. "제프는 아직 모르겠지만,

내일 오후에 저한테 전화해서 데이트 신청을 할 거예요."

나는 온 신경이 전화기에 가 있었다. 크리스티도 마찬가지였다. 토요일 오후, 전화벨이 울리고 제프가 크리스티에게 데이트를 신청했다. 나는 크리스티가 어떻게 한 건지 알아내려고 참을성 있게 기다렸다. 성급하게 다그쳐서는 안 된다. 그래서 잠시 기다렸다가 이렇게 물었다. "그래, 어떤 작전을 펼쳤냐?"

크리스티가 말했다. "마지가 수줍음이 많아서 제프한테 저를 소개해주지 못했어요. 그래서 다음 농구 시합 때 제가 제프를 찾아가서 '너는 날 모를 거야'라고 말했더니, 그 애가 저를 아래위로 훑어보면서 '그래, 모르겠는데'라고 했죠. 그래서 제가 '난 에릭슨 집안 딸들 중 하나야. 내가 누굴까?'라고 말했어요."

제프는 크리스티를 살펴보고는 "크리스티"라고 답했다.

크리스티가 말했다. "그래 맞아. 오랜만에 다시 만나서 반갑다." 그러고는 "가서 마지를 찾아봐야겠어" 이렇게 말한 뒤 그대로 와버렸다. 상대가 더 갈구하게 만드는 고전적인 수법으로, 크리스티는 제프가 더 묻기 전에 자리를 뜬 것이다. 제프가 더 캐물으려 했지만 크리스티는 벌써 가고 없었다.

다음번에 크리스티는 사람이 많은 곳에서 다른 소년과 진지하게 대화를 나누고 있는 제프를 발견했다. 크리스티는 둘이 무슨 이야기를 나누는지 엿들을 만큼 가까이 몰래 다가갔다가 감쪽같이 사라졌다. 그리고 나중에 제프가 어슬렁거릴 때 크리스티는 아까 그 소년에게 다가가 같은 문제로 대화를 시작했다. 자기를 소개하지도 않은 채

밑도 끝도 없이 말이다. 어떤 문제였든 간에 그들은 그냥 그 문제를 논의했다.

세 번째 농구 시합에서 크리스티는 그 소년을 찾아내서 다시 이야기를 들어주었다. 제프가 다가오자 그 소년이 말했다. "이봐 제프, 소개할 사람이 있어. 아 참, 우리도 아직 통성명을 안 했구나." 그러자 크리스티가 제프에게 "네가 소개해줘야 할 것 같은데"라고 말했다.

그때가 바로 내 딸이 집에 와서 나한테 제프가 "내일 오후에 전화로 데이트 신청을 할 거예요"라고 말한 날이었다.

─────────────────

크리스티는 제프가 호기심을 품을 만큼만 교묘하게 정보를 흘리고 접촉하면서도 속 시원히 정보를 내주지 않았다. 제프는 더 갈구하게 되었다. 크리스티는 제프에게 그의 친구이자 그가 존중하는 친구이며 크리스티에게 호감을 느끼는 티가 역력한 친구를 자기한테 소개해주도록 만든다. 제프는 당연히 어린 시절 크리스티와 얽힌 훈훈한 기억을 떠올리는 동시에 크리스티를 새로운 관점으로, 곧 친구이기도 하고 젊은 남자에게 매력적인 여자로 보게 된다. 제프의 질투심과 경쟁 본능이 자극된다. 그래서 크리스티는 제프가 조만간 전화하리라고 확신한 것이다.

그런데 에릭슨은 왜 "그들은 그냥 그 문제를 논의했다" 같은 문장을 끼워넣었을까? 청소년 둘이 나누는 대화로는 어울리지 않는 표현이다. 어쩌면 환자나 독자가 각자의 '문제'를 이 이야기에 대입할 여지를 남겨놓은 것은 아닐까?

이야기 6
예기치 못한 교사의 호통

내 딸 베티 앨리스가 어느 학교에서 교사 계약서에 서명할 때 그 학교 이사진은 숨죽이고 지켜보았다. 베티 앨리스가 서명을 마치자 그들은 안도의 한숨을 내뱉었다. 베티 앨리스는 그들이 왜 그러는지 의아했다. 그리고 얼마 안 가 그 이유를 알았다. 사실 바로 눈치챘다.

베티가 가르치는 반은 열다섯 살짜리 소년범들로 구성된 반이었는데, 학생들이 모두 법적으로 학교를 그만둘 수 있는 열여섯 번째 생일을 기다리고 있었으며 전과가 많았다. 한마디로 심각한 소년범들이었다. 그중 한 학생은 30번 넘게 체포되고 두 번이나 경찰관을 폭행했다. 더구나 그는 187센티미터에 100킬로그램의 거구였다. 지난 학기에 그 학생은 어느 여교사에게 "존슨 선생, 내가 선생을 때리면 어떻게 할 거요?"라고 시비를 걸었다. 그 교사가 정답을 말하지 못했는지, 그 학생은 교실에서 교사를 입원할 지경이 될 때까지 마구 때렸다.

베티 앨리스는 속으로 이렇게 말했다. '저 불쌍한 애가 언제 나한테 시비를 걸어올지 궁금하군. 난 157센티미터에 46킬로그램이야.' 오래 기다리지 않아도 되었다.

베티는 공원에서 자전거를 타다가 그 학생과 마주쳤다. "거기서 어마어마한 거인이 비열한 미소를 짓고 있기에 제가 의아한 표정으로 크고 파란 눈을 부릅떴어요. 그 애가 제 앞에 멈춰 서서 묻더군요. '내가 선생을 때리면 어떻게 할 거요?'라고요."

불쌍한 녀석. 베티는 그에게 성큼성큼 두 걸음 다가가 으르렁거렸다. "오, 그래. 어디 한번 덤벼봐. 그럼 널 죽여버릴 테니까!" 그 학생은 지극히 단순한 질문을 던졌고, 베티는 지극히 단순하게 답했다. "어디 덤벼보라니까. 널 죽여버릴 테니. 당장 꺼지지 못해!"

그 학생은 새끼 고양이처럼 작은 여자가 그렇게 거칠게 으르렁대는 걸 본 적이 없었다. 그는 화들짝 놀란 얼굴로 주저앉았다. 베티가 그 학생을 깔아뭉갠 것이다. 그 뒤로 그 학생은 다른 누구도 베티를 괴롭히지 못하게 막았다. 그 학생은 베티에게 든든한 보호자가 되어주었다. 아주 멋진 일이었다. 베티가 아주 멋지게 해냈다.

예기치 못한 행동은 언제나 유용하다. 절대 예측 가능한 대로 행동해서는 안 된다.

이야기 7
조그만 닥스훈트와 덩치 큰 셰퍼드

키가 152센티미터도 안 되는 제자 하나가 나를 찾아와 자기가 정당하게 행동한 건지 물었다.

어느 날 저녁 그녀는 조그만 닥스훈트를 데리고 산책을 나갔다. 그런데 덩치 큰 독일 셰퍼드가 으르렁거리며 골목을 따라 내려오더니 그녀와 강아지를 향해 산 채로 잡아먹기라도 할 듯 짖어댔다. 내 제자는 강아지를 안고 악을 쓰며 셰퍼드를 야단쳤다. 셰퍼드는 비굴한 눈을 하고 뒤돌아서 집으로 뛰어갔다. 예기치 못한 방식으로 행동하면 상대의 사고방식에 지각변동이 일어난다.

이야기 8
뜬금없는 말 몇 마디

어제 나는 옛 제자에게서 편지 한 통을 받았다. 제자는 편지에 이렇게 적었다.

"제가 편집증 환자 하나를 맡았습니다. 그 환자는 줄곧 자기 생각만 말하고 싶어 합니다. 환자의 주의를 끌어보려고 해봤지만 불가능했습니다. 그래서 전혀 뜬금없는 얘기를 생각해내어 이렇게 말했습니다. '아뇨, 저도 간을 먹는 건 싫어요.' 환자가 멈칫하더니 고개를 저으면서 '전 닭을 좋아해요'라고 말했습니다. 그 뒤로 환자가 그의 진짜 문제를 이야기하기 시작했습니다."

예상치 못한 일은 언제나 사고의 흐름, 행동의 추이를 탈선시킬 수 있으므로 적극 활용해야 한다.

학부와 의대에 다닐 때, 인턴으로 일할 때, 교수가 나를 질책하려 할라치면 나는 늘 밑도 끝도 없이 바보 같은 질문이나 이야기를 꺼내 교수의 주의를 돌리곤 했다. 그해 여름에 교수가 이렇게 말을 꺼냈다. "에릭슨, 내가 탐탁지 않게 생각하는 건 말야……."

"저도 눈을 좋아하지 않습니다." 내가 말했다.

그러자 교수가 말했다. "자네 무슨 소리 하는 건가?"

내가 말했다. "눈이요."

"무슨 눈?"

"아주 놀라운 사실이 있어요. 눈송이는 어느 하나도 똑같지 않다는 거예요."

치료자는 언제든 뜬금없는 말 몇 마디를 준비해야 한다. 그리고 환자가 아무 상관도 없는 이야기를 끝없이 늘어놓을 때 그런 대화의 흐름에서 끌어내야 한다. 몇 가지 전혀 무관한 말로 탈선시켜라. 예를 들면, "무슨 생각을 하시는지 압니다. 나도 기차를 좋아해요" 같은 말이 있다.

─　─────────

에릭슨은 늘 환자가 아니라 치료자인 그가 직접 상담 시간을 통제하려 했다. 카렌 호나이는 언젠가 이렇게 말했다. "환자가 치료자를 찾는 이유는 신경증을 치료하기 위해서가 아니라 스스로를 완성하기 위해서다." 환자가 상담 시간에 어떤 상황이 벌어지도록 스스로 결정하게 둔다면, 백이면 백, 무의식중에 치료에 도움이 되는 방향으로 변하지 않으려고 무슨 수를 써서라도 버틴다. 따라서 환자가 스스로에게 도움이 되지 않는 길에 서 있다면 치료자는 환자를 그 길에서 끌어내려 좀 더 건설적인 방향으로 이끌어가야 한다.

이야기 9
달갑잖은 사위를 대비하는 보험

우리 집안사람들은 남에게 상처를 주지 않는 유형의 장난을 무척 좋아한다. 이런 장난은 오래도록 흐뭇하게 기억된다.

내 아들 랜스가 앤 아버의 학생 무도회에서 매력적인 여학생을 발견하고는 그녀에게 다가가 데이트를 신청했다. 그 여학생은 랜스에게 온화하면서도 단호하게 말했다. "거절할게. 정식으로 사귀는 친구가 있거든."

랜스가 말했다. "아, 그런 건 전혀 상관없어."

"그래도 거절할래."

한 달 뒤 랜스는 지난번 그 여학생을 보고 춤추는 그녀에게 다가가 데이트를 신청했다. 그녀가 말했다. "전에도 한번 물어봤잖아. 그때도 거절했고 지금도 거절이야."

랜스가 말했다. "그러니까 이 문제를 오스카 식당에서 의논해야 한다는 뜻이군."

여학생은 정신 나간 사람을 보듯 랜스를 쳐다보았다.

그러나 랜스는 철저히 조사했다. 어느 토요일 오후에 랜스는 친한 친구를 데리고 간호학과 기숙사 응접실로 들어갔다. 그 여학생은 거기서 남자친구와 다정하게 놀고 있었다. 랜스가 그녀에게 다가가 말했다. "쿠키! 나의 제일 친한 친구, 딘을 소개할게." "딘, 이쪽은 내 사촌 쿠키. 다만 진짜 사촌은 아니고. 불륜으로 맺어진 절반만 사촌이야. 밖에서는 이런 얘기 잘 안 해." 그리고 랜스는 이렇게 물었다. "조지 삼촌 다리 부러지신 건 언제?"

그 여학생은 미시간 북부에 사는 조지 삼촌의 다리가 부러진 걸 알았다.

이어서 랜스는 이렇게 물었다. "넬리 이모가 지난여름에는 딸기 통조림을 얼마나 만드셨대?" 그 여학생은 넬리 이모라는 분이 취미로 딸기 통조림을 만드는 걸 알았다. 그리고 랜스는 "비키는 고등학교에서 대수학을 잘하고 있대?"라고 물었다. 쿠키는 비키가 고등학교 수업을 따라가느라 힘들어한다는 사실을 잘 알았다.

그러다 랜스는 여학생의 남자친구가 입을 벌리고 눈이 튀어나올 듯 부릅뜨고 앉아 있는 걸 보았다. 랜스가 말했다. "너 쿠키 알아? 내 이름은 랜스야. 쿠키하고는 사촌 간이긴 한데, 진짜 사촌은 아니고 불륜으로 맺어진 절반만 사촌이야. 밖에서는 이런 얘기 잘 안 해." 다음으로 랜스는 딘을 돌아보고 "딘, 이 친구를 저녁식사에 데려가지 그래?"라고 말했다.

그러자 딘이 쿠키의 남자친구에게 다가가 팔을 둘렀다. 랜스는 쿠키를 돌아보고 말했다. "집안일에 관해 전할 얘기가 많아."

그 뒤로 우리는 쿠키를 오래 알았지만 쿠키는 한 번도 언성을 높인 적이 없다. 쿠키는 차분하고 다정하고 심지가 굳은 사람이었다. 그때 쿠키가 랜스에게 이렇게 말했다. "나도 너한테 할 얘기가 많아." 쿠키는 어느새 둘이 식당으로 들어간 사실을 깨닫지 못했다.

둘이 약혼할 때 쿠키가 랜스의 사진을 달라고 해서 랜스는 쿠키에게 사진을 주었다. 내가 발가벗은 어린 랜스를 찍은 사진이었다.

어느 날 랜스가 쿠키에게 말했다. "쿠키, 이제 정말 너희 부모님을 만나야겠어."

쿠키가 말했다. "오, 오, 오, 오. 그래야지."

어느 날 오후 네 시, 멀끔하게 차려입은 한 청년이 서류가방을 들고 쿡 씨네 뒤뜰로 들어가서 "쿡 선생님, 선생님과 보험 얘기를 나누고 싶습니다"라고 말했다. 랜스는 말솜씨가 좋았다. 그는 번개 보험, 토네이도 보험, 생명 보험, 사고 보험, 자동차 보험에 관해 상담해줄 수 있다. 4시 45분쯤 쿡 부인이 뒤뜰 베란다로 나와 남편에게 "식사하세요"라고 말했다.

랜스는 쿡 씨를 돌아보며 목소리를 낮추어 이렇게 말했다. "저기, 제가 집밥을 먹어본 지가 언제인지 모르겠어요. 사모님께서 저를 위해 접시 하나 더 놔주실 것 같은데요. 집밥 먹을 생각에 기분이 좋군요."

그들은 안으로 들어갔고, 랜스는 이렇게 말했다. "쿡 부인, 제가 집밥을 먹어본 지가 까마득합니다. 남편분께서 식탁에 접시 하나 더 올려도 괜찮다고 하셔서요. 한 끼 감사히 먹겠습니다."

식사하는 내내 랜스는 온갖 이야기를 늘어놓았다. 음식이 나올 때마다 칭찬을 아끼지 않았다. 쿡 부인은 쿡 씨에게 눈을 흘겼다. 식사가 끝날 때 랜스가 감사의 뜻을 표하고 이렇게 말했다. "보험 상품이 하나 더 있습니다. 이건 두 분이 가입하고 싶어 하실 겁니다. 달갑지 않은 사위를 대비하는 보험 상품이거든요!"

1980년에 내가 랜스와 쿠키에게 이 사건을 물어봤을 때, 둘 다 기억하고 있었다. 랜스는 마지막에 반전의 한마디를 꺼내자 쿡 씨가 빙그레 웃으면서 쿠키를 돌아보며 "이런, 고얀 것!"이라고 말한 기억이 난다고 했다.

랜스가 쿠키를 유혹해서 결혼할 수 있다고 자신만만해했듯이 에릭슨은 쿠키의 부모가 랜스의 부탁을 들어줄 거라고 확신하고도 남았다. 마찬가지로 에릭슨은 자신의 치료법이 성공을 거둘 거라고 확신했다. 이런 자신감은 단지 희망사항이 아니라 오랜 시간의 경험과 세심한 관찰, 공들여 준비한 과정을 바탕으로 한다.

다음에 소개하는 사례는 이런 계획으로 얻은 몇 가지 결과를 잘 보여준다. 에릭슨은 짓궂은 장난을 계획할 때처럼 아주 철저하게 일을 꾸몄다.

이야기 10
우리 절름발이들

의대생들이 3주 동안 내 강의를 듣고 유머를 잘 구사하는 내 성향을 파악했다. 그래서 나는 그들에게 이렇게 말했다. "다음 주 월요일 아침, 제리 자네가 4층으로 올라가서 엘리베이터 문을 잡고 있게. 토미 자네는 계단 위에서 1층을 내려다보고 서 있게. 내가 계단을 오르는 모습이 보이면 제리에게 신호를 보내서 엘리베이터를 놓아주게 하고, 샘 자네는 1층에서 엘리베이터 버튼을 누르게. 그리고 다음 월요일 아침에 에릭슨 박사가 학생들에게 장난칠 거라는 소문을 퍼뜨리게."

학생들은 소문을 잘 퍼뜨렸다. 다음 월요일, 의족을 한 남학생을 포함해서 학생들이 모두 와 있었다. 의족을 한 학생은 대학교 1학년 때는 아주 사교적이고 활달하고 누구에게나 친근한 학생이었다. 2학년 때는 모두 그를 좋아하고 그도 모두를 좋아했다. 언제나 사람들과 잘 어울렸다. 모범생이어서 모든 이에게 존중받고 호감을 샀다. 그러다 2학년 때 상대편 잘못으로 자동차 사고를 당하는 바람에 다리 하나를 잃었다. 의족을 달자 그는 침울하고 예민해졌다.

학과장은 내게 그 학생이 침울하고 예민하긴 해도 여전히 좋은 학생이라면서 그가 사람들에게 호감을 잃은 사연을 들려준 뒤, 이제는 그가 아무에게도 인사를 받지 않고 아무하고도 인사를 나누지 않으며 그저 책만 들여다보고 도통 남에게 관심을 보이지 않는다고 말했다. 나는 몇 주 정도 강의에 익숙해질 때까지 시간을 주면 그 학생을 책임지겠다고 학과장에게 말했다.

그 주 월요일, 제리가 엘리베이터를 열어놓고 토미는 계단 맨 위에 서 있고 학생들 전원은 7시 30분에 1층에서 나를 기다리고 있었다. 나는 날씨 얘기를 꺼내고 디트로이트 뉴스에 관해 이런저런 이야기를 나누고는 이렇게 말했다. "자네는 엄지가 어떻게 됐나, 샘? 힘이 없어? 엘리베이터 버튼 좀 누르지."

"눌렀는데요."

"자네 엄지가 너무 약해서 두 개로 눌러야 하나 보군."

"두 개로도 눌러봤는데 빌어먹을 수위가 양동이랑 대걸레를 가지고 내려오느라 엘리베이터를 잡아놓고 있나 봐요."

나는 잠시 이야기를 나누고는 샘에게 말했다. "버튼을 다시 누르게."

샘은 내가 시키는 대로 했다. 엘리베이터가 내려오는 소리는 들리지 않았다. 마침내 7시 55분에 나는 의족을 한 학생을 돌아보며 이렇게 말했다. "우리 절름발이들은 절뚝이면서 올라가고 엘리베이터는 신체 건강한 친구들에게 양보하세나."

'우리 절름발이들'은 다리를 절뚝거리며 이층으로 오르기 시작했다. 토미가 제리에게 신호를 보냈고, 샘이 버튼을 눌렀다. 사지 멀쩡한 친구들은 엘리베이터를 기다렸다. 우리 절름발이들은 계속 절뚝거리며 이층으로 올라갔다. 강의가 끝날 무렵 의족을 한 학생은—새로운 정체성으로—다시 사람들과 어울렸다. 그는 '우리 절름발이들'로 교수 사회의 일원이 된 것이다. 나는 교수였으며, 다리가 안 좋다. 그 학생은 자신을 나와 동일시했고, 나는 그와 동일시했다. 그렇게 해서 그 학생은 새로운 정체성을 얻었고 모든 외향적인 성향을 되찾았다.

대개 준거기준을 바꾸기만 해도 뭔가 성취할 수 있다. 이 사례에서 공범까지 동원해 치밀하게 계획을 세우는 과정은 마술사가 마술 공연

을 위해 준비하는 작업과 비슷하다. 그리고 장난에 이르기까지의 준비 과정과도 비슷하다.

이야기 11
백지 보고서

중요한 치료는 문제가 아무리 커 보여도 대개 지극히 단순하게 이루어질 수 있다.

어느 해던가 의대에 새 학과장이 들어왔다. 그는 나를 학과장실로 불러 이렇게 말했다. "새로 온 학과장입니다. 제자를 하나 데려왔는데, 이 친구가 아주 보석 같은 친구예요. 제가 만난 제자들 중 가장 명석하거든요. 특히 병리학에 천부적인 재능이 있어요. 병리학을 잘 이해하고 현미경 슬라이드에 관심이 많지만, 정신과 의사를 모두 싫어해요. 게다가 아주 날카로운 독설가예요. 빠져나갈 구멍도 없이 상대를 몰아붙이면서 모욕감을 주거든요. 상대를 화나게 만들려고 온갖 기회를 다 이용하지요."

내가 말했다. "걱정 마세요, 학과장님. 제가 알아서 해보겠습니다."

학과장은 이렇게 말했다. "그럼 교수님이 그 학생을 감당하는 최초의 인물이 되실 겁니다."

나는 첫날 강의실에서 내 소개를 하면서 내가 의대의 여느 교수들과는 좀 다르다고 말했다. 다른 교수들은 자기네 전공이 의대에서 가장 중요한 줄 알지만, 나는 좀 달랐다.

나는 그들처럼 터무니없이 생각하지 않았다. 다만 우연히 내 전공이 가장 중요하다는 사실을 알았을 뿐이다. 학생들도 이런 내 생각을 꽤 호의적으로 받아들였다. 그리고 나는 말했다. "정신의학에 조금만 관심이 있어도 읽을 수 있을 만한 참고문헌을 50권쯤 알려주지. 또 관심이 많은 사람들이 참고로 읽을 만한 책도 60권가량 소개하겠네."

다음으로 나는 모든 학생에게 정신의학 강의 계획서에 관한 보고서를 작성해서 다음 주 월요일에 제출하라고 지시했다.

다음 월요일, 정신의학을 싫어하는 그 학생이 과제를 제출하는 줄에 끼어 있었다. 한 사람씩 과제를 검사받았다. 그 학생은 빈 종이를 내밀었다.

내가 말했다. "자네 보고서를 읽어보지 않아도 두 가지 실수가 눈에 띄는군. 우선 날짜를 적지 않았고, 서명을 하지 않았어. 그러니 다음 월요일에 다시 제출하게. 그리고 서평은 병리학에서 슬라이드를 판독하는 것과 같다는 사실을 명심해."

그리고 나는 평생 받아본 서평 중에서 가장 훌륭한 서평을 받았다.

학과장이 이렇게 말했다. "도대체 어떻게 이교도를 기독교도로 개종시키셨습니까?"

나는 학과장을 완전히 놀라게 만들었다.

에릭슨이 빈 종이를 받아들고 자기를 모욕하려는 시도로 생각할 수

도 있지만, 그는 늘 "절대 모욕으로 받아들이지 말라"고 강조한다. 에릭슨은 그 학생의 행동을 모욕으로 받아들이지 않는 식으로 학생을 놀라게 했으며, '두 가지 실수'를 지적하면서 권위자의 지위를 고수했다. 그리고 학생에게 서평과 병리학 슬라이드 판독 사이의 유사성을 발견하도록 유도함으로써 교수법의 기본 원칙 몇 가지, 곧 동기를 불러일으키고 새로 학습한 내용과 기존에 학습한 내용을 연결하는 원칙을 적용했다. 에릭슨은 빈 종이도 서평으로 간주하면서 '환자에게 참여하라'는 원칙을 직접 예시했다. 문자 그대로 동일한 원칙이 적용되는 사례가 다음에 나온다.

이야기 12
선생님, 그런 짓 하면 못써요

어느 날 우스터 병원 원장이 이렇게 말했다. "제발 누가 루스를 다룰 방법을 찾으면 좋겠어요."

나는 예쁘고 자그마하고 애교가 넘치는 열두 살 소녀 루스에 대해 알아보았다. 누구든 루스를 좋아하지 않기란 어려웠다. 품행도 아주 바른 아이였다. 그런데 간호사들은 새로 간호사가 들어오면 하나같이 "웬만하면 루스한테서 떨어져요. 옷을 찢어발기고, 팔다리를 부러뜨릴 거예요!"라고 경고했다.

새 간호사들은 귀엽고 왠지 마음이 끌리는 열두 살 소녀 루스에 대한 경고를 믿지 않았다. 게다가 루스는 새 간호사들에게 이렇게 간청했다. "오, 가게에서 아이스크림이랑 사탕 좀 사다 주시면 안 될까요?"

간호사가 사다 주면 루스는 사탕을 받아 들고 귀엽고 상냥하게 고맙다고 말하고는, 단 한 번의 무술 동작으로 간호사의 팔을 부러뜨리거나 옷을 찢거나 정강이를 걷어차거나 간호사에게 달려들었다. 루스에게는 평범하고 틀에 박힌 일상이었다. 루스는 그런 행동을 즐겼다. 그리고 시시때때로 벽에서 회반죽을 뜯어내는 것도 좋아했다.

어느 날 내게 호출이 왔다. "루스가 또 난리를 피워요." 병동으로 가봤더니 루스가 벽에서 회반죽을 뜯고 있었다. 나는 침대보를 찢어 발겼다. 그리고 루스가 침대를 부수도록 도왔다. 루스가 창문을 깨는 것도 도와주었다. 아주 추운 날이었다. 나는 이렇게 제안했다. "루스, 벽에서 증기난방 조절장치를 뜯어내고 파이프를 비틀어 떼자." 그리고는 바닥에 앉아서 세게 잡아당겼다. 우리는 파이프에서 조절장치를 뜯었다. 실은 병동으로 오기 전에 병원 기술자에게 미리 일러둔 참이었다.

나는 병실을 둘러보고 이렇게 말했다. "여기는 더 부술 게 없네. 다른 방으로 가자."

그러자 루스가 말했다. "이런 짓을 해도 정말 괜찮으세요, 에릭슨 선생님?"

내가 말했다. "그럼! 재미있잖아, 아냐? 난 재밌는데."

복도를 지나 다른 방으로 가는 길에 간호사 한 명이 서 있었다. 우리가 간호사와 나란히 서게 되자 나는 간호사에게 다가가 간호사복을 찢었고, 간호사는 속옷 차림으로 서 있어야 했다.

루스가 말했다. "에릭슨 선생님, 그런 짓 하면 못써요." 루스는 급히 방으로 들어가 찢어진 침대보를 가져와 간호사를 덮어주었다.

그 뒤로 루스는 착한 아이가 되었다. 사실 나는 루스에게 그녀가 어떻게 행동하는지 그대로 비춰준 것이다. 물론 그 간호사는 노련한 간호사로, 나만큼이나 그 사건을 흥미롭게 받아들였다. 다른 간호사들은 모두 겁을 먹었다. 나머지 직원들도 내 행동을 무서워했다. 나는 내 행동이 옳다고 생각했고, 원장만 거기에 동의했다.

그 후 루스는 병원을 탈출해서 임신하고 출산하고 아기를 입양 보내는 것으로 내게 앙갚음을 했다. 그리고 제 발로 병원으로 돌아와 아주 착실한 환자로 지냈다. 2년 뒤 루스는 퇴원하겠다고 요청하고 나가서 웨이트리스로 일하다가, 한 청년을 만나 결혼하고 아기를 가졌다. 듣자 하니 아이 둘을 낳고 행복하게 살고 있다고 했다. 루스는 좋은 엄마이자 선량한 시민이 되었다.

환자는 종종 잘못된 행동에 충격을 받을 수 있다. 신경증 환자이건 심각한 정신병 환자이건 마찬가지다.

이야기 13
지각생 앤의 힘

내가 웨인 주립대학교 의과대학에서 교수로 있을 때 두 가지 특별한 사건이 벌어졌다. 고등학교 시절부터 모든 수업에 지각하던 여학생 하나가 내 강의에 들어왔다. 그 학생은 교무실로 불려가면 매번 상냥한 얼굴로 다음부터는 반드시 제시간에 맞춰 오겠다고 약속하며 진심으로 사과했다. 고등학교에서 모든 수업에 지각하면서도 전 과목 A학점을 받았는데, 지각할 때마다 진지하게 용서를 구하고 꼭 지킬 것처럼 약속을 남발했다.

그 학생은 대학에 들어와서도 모든 강의에 지각하고 강사와 교수에게 야단을 맞았다. 그리고 매번 상냥하고 진지하게 용서를 구하면서 앞으로 더 잘하겠다고 약속하고는, 계속 다시 지각했다. 그 학생은 대학에서도 전 과목 A학점을 받았다.

그 학생은 의과대학에 가서도 모든 수업, 모든 강연, 모든 실험에 늦었다. 동료 학생들은 그 학생이 지각해서 자신들을 실험실에 붙잡아둔다는 이유로 호되게 질책했다. 그러면 그 학생은 쾌활하게 사과하고 약속했다.

의과대학 교수진 중 나를 잘 아는 어떤 사람이 내가 그 대학의 교수로 임명된 것을 알고 이렇게 말했다. "그 학생이 에릭슨 교수님 강의에 걸릴 때까지 기다리자! 대폭발이 일어날 거다! 엄청난 폭발이 될 거야!"

강의 첫날 나는 8시 강의를 위해 7시 30분에 학교에 도착해서 지각생 앤을 포함해 모든 학생을 기다리고 있었다.

8시가 되자 모두 줄지어 강당으로 들어왔는데, 그때 앤은 없었다. 강당에는 사방으로 통로가 나 있었다. 뒤쪽에도 통로가 있고, 서쪽으로도 통로가 있었다. 학생들은 내 강의에 집중하지 않았다. 모두 입구만 지켜보고 있었다. 나는 개의치 않고 강의를 시작했고, 20분 늦게 살며시 문이 열리더니 앤이 들어왔다. 학생들이 일제히 고개를 돌려 나를 보았다. 그들은 내 수신호에 따라 일어섰다. 다들 내 언어를 알아들은 것이다.

앤이 문을 열고 들어와 강당 앞을 가로질러 뒤로 중간쯤 올라가서 가운데 통로에 있는 자리로 가서 앉을 때까지 나는 앤에게 경례했다. 강당에 있던 학생들도 모두 앤에게 묵묵히 경례했다. 강의가 끝나자 모든 학생이 황급히 강당을 빠져나갔다. 앤과 내가 맨 마지막으로 강당을 나섰다. 나는 디트로이트의 날씨 얘기 따위의 한담을 나누었다. 우리가 복도를 따라 걸어가는 동안 학교 잡역부가 앤에게 조용히 경례하고, 학부생 몇이 복도를 걸어오면서 조용히 경례하고, 학과장이 학과장실에서 나와 경례했다. 학과장실 비서도 나와서 경례했다. 가엾은 앤은 온종일 묵묵히 경례를 받아야 했다. 이튿날—그리고 그 후로도 계속—앤은 맨 먼저 강의실에 나타났다. 앤은 학과장의 질책과 교수들의 꾸중은 감당해왔지만, 말없이 경례하는 데는 버티지 못한 것이다.

———

다른 강사와 교수들은 앤을 징계하고 행동을 바꾸려 한 반면, 에릭슨은 앤의 힘에 경의를 표하는 식으로 접근했다. 경례는 존경의 표현이다. 에릭슨은 앤이 자신의 힘을 정반대로 발휘하게끔 유도했다. 앤이 이 점을 이해할 수 있을 때, 그 힘을 어떻게 건설적으로 사용할지 판단할 수 있었다.

다른 사람들은 앤을 말로 통제하려고 시도했지만, 앤은 말로는 통제 당하지 않는다는 것을 보여주었다. 에릭슨은 비언어적으로 접근했으며, 덕분에 앤은 그녀가 스스로에게 상처를 주는 방식으로 통제력을 사용한다는 사실을 자각했다. 언제나 그렇듯 변화의 힘은 그녀 안에 있었다. 에릭슨은 변화가 일어날 수 있는 상황을 설정해준 것이다.

에릭슨의 태도에는 어떤 상황에든 예리하게 대처할 수 있다는 자신감이 엿보인다. 그는 대결해야 할 상황이 닥치면 단호하게 대결할 수 있다는 것을 알았다. 친근하게 대응해야 하는 상황에서는 친절할 수 있었다. 예리하게 대응해야 하는 상황에서는 예리할 수 있었다. 잠재의식 차원에서 에릭슨이 우리에게 보내는 메시지는 어떤 상황에도 대처할 수 있다는 자신감이다. 누구나 자유롭게 이런 자신감에 공감하고, 더 굳건히 자기주장을 펼칠 수 있다.

이야기 14
아는 체하는 간호사의 질병

어느 간호사가 나를 찾아왔다. 나는 그녀를 조금 알았다. 그녀는 아는 체하는 부류였다. 의사에게 이래라저래라 참견하는 통에 여기저기서 해고당하고 이 병원 저 병원을 전전했다. 그녀는 의사에게 진단과 처치를 일러주기까지 했다.

그런 그녀가 나를 찾아와서 히스테리구* 때문에 목에 덩어리가 잡히고 몹시 고통스럽다고 호소했다. 내가 증상을 자세히 설명해달라고 하자 그녀는 통증을 설명했다.

나는 내 나름의 결론을 내고 이렇게 말했다. "당신에게는 히스테리구가 없어요. 십이지장 끝부분에 궤양이 하나 있지요."

그 간호사가 말했다. "말도 안 되는 소리예요."

내가 말했다. "아뇨, 맞습니다."

"궤양이 없다는 걸 증명해드리죠." 그녀는 방사선과 세 군데를 돌아다녔는데, 세 곳 모두에서 내 진단이 옳다는 확인을 받았다. 그녀는 씩씩거리면서 다시 나를 찾아와 이렇게 말했다. "선생님 말씀이 맞네요. 제 눈으로 엑스레이를 확인했는데, 모두 일치하더군요. 전 어떻게 해야 할까요?"

내가 말했다. "당신은 아르메니아 사람이죠. 양념이 강한 음식을 좋아하고요. 당신 여동생이 날마다 전화해서 길게 통화한다고 하셨죠? 조카딸도 매일 전화해서 한참 통화하고요. 여동생과 조카딸한테서 오는 전화를 끊으세요. 두 사람 모두 당신 위에 통증을 일으키니까요. 그리고 식사를 즐기세요."

한 달 뒤 그 간호사가 세 군데 방사선과에서 새로 찍은 엑스레이를 가져왔다. 궤양의 흔적이 말끔히 사라졌다. 나는 맛있게 식사하고, 여동생과 조카딸의 전화를 끊으라고 조언했을 뿐이다.

---

* 실제로는 아무것도 없는데 목 안에 뭐가 걸려 있는 듯한 느낌이나 목 안이 조이는 느낌이 들며, 뱉어도 아무것도 나오지 않고 침을 삼켜도 넘어가지 않는 듯한 증상.

그 간호사는 입버릇처럼 "이건 삼킬 수 없어, 저건 삼킬 수 없어"라고 말했다. 그래서 스스로 히스테리구라고 진단한 것이다. 그녀가 통증을 설명하는 말을 잘 들어보면 분명 십이지장 궤양이라는 것을 알 수 있었다. 그녀는 내가 틀렸다고 확신했지만, 방사선과 세 곳에서는 내가 옳다고 확인해주었다.

———————————

의사에게 상사처럼 굴던 이 '아는 체하는' 간호사는 이상하게도 여동생과 조카딸에게는 자기주장을 펼치지 못했다. 에릭슨은 직접 자기주장의 모범이 되는 태도를 보여주었다. 사실 이 사례에서 에릭슨은 직접 '아는 체하는' 태도를 취하면서 환자의 오만함에 접근하는 것으로 보인다. 꼭 이런 식으로 접근해야 이 환자가 방향을 잡도록 설득할 수 있다고 판단한 것 같다. 내가 직접 치료 장면을 참관한 린다라는 환자의 경우, 에릭슨은 그녀에게 스쿼피크 산에 오르라고 지시했다. 린다는 처음에 에릭슨의 지시를 거부했다. 그러던 어느 날, 에릭슨이 학생 10여 명과 만나고 있을 때 린다가 강의실 문을 두드렸다. 그녀는 에릭슨이 지시한 대로 스쿼피크 산에 올랐다고 보고했다. 지시대로 결과를 보고하러 에릭슨을 찾아온 것이다. 에릭슨은 아무 설명도 없이 그녀의 말을 무시했다.

린다가 떠난 뒤, 학생들은 에릭슨이 왜 린다에게 스쿼피크 산에 오르라고 지시했는지 관심을 보였다. 린다가 '자신의 감정과 접촉하기를' 원해서였을까? 놀랍게도 그의 대답은 '린다가 나한테 굴복하게 만들기 위해서'였다.

에릭슨은 치료자가 치료를 진두지휘하는 것이 중요하다고 자주 강조했다. 그는 적어도 한 가지 구체적인 영역에서조차 환자에게 복종을 받아낼 수 없다면 치료를 지속할 이유가 없다고 여긴다. 간호사의 사례에서 에릭슨은 간호사가 그의 제안에 따라 실제로 여동생과 조카딸의 전화를 끊었는지 알아야 했다.

이야기 15
내년 일은 내년에 생각하고

어느 해에 나는 10에이커*의 땅에서 잡초를 뽑으면서 여름 한철을 보냈다. 그해 가을, 아버지는 그 땅을 갈고 식물을 이식하고 봄에 다시 땅을 갈고 그 땅에 귀리를 심었다. 귀리가 아주 잘 자라서 우리는 풍작을 기대했다. 그해 늦여름의 어느 목요일 저녁, 우리는 귀리가 얼마나 잘 자라는지, 언제쯤 수확할 수 있는지 보려고 밭에 나갔다.

아버지가 귀리를 한 자루씩 살펴보고는 이렇게 말했다. "얘들아, 에이커당 33부셸bushel** 나오는 수준의 풍작이 아닐 것 같아. 적어도 100부셸은 나올 것 같구나. 다음 월요일에는 거둬들일 수 있겠어."

우리는 귀리가 1000부셸 정도면 돈으로 얼마가 될지 기분 좋게 계

---

* 약 1만 2000평.
** 곡식이나 과일의 중량. 1부셸은 27.2킬로그램.

산하면서 집으로 돌아왔다. 그런데 비가 부슬부슬 내리기 시작했다. 비는 목요일 밤새 내리고, 금요일 온종일 내리고, 금요일 밤새 내리고, 토요일 온종일 내리고, 토요일 밤새 내리고, 일요일 온종일 내리고, 월요일 이른 새벽에야 겨우 그쳤다. 물속을 걸어서 밭으로 가보니 땅이 온통 평평했다. 똑바로 서 있는 귀리는 한 포기도 없었다.

아버지가 이렇게 말했다. "귀리가 싹이 날 만큼이라도 익으면 좋겠구나. 그러면 올가을에 쇠여물 먹일 풀은 나올 테니까. 내년 일은 내년에 가서 생각하고."

진정 미래 지향적인 태도이고, 농사를 지을 때 반드시 갖춰야 할 자세다.

───

이런 주제—내일은 내일의 태양이 떠오를 테고, 무슨 일이 벌어지든 세상이 끝나는 것도 아니고, 아무리 납작하게 무너져도 새로 성장하고 새로 시작할 기반이 다져진다는 주제—는 에릭슨의 이야기에 흔히 나온다. 이런 자세는 영감의 중요한 원천이며, 특히 자기 연민에 대한 효과적인 해결책이다.

이야기 16
사라지세요, 아버지

아들 랜스가 내 진료실에 들어와 이렇게 말했다. "저는 영원히 강낭콩 기둥 같을까요?" 랜스는 호리호리하고 키가 크고 깡마른 아이였다.

내가 말했다. "넌 청소년기에는 강낭콩 기둥으로 살 운명이야. 그래도 언젠가 내 진료실에 들어와 재킷을 건네면서 '사라지세요, 아버지'라고 말할 날이 올 게다."

어느 날 랜스가 진료실에 들어와 씩 웃으면서 내게 재킷을 건네고는 "사라지세요, 아버지"라고 말했다. 나는 아들의 재킷을 입어보았다. 소매가 아주 길었다. 재킷 소매가 내 손을 다 덮었고, 어깨도 아주 넓었다.

에릭슨은 부정적으로 보이는 자질을 이용해서 긍정적인 측면을 지적한다. 그는 모든 부정성에서 긍정성을 발견할 수 있다. 누구든 좋은 치료자라면 이렇게 할 것이다. 에릭슨은 단지 남보다 더 잘 찾아낼 뿐이다. 그래서 에릭슨은 강낭콩을 아버지보다 더 큰 키로 재구성하고, 그러면 기분이 좋아질 거라고 판단한다. 랜스는 아버지보다 더 키가 커져서 아버지가 그의 재킷 속에서 사라질 날을 손꼽아 기다릴 수 있었다.

제프리 지그는 내게 에릭슨이 언제나 목표를 세운다고 말했다. 지그는 이렇게 말했다. "어느 날 내가 선생님을 찾아가 뜬금없이 '선생님은 목표가 무엇입니까?'라고 물은 적이 있어. 에릭슨 선생님은 망설임 없이 '록시의 아기를 보는 거야'라고 대답하시더군. 선생님은 내가 무슨 뜻으로 던진 질문인지 정확히 꿰뚫어보셨던 게야. 눈 하나 깜박이지 않으셨지. 나는 선생님이 미래의 어떤 일을 말씀하실 줄 알았어. 선생님은 미래를 긍정적으로 보시니까. 집착이 아니라 나방을 끌어들이는 빛과 같은 거지. 선생님이 목표에 집착하는 게 아니라, 목표가 저 밖에서 선생님을 끌어당기는 거야."

나의 작은 아이에게

✛

삶의 가치관을 정립하는
9가지 훈육 이야기

"자식들이 스스로 뭔가를 깨우치지 않았다면
평생 나와 함께 살지 못했을 걸세."

이야기 1

꼭 그래야 하는 건 아니란다

어느 일요일, 우리는 모두 신문을 보고 있었다. 크리스티가 엄마에게 다가가 신문을 잡아채서 바닥에 내던졌다. 엄마가 말했다. "크리스티, 그건 좋은 행동이 아니야. 신문을 주워서 엄마한테 가져오렴. 엄마한테 잘못했다고 말하고."

"꼭 그래야 하는 건 아니에요." 크리스티가 말했다.

가족 모두 크리스티에게 똑같은 조언을 하고 똑같은 대답을 들었다. 그래서 나는 베티에게 크리스티를 안고 들어가 침대에 눕히라고 말했다. 나는 침대에 누웠고, 베티가 크리스티를 내 옆에 눕혔다. 크리스티는 부아가 난 듯 나를 노려보았다. 크리스티가 급히 빠져나가려 했지만 내가 발목을 잡았다.

크리스티가 "놔줘요!"라고 말했다.

내가 말했다. "꼭 놔줘야 하는 건 아니지."

네 시간 동안 그 상태였다. 크리스티는 발로 차고 버둥거렸다. 얼마 안 가서 한쪽 발을 뺐지만 내가 다른 쪽 발을 잡고 있었다. 필사적인 싸움이었다. 두 거인이 벌이는 침묵의 싸움 같았다.

네 시간이 지나자 크리스티는 패배를 인정하고 이렇게 말했다. "신문을 집어서 엄마한테 갖다드릴게요."

여기가 바로 변화가 시작되는 지점이다. 내가 말했다. "꼭 그래야 하는 건 아니야."

크리스티는 머리를 굴리더니 이렇게 말했다. "제가 신문을 집어요. 그걸 엄마한테 갖다드려요. 엄마한테 잘못했다고 말해야 해요."

내가 말했다. "꼭 그래야 하는 건 아니래도."

크리스티는 다시 완전무장을 하고 말했다. "제가 신문을 집어요. 신문을 집고 싶어요. 엄마한테 잘못했다고 말하고 싶어요."

내가 말했다. "좋다."

10년 뒤, 두 딸이 엄마에게 소리를 질렀다. 나는 딸들을 불러 이렇게 말했다. "저 카펫에 서거라. 엄마한테 소리 지르는 건 썩 잘한 일이 아닌 것 같구나. 거기 서서 잘 생각해보고 너희도 나하고 같은 생각인지 알아보렴."

크리스티가 말했다. "전 여기에 밤새 서 있을 수 있어요."

록시가 말했다. "엄마한테 소리 지르는 건 썩 잘하는 일이 아니니까 가서 죄송하다고 말할래요."

나는 계속 원고를 썼다. 한 시간 뒤 크리스티를 돌아보았다. 한 시간만 서 있어도 지치게 마련이다. 나는 다시 고개를 돌리고 한 시간 더 글을 썼다. 그리고 다시 돌아보며 말했다. "시곗바늘도 아주 천천히 움직이는 것 같네." 반 시간 뒤 내가 또 돌아보고 말했다. "네가 아까 엄마한테 한 말은 참 어리석은 말 같아. 엄마한테 소리 지르는 건 아주 어리석은 짓이라고 생각해."

이 말이 끝나자 크리스티는 내 무릎에 쓰러지면서 "저도요"라고 말하고는 흐느꼈다.

10년 동안—두 살부터 열두 살까지—아이를 벌주지 않고 키웠다. 그 뒤로 열다섯 살에 한 번 더 훈육하고, 그게 다였다. 단 세 번.

에릭슨은 《가족 과정Family Process》에 실린 〈안전한 현실 인지The Identification of Secure Reality〉라는 논문에서 "현실과 안전, 그리고 경계나 제약의 정의는 아동기의 이해력 발달에서 중요한 고려사항이다. ……작고 나약하고 똑똑한 아이가 지적으로나 정서적으로 요동치는 확실하지 않은 세계에 살 때, 진실로 강하고 확실하고 안전한 것을 배우고자 한다"라고 말했다.

에릭슨은 크리스티가 '항복'한 뒤 바로 중단할 수도 있었지만 크리스티가 "그러고 싶어요"라고 말할 수 있을 때까지 밀어붙였다. 그러자 크리스티는 "꼭 그래야 한다"고 말하다가 "그러고 싶다"고 말을 바꾸었다. 사회적으로 바람직한 행동을 내면화한 것이다. 이 이야기에서 에릭슨은 양심이나 초자아의 발달을 어느 누구보다도 간결하게 설명했다.

에릭슨은 또한 일찍부터 '경계와 제약을 정의'하는 것이 중요하다고 강조했다. 이처럼 아주 어릴 때 '강하고, 확실하게' 훈육한 덕분에 크리스티에게는 15년에 걸쳐 두 번만 더 훈육하면 되었다. 초기의 교육이 제대로 이루어진 것이다.

이야기 2
일요일에 하는 토요일 수업

어느 의대생이 토요일 수업에 출석하는 것을 자꾸 잊어버렸다. 그는 매주 토요일 아침에 일어나 밖으로 나가 골프를 치면서, 토요일도 수업일이라는 사실을 번번이 잊었다. 내 수업에 들어오기 전까지는 말이다.

나는 그 학생에게 일주일은 7일이고 토요일에는 수업이 있다고 설명한 다음, 토요일 말고 정규 수업일이 아닌 일요일에 수업을 하면 앞으로는 토요일이 수업일이라는 점을 기억할 거라고 말했다.

나는 이렇게 말했다. "내일 아침, 그러니까 일요일 오전 8시에 여기서 32킬로미터 떨어진 웨인카운티 병원으로 와서 내 진료실에서 나를 기다리게. 혹시 내가 몇 분 늦더라도 내가 자네를 잊은 줄로 오해하지는 말게. 잊지 않을 테니까. 그러니까 그냥 남아서 과제를 하고, 과제를 다 하면 오후 4시에 집으로 돌아가도 되네."

사실 나는 그 학생에게 이렇게 말한 일을 잊었다. 그리고 그 학생은 4시까지 온종일 내 진료실에 앉아 있었다.

그는 다음 주 일요일 오전 8시에 내 진료실로 왔으며, 내게 제발 약속을 기억해달라고 간청했다. 나는 또 잊었다.

세 번째 일요일에 나는 그에게 흥미로운 환자들을 인터뷰할 기회를 주었다. 그 학생은 흥미로운 환자들에게 빠져, 4시가 돼도 집에 가고 싶어 하지 않았다. 그래서 5시까지 남아 있었다. 그리고 두 번 다시 토요일 수업을 잊지 않았다.

————

여기서도 '꼭 그래야 하는 건 아니란다' 이야기와 같은 원칙이 적용된다. 다만 서로 처지가 바뀌었을 뿐이다. 학생이 토요일 수업에 나오는 것을 잊어버린 탓에 에릭슨은 매주 일요일 약속한 만남에 나가는 것을 '잊어버린다.'

에릭슨이 나타나지 않는데도 왜 그 학생은 일요일마다 아침 8시에 32킬로미터를 달려가 꼬박꼬박 출석했을까? 우리는 짐작만 할 수 있을 뿐이다. 아마 그 학생은 에릭슨에게 개별적으로 수업에 나오라고 지목받아서 기뻤을 것이다. 아마 에릭슨의 '처방'에서 '시련'의 측면이 그의 흥미를 끌었을 것이다. 다른 환자들과 학생들도 분명 에릭슨의 시련을 이행하는 편이었다. 어쨌든 에릭슨은 마지막에 그 학생에게 인터뷰하기 좋은 흥미로운 환자 몇 명을 소개하는 식으로 보상해줌으로써 시련을 긍정적인 경험으로 만들었다. 나중에 그 학생은 토요일 수업에 나올 수 있었다. 아마 에릭슨과의 긍정적인 만남이 더 생길 것으로 기대하면서 수업에 나오고 싶어 했을 것이다.

규율이 처벌이나 보복의 방식으로 적용되지 않은 점에 주목하라. 어떤 면에서 그 학생은 크리스티가 그랬듯 에릭슨이 화가 나지 않았고, 진심으로 그가 절제력을 기르도록 도와준다는 사실을 알았다.

이야기 3
아까 말해주지 않아서 미안해

아이들은 기억력이 썩 좋지 않지만, 내가 아이들 대신 뛰어난 기억력을 가지고 있다.

어느 날 내 아들 로버트가 이렇게 말했다. "저 이제 나이도 많이 먹고 키도 크고 힘도 세니까 매일 밤 쓰레기를 내다놓을 수 있어요."

나는 미심쩍은 표정을 지었다. 로버트는 자기 능력을 열심히 옹호했다. 내가 말했다. "좋아, 다음 주 월요일부터 시작해도 돼."

로버트는 월요일과 화요일에 쓰레기를 내다놓았지만 수요일에는 잊어버렸다. 목요일에는 내가 쓰레기를 내다놓으라고 일깨워주자 그제야 내다놓았지만, 금요일에는 또 잊어버렸다. 토요일에 마음껏 뛰어놀게 해주자, 로버트는 지칠 때까지 아주 신나게 놀았다. 나는 특별한 호의를 베풀어 로버트가 원하는 대로 밤늦게까지 자지 않아도 된다고 허락했다.

새벽 1시에 로버트가 말했다. "이제 자러 가고 싶어요."

나는 로버트를 방에 들여보냈다. 우연히 새벽 3시에 잠이 깬 나는 로버트를 깨워서 다짜고짜 어젯밤에 쓰레기 버리는 걸 알려주지 않아 미안하다고 말했다. 그러고는 "어서 옷을 갈아입고 쓰레기 내다놓고 올래?"라고 물었다. 로버트는 꾸역꾸역 옷을 입었다. 나는 아까 말해주지 않아서 미안하다고 거듭 사과했으며, 아이는 쓰레기를 들고 나갔다.

로버트는 옷을 벗고, 잠옷으로 갈아입고, 다시 침대로 들어갔다. 나는 아이가 깊이 잠들었는지 확인한 다음 아이를 다시 깨웠다. 이번에는 아까보다 더 열심히 사과했다. 나는 쓰레기가 왜 부엌에 떨어져 있는지 모르겠다고 말했다. "옷 갈아입고 쓰레기를 내다버리고 올래?"

로버트는 쓰레기를 집어 골목의 쓰레기통으로 가져갔다. 그리고 골똘히 생각에 잠긴 채 뒤뜰 베란다로 돌아왔다. 그러더니 급히 골목으로 다시 나가 쓰레기통 뚜껑이 제대로 닫혔는지 확인했다.

로버트는 집 안으로 들어와서 부엌을 돌아보고는 자기 방으로 돌아갔다. 나는 또 미안하다고 말했다. 로버트는 침대로 돌아갔으며, 다시는 쓰레기 내다놓는 일을 잊어버리지 않았다.

실제로 로버트도 이 일을 똑똑히 기억하고 있어서, 내가 이 이야기를 책에 쓴다고 하자 추억에 잠겨 신음을 내뱉었다.

이야기 4
물건 훔치는 아이를 위한 요정

어느 부부가 나를 찾아와 절망에 빠진 목소리로 이렇게 물었다. "여섯 살짜리 우리 딸을 어쩌면 좋을까요? 우리 애가 우리 물건을 훔쳐요. 우리 친구들과 자기 친구들 것도 훔치고요. 엄마랑 쇼핑하러 가서도 상점 물건을 훔쳐요. 당일치기로 여학생 캠프에 보냈더니 다른 아이들 물건을 가져오고, 심지어 그 아이들 이름이 적힌 물건도 가져오네요. 그러고는 엄마가 사준 거라고 거짓말까지 해요. 전부 자기 물건이라고 우기는 거예요. 우리 딸 또래의 도벽 있는 아이한테 어떻게 해주면 될까요? 그 어린 나이에 좀도둑인 아이한테, 겨우 여섯 살에 거짓말하는 아이한테 말예요."

나는 그들 부부에게 내가 알아서 해결하겠다고 말했다. 나는 그 아이에게 편지를 썼다.

"안녕, 하이디 호! 난 너의 여섯 살짜리 성장 도우미 요정이야. 모든 아이에게는 성장 도우미 요정이 있단다. 아무도 성장 도우미 요정을 보지 못해. 너도 날 본 적이 없잖아. 아마 넌 내가 어떻게 생겼는지 궁금하겠지. 나는 정수리와 이마와 턱 밑에 눈이 달렸어. 그래서 내가 도와줄 아이가 무얼 하는지 다 볼 수 있단다.

자, 나는 네가 느리게 배우는 모습을 지켜봤단다. 네가 많은 걸 배우는 모습을 지켜보면서 아주 기뻤어. 어떤 건 다른 것보다 배우기 어렵지.

나는 귀도 있단다. 정수리에는 없어. 머리에 귀가 있으면 눈이 모든 걸 보는 데 방해가 되니까. 내 두 뺨에 회전관절로 귀가 달려 있어서, 원하는 방향으로 귀를 돌려서 사방에서 들려오는 소리를 다 들을 수 있단다. 여기 목 아래랑 옆에 귀가 많이 달려 있고, 뒷다리와 꼬리까지 전부 귀로 덮여 있어. 그리고 꼬리 맨 끝에 달린 귀는 아주 커. 그것도 회전관절로 붙어 있어. (회전관절이 뭔지는 아빠한테 물어보렴.) 그래서 나는 그 귀를 마음대로 돌려서 네가 무슨 말을 하는지, 네가 무슨 일을 할 때 어떤 소리를 내는지 다 들을 수 있단다.

내게는 오른발 하나에 왼쪽 앞발이 세 개 있단다. 왼쪽 앞발 두 개, 그러니까 바깥쪽 발 두 개로 걷는 거야. 가운데 발에는 발가락이 서른두 개 달려 있어. 그래서 글씨가 괴발개발이지. 내가 어느 발가락으로 연필을 잡는지 기억나지 않거든. 그리고 당연히 왼쪽으로 걸을 때가 오른쪽으로 걸을 때보다 두 배 빨라. 그래서 계속 일직선으로 걸을 수 있는 거야. 뒷발은 일곱 개야. 왼쪽 뒷발이 세 개, 오른쪽 뒷발이 세 개라서 오른쪽도 왼쪽과 같은 속도로 걸을 수 있단다. 그리고 나는 맨발로 돌아다니는 걸 좋아해. 여름에 피닉스는 엄청 덥잖아. 그래서 뒷발 일곱 개에 신발을 신어. 나머지는 맨발로 다니고."

나는 일곱 살 생일에 초대받았지만 여섯 살짜리 성장 도우미 요정이라서 정중히 사양해야 했다. 나는 일곱 살짜리 담당이 아니라 여섯 살짜리 담당 요정이라서 여섯 살짜리 소녀를 계속 지켜보고 귀를 기울었다. 그리고 이 이야기는 아이를 올바르게 자라게 해주었다.

- ────────

에릭슨은 아이가 건강한 양심을 키울 수 있도록 조언하면서 특히 '당위'라는 금기와 규칙을 피한다. 그는 언제나처럼 배움의 가치를 강조한다. 앞의 이야기에서는 훈육을 맡은 보호자가 화내지 않고 재미있는 방식으로 아이를 가르친다. 훈육과 관련된 모든 이야기에서 에릭슨은 확고한 견해를 취하지만 가혹하지는 않다. 다만 일부 독자는 에릭슨의 방식을 가혹하거나 의지의 투쟁이라고 볼 수도 있다. 사실 에릭슨의 목적은 아이가 스스로 의지와 자율성을 기르도록 도와주는 데 있다.

다음으로 도벽이 있는 아이라는 꼬리표가 붙은 아이의 사례에서 에릭슨은 병적 도벽의 '역동dynamics'에 개입하지 않는다. 대신 아이에게 내면화한 초자아가 필요하다는 판단에 따라 아이의 관심을 끌 만한 편지를 써서 내면의 수호자와 감시인을 만들어준다.

이야기 5
부활절 토끼

어떤 엄마가 일곱 살짜리 딸을 데려와서 이렇게 말했다. "우리 애가 산타클로스를 믿는데, 언니와 오빠가 그 믿음을 흔들어놨어요. 그래서 애가 자꾸 부활절 토끼에 집착해요. 일 년쯤 더 부활절 토끼를 믿게 놔두고 싶어요. 여덟 살이 되면 애도 더는 믿지 않을 테니까요.

그래도 얘가 지금은 믿고 싶어 해요."

나는 아이에게 부활절 토끼 편지를 보냈다. 발이 아프도록 깡충깡충 뛰면서 세상에서 가장 단단한 부활절 달걀을 찾아다니는 고충을 편지에 털어놓았다. 나는 아이가 그런 편지를 받을 자격이 있다고 여겼다.

나는 이렇게 썼다. "선인장을 뛰어넘을 때 거리를 잘못 가늠한 바람에 가시가 몇 개 박혀서 아팠단다. 방울뱀한테 물릴 뻔한 적도 있어. 야생 당나귀를 탔는데, 친절하긴 해도 엄청 어리석은 녀석이었지. 그 녀석이 나를 엉뚱한 곳에 데려다 놔서 내내 뛰어서 돌아와야 했어. 그리고 내가 어리석게도 산토끼를 타고 전력 질주해서 엉뚱한 방향으로 뛰어간 바람에 돌아오는 길에도 내내 깡충깡충 뛰어와야 했단다!"

그리고 이렇게 덧붙였다. "다시는 아무것도 얻어 타지 않을래. 히치하이킹은 정말 나쁜 것 같아."

아이는 부활절 토끼 편지를 학교 수업에 가져가서 발표했으며, 부활절에는 세상에서 가장 단단한 달걀, 오닉스 달걀을 받았다!

여전히 나는 자녀들에게 전화로 산타클로스인 척해달라고 부탁하는 부모들의 전화를 받는다. 그들이 내 환자였을 때처럼 해달라는 것이다.

여자아이 셋이 6주 동안 매일 아침 침대에서 벌떡 일어나 재빨리 현관의 편지 구멍으로 달려가 부활절 토끼에게서 온 편지를 받았다. 나는 날마다 그 아이들에게 내 여행에 관해 알렸다. 매번 다른 편지지에 적어 보냈다. 그 아이들은 세상에서 제일 단단한 부활절 달걀을 받았다. 그리고 내가 보내준 부활절 토끼 편지는 '발표수업' 때 자주 소개되었다.

─────────────

이 이야기에서는 환자에게 필요하거나 빠진 것을 치료자가 채워줄 수 있다는 원칙을 예시한다. 도벽 있는 아이 하이디 호에게는 내면화한 초자아가 필요했다. '부활절 토끼'의 아이에게는 부활절 토끼가 실제로 존재한다는 증거가 필요했다. 토끼가 편지를 쓸 수 있다면 반드시 존재한다는 뜻이다! 엄밀히 말해서 이 이야기는 가치관을 심어주는 데 목표를 두는 것이 아니다. 어릴 때 이런 이야기를 들으면 어른이 돼서도 환상과 기발한 생각에 가치를 두는 사람으로 성장할 수 있다.

이야기 6
잘 해내는 아이

내 아들 로버트가 일곱 살 때, 로버트와 트럭이 동시에 길을 이용하려다가 아들이 트럭에 졌다. 경찰이 나를 데리러 왔고, 나는 아들의 주머니에 들어 있던 철자법 종이에 적힌 '보비'라는 이름으로 아들을 확인해야 했다.

나는 굿사마리탄 병원에서 로버트를 보고 "맞아요, 저 애가 제 아들이에요"라고 말했다. 그리고 응급실 의사에게 "얼마나 다쳤습니

까?"라고 물었다. 의사는 "양쪽 넓적다리가 부러졌어요. 골반이 골절
됐고요. 두개골에 골절에 뇌진탕이에요. 지금은 내상이 있는지 확인
하는 중입니다"라고 대답했다.

검사 결과를 기다린 끝에 내부 장기 손상은 없다는 말을 듣고 내가
물었다. "예후는 어떻습니까?"

의사는 이렇게 말했다. "흠, 만약 48시간만 버텨준다면 살아날 가망
이 있습니다."

나는 집으로 돌아가 가족들을 불러 모으고 이렇게 말했다.

"우리 모두 로버트를 알아. 로버트가 뭔가 해야 할 때는 잘 해내는 아이
라는 걸 알아. 그래, 로버트는 잘 해내는 아이야. 지금 그 애가 굿사마
리탄 병원에 있어. 트럭에 치여서 두 다리가 부러지고 골반이 골절되
고 두개골 골절로 뇌를 많이 다쳐서 뇌진탕이라는 걸 일으켰다는구
나. 그래서 아무도 알아보지 못해. 그리고 똑바로 생각하지도 못해.
48시간을 기다려봐야 로버트가 살아날지 여부를 알 수 있고. 자, 우
리 모두 로버트를 알아. 그 애가 뭐든 하면 잘하는 것도 알아. 로버트
가 무얼 하든 항상 자랑스러워할 수 있어.

눈물 한두 방울을 흘리고 싶다면 그래도 돼. 그렇지만 많이 울면 로
버트를 조금도 존중하지 않는 거야. 로버트를 존중하는 마음으로 우
리는 각자 집에서 할 일을 해야 돼. 저녁도 든든히 먹어야 하고. 숙제
도 다 해야 하고. 그리고 제시간에 자러 들어가면 좋겠구나. 제시간
에 잠자리에 들고 밤새 푹 자거라. 로버트에게 그만큼 존중하는 마음
을 보여줘야 해."

두 아이는 눈물을 조금 흘리고는 밥도 잘 먹고 각자 할 일을 다 한 다음 설거지도 하고 숙제도 했다. 그리고 둘 다 제시간에 자러 들어 갔다.

우리는 48시간 만에 로버트가 살아날 거라는 소식을 들었다.

나는 가족들에게 로버트가 아주 힘든 일—완쾌하는 일—을 해내 도록 아이를 병원에 혼자 두어야 한다고 말했다. 우리가 병원에 가서 만나면 로버트가 기운을 많이 빼앗길 텐데, 로버트는 그 기운을 다시 일어서는 데 써야 한다고 말했다. 그때 나는 몰랐지만, 아내는 날마 다 몰래 병원에 가서 말없이 병상 옆에 앉아 있곤 했다. 가끔 로버트 가 돌아보고는 다시 등을 돌렸다. 어떤 때는 "집에 가세요"라고 말하 기도 했다. 또 어떤 때는 한두 가지 묻고는 집에 가라고 했다. 아내는 아이가 하라는 대로 했다.

우리는 로버트에게 선물을 많이 보냈지만, 언제나 간호사에게 대 신 전해달라고 부탁했다. 한 번도 직접 가져다준 적은 없다.

나는 병원에 가면 간호사실로 찾아가 유리창 너머로 로버트가 잘 있는지 살필 수 있었다. 로버트는 내가 거기 있는지 몰랐다.

사고가 난 것은 12월 5일이고, 로버트가 체간캐스트體幹cast*를 하고 퇴원한 것은 이듬해 3월 말경이었다. 들것으로 아이를 집 안으로 옮 기던 사람들이 아이를 떨어뜨릴 뻔했다. 그래도 로버트는 아주 신바 람이 났다. 거실로 들어오면서 로버트는 이렇게 말했다. "두 분 같은

---

* 척추보조기.

부모님이 있어서 정말 좋았어요. 아버지는 한 번도 병원에 찾아오시지 않았잖아요. 다른 아이들 부모님들은 매일 오후에 찾아와서 불쌍한 그 애들을 울렸거든요. 그리고 저녁마다 찾아와서 그 불쌍한 애들을 또 울렸고요. 일요일에는 정말 심했어요. 저는 아이들이 잘 지내게 내버려두지 않은 부모님들이 미웠어요."

인턴 시절, 나는 문병객이 오기 전에 환자의 체온과 호흡과 맥박을 쟀다. 그리고 문병객이 떠나고 나서 한 시간 뒤에 맥박과 호흡과 혈압을 쟀다. 문병객이 올 때마다 환자의 체온이 상승하고 호흡이 빨라지고 혈압이 상승했다. 그때부터 나는 훗날 혹시라도 내 자식이나 아내가 병원에 입원하면 혈압과 심장박동, 호흡과 체온이 확실하게 안정될 때까지 병원에 가지 않기로 마음먹었다. 병원에 입원한 환자들은 몸을 회복하는 데 기운을 써야지, 건강한 가족과 친척들의 기분을 좋게 해주는 데 기운을 허비해서는 안 된다.

─

이 이야기는 "슬픔이나 상실의 고통을 느껴야 한다고 생각하십니까?"라는 질문에 대한 답변이었다. 대다수 독자들은 부모로서 에릭슨의 행동이 이상하고 냉정하다고 생각할 것이다. 그러나 에릭슨은 중병에 걸린 사람은 혼자 남아 스스로 치유의 '작업'을 해내야 하며, 문병객은 환자를 무기력하게 만들 뿐이라고 확신했다. 에릭슨은 이 사례를 다소 과장해서 전달한 것으로 보인다. 사실은 에릭슨 부인이 날마다 아이의 병상을 지켰다("나는 몰랐지만")고 언급한 대목에서 짐작할 수 있다. 또한 에릭슨 자신도 간호사실에 자주 들르지 않을 수 없었던 것으로 보인다("로버트가 잘 있는지 살필 수 있었다"). 그리고 에릭슨의 자녀들은 아주 어릴 때부터 누가 병에 걸리거나 죽어도 공연히 법석을 피워서는 안 된다고 배웠다. 그들은 자립적인 태도에 자부심을 느꼈다.

이 이야기를 듣고 한 학생이 에릭슨에게 다소 격앙된 목소리로, 왜 아들을 찾아가 최면을 걸어서 '아들이 더 빨리 낫도록 도와주지' 않았느냐고 따져 물었다. 에릭슨은 이렇게 대답했다. "자식들이 스스로 뭔가를 깨우치지 않았다면 평생 나와 함께 살지 못했을 걸세. 나는 자식들에게 고통의 하찮음과 신체적 안락의 중요성을 가르쳤네. 일례로, 록시가 무릎이 까졌을 때 동네가 떠나가라 소리를 지른 적이 있었네. 애들 엄마가 나가서 까진 무릎을 봤어. 나도 가서 봤지. 아이 엄마가 그러더군. '엄마가 여기하고 여기, 그리고 바로 이 위에 입을 맞춰주면 아픈 게 다 나을 거야.' 엄마의 입맞춤이 얼마나 효과 좋은 마취제가 될 수 있는지 감탄했다네."

에릭슨은 가벼운 찰과상 정도라면 '엄마'의 위로를 이용해도 괜찮다는 뜻을 에둘러 표현한다. 그러나 생사를 넘나드는 심각한 상태라면 가급적 환자를 혼자 두는 것이 최선이다. 답변에서 에릭슨은 자기최면에 대한 심각한 오해를 바로잡는다. 의례적인 최면 유도 과정을 거쳐야만 자기최면이 효과를 거두는 것은 아니라는 것이다. '고통의 하찮음과 신체적 안락의 중요성'을 인식하기만 하면 환자 혼자서도 '최면치료자'의 지시에 따르는 최면 유도 과정만큼의 효과를 거둘 수 있다. 달리 말해서, 어떤 사람이 가치나 신념을 받아들이면 그것이 그 사람의 반응에 미치는 효과는 그 사람에게 수용하라고 '최면'을 걸 때만큼 영구히 지속된다는 뜻이다.

에릭슨은 단지 환자를 방문하는 것에 대한 생각만 전하는 것이 아니다. 사실은 부모나 간병인이 반드시 대기하면서 환자가 필요로 할 때 도움을 주어야 한다고, 환자가 원하는 정도까지만 도와줘야 한다고 말하고 있다. 로버트가 베티 에릭슨에게 "집에 가세요"라고 하면 베티는 아들 말대로 했다.

이 이야기를 정신내적 차원에서 살펴보면 '아이'가 자기에게 무엇이 최선인지 판단하는 것을 알 수 있다. 어른이 개입하면 치유나 성장이 지연된다. 이렇게 지연되는 현상은 아주 근본적인 방식으로 나타난다. 에릭슨의 이야기는 종종 혈압과 심장박동과 호흡에 초점을 맞춘다. 이런 전략은 에릭슨의 간접적인 최면 유도 방식의 일부다.

이 이야기에서 에릭슨은 부모가 자신의 불안을 아이에게 전가하면 자연스러운 생리 반응—자연적인 기능—이 교란된다고 지적한다. 개인 내면의 '부모'—'내면의 소리'—가 불안 차원으로 작동할 때도 마찬가지다. 이런 상황에 놓이면 "아이들은 운다." 호나이 식으로 말하면*, 정신내적 차원에서 우리는 '당위'가 지나치게 엄격할 때 슬픔이나 자기혐오와 같은 감정을 느낀다.

그러나 에릭슨은 이 이야기 끝에 해설을 달아서, '엄마'의 입맞춤이

---

* 호나이는 자아를 주관적 현실 자아와 객관적 실제 자아와 이상적 자아로 구분한다. 정상인은 이상적 자아와 현실 자아가 상당 부분 일치하지만, 신경증 환자는 둘 사이의 괴리가 크다. 이상과 현실의 괴리가 클수록 당위의 횡포가 심해져서 자기혐오와 우울에 시달린다.

놀라운 효과를 거둘 수 있다고 강조한다. 다시 말해서 개인이 스스로에게 좋은 엄마가 되어주고 스스로를 사랑하는 능력은 '마취제' 효과, 곧 내면의 고통과 의심을 덜어주는 효과를 낼 수 있다는 뜻이다. 이것은 앤토니아 웬카르트Antonia Wenkart가 '수용'을 다룬 논문이나 시어도어 루빈Theodore Rubin이 《연민과 자기혐오Compassion and Self-Hate》에서 설명한 개념*과 비슷하다.

물론 환자가 잘 해내고 있을 때는 치료자가 결코 개입해서는 안 된다.

이야기 7
제가 알아서 할게요

나는 한 살 반 된 손녀 질에게서 편지를 받았다. 아이 엄마가 대신 써준 편지였다. 질이 난생처음 수영장에 갔다. 그리고 발에 물이 닿자 울었다. 손까지 젖자 엄마에게 매달렸다. 아이는 울며불며 엄마한테 꼭 달라붙었고, 결국 엄마는 질이 하고 싶은 대로 놔두었다.

이제는 질이 다음에 수영장에 놀러 갈 계획을 세우고 엄마에게 "제가 알아서 할게요"라고 가르친다.

내 손주들은 모두 저마다 다른 방식으로 인생에 접근하며, 다들 결단력이 있다. 무슨 일을 하고 싶을 때는 그 일을 하되 자기만의 방식

---

* 자아의 단점에도 불구하고 스스로를 받아들이고, 자비와 관용의 정신으로 스스로에게 공감하는 방법.

으로 한다. 그리고 아이들의 엄마들은 알아듣게끔 설명해줄 수 있다. 나는 손주들의 편지를 모아두었다가 그 아이들이 열여섯이나 열일곱 살이 되어 제 부모의 무지를 통탄할 때 아이들을 위해 책으로 묶어준다.

여기서 중요한 문구는 '자기만의 방식으로 한다'이다. 에릭슨은 이 원칙을 아이들뿐 아니라 환자들에게도 적용한다. 언제나 환자들이 자기만의 해결책을 직접 선택해야 한다. 그러면 아이나 환자가 자신의 가치관을 존중하고 자제력을 배우는 경향이 강화된다.

이야기 8
저도 맞아보고 싶어요

내 아들 랜스가 초등학생 때, 어느 날 학교에 다녀와서 이렇게 말했다. "아빠, 친구들은 다 엉덩이를 맞는대요. 저는 엉덩이를 맞아본 적이 없잖아요. 그러니까 저도 맞고 싶어요."

내가 말했다. "네 엉덩이를 때릴 이유가 없는데."

"그럼 제가 이유를 만들게요." 그러더니 랜스는 밖으로 나가서 병원 창문 한 장을 깼다.

랜스가 다시 와서 물었다. "이제 저도 엉덩이를 맞을 수 있죠?"

내가 말했다. "아니, 지금 할 일은 유리창을 갈아 끼우는 거야. 엉덩이를 때려봤자 아무 소용이 없어."

랜스는 짜증을 내면서 밖으로 나가 창문을 한 장 더 깼다. 그리고 이렇게 말했다. "이제는 때리실 거죠?"

내가 말했다. "아니, 유리창을 갈아 끼울 거야." 랜스는 유리창을 모두 일곱 장 깼다. 아이가 나가서 일곱 번째 유리창을 깨는 사이, 나는 우리 아파트 발코니로 나갔다. 그리고 발코니 난간에 주철로 만든 장난감 트럭 일곱 대를 한 줄로 늘어놓았다.

아이가 들어와서 큰소리쳤다. "일곱 번째 유리창을 깼어요. 이제는 저를 때리실 거죠?"

내가 말했다. "아니, 유리창을 갈아 끼우는 게 내가 할 일이야." 그리고 이렇게 말했다. "자, 여기 난간에 네 트럭 일곱 대가 있어. 첫 번째 트럭을 난간으로 굴릴 거야. 구르다가 멈추면 좋겠구나. 계속 굴러가서 저 아래 길바닥으로 떨어져 박살 나지 않게. 어휴, 저거 정말 안됐네! 그래도 두 번째 트럭은 멈추겠지."

랜스는 트럭 일곱 대를 잃었다.

3주쯤 지난 뒤, 랜스가 아주 행복한 표정으로 학교에서 집으로 돌아왔다. 나는 아이를 붙잡아 내 무릎에 엎어놓고 엉덩이를 때렸다. 랜스가 "왜 그러세요?"라고 물었다.

나는 이렇게 답했다. "네가 엉덩이를 때려달라고 한 게 생각나서. 네가 해달라는 걸 해주지 않았잖아."

랜스가 말했다. "이제 저 어리석지 않아요."

물론 엉덩이를 세게 때린 건 아니고, 때리는 시늉만 했다.

에릭슨은 아이를 훈육할 때와 환자를 치료할 때 모두에 적용한 원칙을 소개한다. 에릭슨은 그들이 부탁한 일을 해주지 않는다. 그보다는 그들에게 필요한 일을 해준다. 그리고 적절한 때라고 판단되는 순간에 해준다. 로버트가 쓰레기를 내다버리는 책임을 충실히 이행하도록 가르칠 때도 이런 방식이었다. 로버트의 경우, 에릭슨은 한밤중에 약속을 '일깨워주면서' 이런 방식으로 일깨워줘야 기억에 각인될 거라고 믿었다. 다음 이야기에서도 이와 비슷한 특징이 나타나는데, 에릭슨은 그 사람에게 편리하지 않은 순간에 어떤 일을 하게 만든다.

이야기 9
문을 쾅 닫아줄래?

내 손자 더글러스가 진료실에 들어왔을 때 나는 세미나 수업 중이었다. 더글러스는 새로 산 운동화를 자랑하고 나갔다. 40분쯤 지나서 더글러스가 다시 왔을 때, 나는 한창 깊은 최면에 들어가는 과정을 시연하고 있었다.

더글러스에게 "저리 가거라, 더글러스"라고 말하자 아이가 버릇없이 되물었다. "잘 안 들려요."

"저리 가라고 했다." 내가 다시 말했다. "방으로 가."

더글러스가 문을 쾅 닫고 나갔다. 물론 아이도 그러고 싶었던 건 아니었다. 그래도 문을 세게 닫지 말았어야 했다.

그래서 나는 손자에게 별다른 이유도 없이 정중하게 "문을 쾅 닫아줄래?"라고 부탁하곤 했다. 아이가 한창 그림책에 빠져 있을 때 문을 닫아달라고 부탁했다. 아이는 왜 그러는지 의아해하면서도 순순히 시키는 대로 했다. 나는 고맙다고 말한 뒤 다시 문을 쾅 닫아달라고 부탁했다. 아이는 다시 쾅 닫으면서 의아해했다. 그리고 나는 또다시 문을 쾅 닫아달라고 부탁했다.

더글러스가 말했다. "저는 책을 읽고 싶어요."

"음, 그냥 다시 닫아다오." 내가 고집을 부렸다.

더글러스는 다시 문을 쾅 닫았고, 얼마 안 가서 왜 문을 세게 닫아달라고 하는지 물었다. 나는 아이가 처음에 문을 쾅 닫은 일을 일깨워주면서 이렇게 말했다. "네가 문을 쾅 닫는 모습을 보고 네가 문을 세게 닫는 걸 좋아하는 줄 알았지."

더글러스는 이렇게 답했다. "저는 문 세게 닫는 거 진짜로 좋아하지 않아요."

사람은 자기 의향과 맞지 않는 상황에서 아주 빠르게 습득한다.

———

'저도 맞아보고 싶어요' 이야기에서처럼 에릭슨은 적절한 약을 준다. 이 이야기에서는 더글러스의 '의향'과 맞지 않는 순간에 문을 쾅 닫으라고 시킴으로써 더글러스가 원래는 문을 세게 닫는 것을 '좋아하지' 않는다는 사실을 깨닫게 해준다. 그래서 더글러스는 문을 쾅 닫는 행위는 무의식적으로 결정되거나 반응하는 것이지, 자기가 '하고 싶어서'

하는 일이 아니라는 사실을 깨닫는다. 앞으로는 아마도 자기 행동을 더 조절하는 연습을 하면서 정말로 '하고 싶은' 행동만 할 것이다. 또한 적어도 자기가 무엇을 하고 있는지 더 자각할 것이다.

　지금까지 에릭슨이 이 원칙을 여러 가지 상황에―자녀, 신경증 환자, 심지어 정신증 환자에게까지―적용하는 예를 살펴보았다. 에릭슨은 환자의 바람직하지 않은 행동을 '모방'해주거나, '증상 처방'처럼 그의 지시에 따라 환자가 스스로 반복하게 했다. 결코 빈정대거나 화를 내거나 반감을 보이지 않았다. 에릭슨의 태도는 '궁금해하는' 태도라고 설명하는 것이 가장 적합할 것이다. '내가 더글러스에게 문을 쾅 닫으라고 부탁하면 어떻게 될지 궁금하다.'

　에릭슨은 '어린아이처럼' 궁금해하는 태도, 곧 진정한 과학자의 태도를 꾸준히 고수했다.

수업을 마치며

"시드, 우리가 미처 모르는 게 있네. 삶은 대부분 무의식에서 결정된다는 거야." 에릭슨이 내게 이 말을 했을 때 나는, 내가 환자에게 이 말을 들려줄 때 흔히들 보이는 것과 똑같은 반응을 보였다. 내 삶이 미리 결정되어 있다는 뜻으로 알아듣고서, 내가 바랄 수 있는 거라고는 기껏해야 공고히 설정된 무의식의 양상을 알아차리는 정도일 거라고 생각했다. 그러나 훗날 나는 무의식이 절대불변의 무언가가 아니라는 사실을 깨달았다.

지금 이 순간 우리가 경험하는 모든 것은 우리의 의식뿐 아니라 무의식에도 영향을 끼친다. 영감을 주는 글을 읽으면 무의식이 바뀐다. 중요한 인물―나에게 중요한 누군가―을 만나면 내 무의식이 달라진다. 사실 모든 정신치료의 긍정적인 가치는 한 인간이 주로 다른 사람을 만난 뒤 변화할 줄 아는 능력에 기반을 둔다.

가장 효과적이고 영구적인 변화를 이끌어내는 예는 치료자가 환자의 무의식적 양상, 주로 그 사람의 가치관이나 준거기준*으로 이루어진 삶의 양식에 영향을 주려고 몰두할 때일 것이다. 에릭슨도 이런 관점에 동의한다. 그는 말년에 이 목표를 달성하기 위한 효과적인 접근법으로 교육 세미나를 만들었다.

우리가 마지막으로 만났을 때 에릭슨은 내게 이런 접근법을 생각하게 된 계기를 들려주었다.

"환자 한 명에게 시간이 너무 많이 들어가. 그보다는 많은 사람에게 생각하는 법, 문제를 해결하는 법을 가르치고 싶었네. '선생님 덕분에 제 환자를 치료하는 방식이 완전히 달라졌습니다'라고 고백하는 편지가 수십, 수백 통이나 날아왔네. 환자는 많은데, 내가 만날 수 있는 사람은 적어. 그래서 짧은 시간에 더 많이 만나야 해."

나는 물었다. "그러기 위해 이런 방법을 쓰시는 건가요?"

에릭슨이 답했다. "치료자들이 여기로 찾아오면 내가 이야기를 들려주네. 그러면 그들이 돌아가 각자의 치료법을 수정하지."

분명 "치료자들이 여기로 찾아오면 내가 이야기를 들려주네"라는 말에는 다양한 차원의 기대와 대화가 담겨 있었다. 예를 들어 에릭슨과 시간을 보낸 사람은 누구나 다양한 차원의 최면 상태를 경험하는 듯했다. 긍정적인 기대를 안고 최면 상태에 들어가면 대체로 에릭슨의 이야기에서 전하는 메시지와 영향에 마음이 열리게 된다. 에릭슨은 사람들이 이야기를 듣고 '잊어버린다'고 해도─그 이야기에 대한

---

* frame of reference, 개인이 자기 행동의 옳고 그름, 또는 규범이나 가치를 판단하는 데 표준으로 삼는 기준.

기억상실에 걸린다고 해도—효과는 더 강력할 수 있다고 보았다.

물론 에릭슨은 '이야기를 구술하는' 과정에서 고대의 전통을 따랐다. 태곳적부터 이야기는 문화의 가치관과 윤리, 도덕을 전달하는 수단으로 쓰였다. 입에 쓴 약도 달콤한 껍질에 싸서 주면 삼키기 쉬운법이다. 도덕을 단도직입적으로 설교하면 아무도 들으려 하지 않을수 있지만, 흥미를 불러일으키고 재미있는 이야기 형식으로 들려주면서 가르치면 쉽게 받아들여진다. 따라서 에릭슨은 이야기에 해학을 곁들이고 의학과 심리학, 인류학의 사실을 비롯해 거의 알려지지않은 흥미로운 정보를 끼워넣는 등 갖가지 효과적인 이야기 전달 장치를 활용한다. 치료자의 암시는 환자의 관심사와 치료자의 겉으로드러난 초점과는 크게 동떨어진 이야기에 배치되어 있다.

에릭슨에 따르면 최면 상태에서 학습과 변화가 가장 잘 일어난다. 최면은 그저 나른하게 유도한 상태와는 다르다. 환자가 치료자에게'마취된' 상태도 아니고, 통제력을 잃고 타인의 뜻대로 조종당하는상태도 아니다. 최면은 사실 누구나 경험하는 자연스러운 상태다. 우리에게 가장 익숙한 최면 경험은 몽상에 잠길 때이지만, 그 밖에도명상하거나 기도하거나 운동할 때도 최면을 경험할 수 있다. 예를 들면 '움직이는 명상'이라고 불리는 조깅 같은 운동을 할 때도 최면을경험한다. 이런 상태에서는 내면의 정신적·감각적 경험을 또렷이 인식하고, 소리와 움직임 같은 외부 자극은 덜 중요하게 받아들인다.

환자는 최면 상태에서 종종 꿈과 상징, 그 밖에 무의식 표현의 의미를 직관적으로 알아차린다. 에릭슨이 '무의식적 학습'이라고 일컫는 상태, 곧 생각과 문제가 덜 개입된 상태에 가까워진다. 치료자의 암시를 덜 비판적인 감각으로 수용할 수 있지만, 환자의 가치관과 충돌하는 암시는 받아들이지 않거나 일시적으로만 받아들인다. 기억 상실은 최면 경험의 전체나 일부에서 발생할 수 있지만 최면의 본질적인 측면은 아니다.

치료자는 환자가 최면에 들어가도록 도와주고, 환자의 주의를 끌어 내면으로 향하게끔 유도함으로써 환자가 내면을 탐색하고 최면 반응을 보이도록 이끌어준다. 최면 반응은 환자의 요구와 기대뿐 아니라 치료자의 지시와 관련된 반응으로, 환자의 '방대한 학습의 저장소'에서 나온다. 최면 반응을 얻기 위해서 일상의 대화나 재미있는 이야기에 치료적 암시를 끼워넣어 간접적으로 전달할 수 있다. 에릭슨과 어니스트 로시의 《최면치료》에서 유용한 방법을 구체적으로 소개한다.

치료자는 환자의 '반응 주의력response attentiveness'을 의미하는 미묘한 변화를 유심히 살핀다. 표정이 멍해지거나 노려보거나 눈을 깜빡이지 않거나 거의 꼼짝 않고 얼어붙은 상태 따위가 포함된다. 이런 변화가 나타나면 환자가 가벼운 최면 상태로 들어갔다고 볼 수 있다. 다음으로 치료자는 환자가 무의식에서 끌어온 자원을 다룰 것으로 간주하고 암시를 주거나 간단히 "됐습니다. 그 상태에 머무르세요"라고 말한다.

에릭슨의 이야기는 동화와 성서, 민담에 나타나는 원형적 이야기 구조를 따른다. 그의 이야기에는 주로 민담처럼 탐색이라는 주제가 담겨 있다. 에릭슨이 제시한 과제를 하나 해냈다고 해서 황금양피*의 영웅 드라마가 되는 것은 아닐지라도 내면에서 펼쳐지는 성취의 드라마와 기쁨은 그에 못지않다. 그리고 에릭슨의 많은 이야기, 특히 그의 가족 이야기에는 독특한 미국적 요소가 담겨 있다. 이런 이유에서 에릭슨은 미국의 민족 영웅으로 불렸다.

그럼에도 이야기를 듣는다고 해서, 심지어 최면 상태에서 듣는다고 해서 환자나 학생들에게 과연 어떻게 도움이 될지 여전히 의아할 것이다. 이야기를 듣는 효과는 좋은 영화를 보고 느끼는 '은근한 기쁨'과 여러모로 비슷하다. 사람들은 영화를 보면서 의식 변성 상태**에 들어간다. 등장인물 한 명 또는 그 이상에게 스스로를 동일시하고 '변성trans-formed' 상태로 극장을 나선다. 그러나 이 상태는 짧은 시간 동안—기껏해야 10분이나 15분 정도—만 지속된다. 반면 에릭슨의 이야기를 들은 사람들은 몇 년이 흐른 뒤에도 그의 이야기를 다시 떠올린다. 그들의 행동과 태도가 영구적으로 변형될 수 있는 것이다.

에릭슨은 변화가 '최면'이라는 맥락에서 일어났다는 점에서 영구적인 변화라고 보고 '무의식적 학습의 환기와 활용'이라고 정의했다. 이야기를 통하든 아니든 환자가 그동안 활용하지 않은 지식에 스스로 다가가도록 도와주면 환자는 잊고 있던 학습을 행동에 통합할 가능성이 높아진다. 더욱 건설적이고 스스로를 강화하는 행동이 나타

---

* Golden Fleece, 일족의 보물인 황금 양피를 찾으려고 여행을 떠난 이아손과 아르고 원정대의 이야기.
** 수면·명상·최면 등에 의해 일상의 의식과 다른 변화된 의식 상태.

날 수 있다.

이 과정이 '세뇌'와는 어떻게 다를까? '세뇌'는 문화적으로 강화되지 않으면 사라지는 경향이 있다는 점이 주된 차이일 것이다. 예를 들어 한국전쟁 때 많은 미군 전쟁포로가 반미 신념을 수용하도록 '세뇌'당했다. 실제로 수천 명이 본국으로 돌아가지 않고 공산국가인 중국에 남기를 희망했다. 그러나 본국으로 돌아간 뒤에는 전부는 아니더라도 대다수가 세뇌당하기 이전의 신념을 되찾은 듯했다.

에릭슨의 치료법은 스스로를 강화하고 더 큰 변화로 나아가도록 이끌어줄 가능성이 크다. 아마도 성장하고 '마음이 열리는' 방향으로 변화가 일어나기 때문일 것이다. 물론 이 변화는 에릭슨의 철학—개인이 중요하고, 개인은 스스로 발전할 수 있고, 누구나 자기만의 성장 잠재력을 지니고 있다는 신념—이 수용되는 문화에서 가장 효과적이고 영구적으로 일어나는 것 같았다.

성장을 지지하는 낙관적인 치료자

앞서 언급했듯이 무의식은 긍정적인 조언에 영향을 받을 수 있다. 에릭슨처럼 성장을 지지해주는 낙관적인 치료자와의 만남은 그 자체로 긍정적인 조언이 된다. 여기에 '이야기'를 더하면 긍정적인 조언을 강화하고 보완하고 방향을 제시하는 셈이다. 에릭슨은 이야기를 들려주면서 새로운 자료를 더하고 새로운 감정을 유도하고 새로운 경험을 처방한다. 오랫동안 죄의식에 시달리고 편협한 세계관에 갇혀 고통받아온 환자도 넉넉한 마음으로 삶을 찬미하는 에릭슨의 철학이 녹아든 이야기 속으로 빠져들 수 있다.

에릭슨의 철학은 환자의 무의식을 비롯해 다양한 차원으로 다가가, 환자의 의식 상태와 최면 상태로 전달될 수 있다. 그러면 환자는 나름대로 공고히 쌓아온 환원적인 사고방식에만 의존하지 않아도 된다는 사실을 깨닫는다. 환자는 제한된 철학과 제한된 사고방식만으로 '견디지' 않아도 된다. 이야기라는 수단을 통해 새로운 가능성을 알아채고, 의식과 무의식 모두에서 자유로이 가능성을 수용하거나 거부할 수 있다.

간혹 환자는 이야기의 등장인물이나 에릭슨—난관을 성공적으로 헤쳐나갈 수 있는 스승—과 자신을 동일시하면서 성취감을 맛볼 수 있다. 그렇게 성취감을 맛보고 나면 자신감이 커진 채로 주어진 상황에 접근할 수 있다. 이런 방법으로 조루증 같은 성 문제 치료도 가능하다. 최면 상태에서 환자가 성공적으로 성 활동을 즐기는 경험을 해볼 수 있다면, 환자의 기억에 성공해본 느낌과 앞으로 성공하리라는 기대감이 심어진 셈이다.

물론 에릭슨의 모든 이야기나 모든 요소가 이처럼 무의식에 긍정적인 조언을 더하는 데 목적을 두는 것은 아니다. 어떤 이야기는 무감각한 감정이나 꽉 막힌 감정이나 진실성이 결여된 감정을 각성하고 인식하는 데 목적을 둔다. 그리고 환자는 이야기를 들으면 상황을 개선하기 위해 자신의 무의식적 자원을 활용해야 한다. 혹은 에릭슨의 다른 이야기에서 감정적이고 지적인 자양분을 발견할 수 있다.

에릭슨의 이야기에서 기억에 남는 구절 하나로 하루의 기분이 달라질 수 있다. 나도 언젠가 목초지 옆을 지나면서 이런 경험을 한 적이 있다. 문득 "풀잎마다 초록의 색조가 전부 다른 걸 알았는가?"라는 질문이 떠올라서 풀밭을 더 자세히 들여다보았다. 과연 그렇구나! 그날 나는 온종일 여느 때보다 눈을 더 크게 뜨고 다녔다.

에릭슨의 이야기에는 사람들 사이의 상호작용과 심지어 타인을 조종하는 법까지 담겨 있는 것으로 보인다. 누군가는 섣불리 에릭슨이 사람들에게 남을 조종하는 법을 가르친다고 결론을 내릴 수도 있다. 그러나 이것은 이야기의 의도나 주로 내적 변화로 나타나는 이야기의 효과와는 거리가 먼 시각이다. 에릭슨의 이야기를 들은 사람들은 대개 더 자유롭고 창조적으로 살아간다. 어떤 정신내적 변화로 인해 나타난 결과다. 이야기를 통해 등장인물이 자신의 정신 구조를 드러내는 모습을 잘 관찰하면 이런 변화를 더 잘 이해할 수 있다.

예를 들어 이야기에 등장하는 부모는 안내자를 의미하거나 사랑과 지지의 원천을 뜻할 수도 있고, 아니면 비이성적인 양육의 주체를 뜻할 수 있다. 대체로는 비이성적이고 강압적인 힘의 원천을 의미한다. 한편 이야기에 등장하는 아이는 우리 내면의 아이를 의미할 수 있다. 경험이 일천하고, 배우려는 열망은 있지만 방법을 모르고, 즉흥적이면서 무지하고, 행동과 반응의 저장소가 제한된 어린아이 말이다. 독자는 이런 아이와 자신을 동일시하면서 아이가 장애물을 뛰어넘어 성장하고 자유를 찾는 이야기를 들으며 희망을 품을 것이다.

'부모 되어주기'* 과정에서 몇 가지 정신내적 변화가 일어날 수 있다. 에릭슨은 재키 리 시프Jacqui Lee Schiff의 《정신증의 교류 분석 치료 Transactional Analysis Treatment of Psychosis》에 소개된 '부모 되어주기' 개념보다 훨씬 폭넓게 이 개념을 활용했다. 에릭슨은 과거 '부모의' 명령을 새로운 생각으로 대체하는 방법론을 제시했다. 새로운 생각이란 최면 후 암시**로 주입한 생각이다.

최면 후 암시는 에릭슨이 최면 유도에 자주 끼워넣는 "당신이 어디에 있든 내 목소리가 당신과 함께합니다"라는 문구 덕분에 더 쉽게 전달될 수 있다. 에릭슨은 이 문구로 환자가 얼마나 억압된 상태인지와 상관없이 최면 상태의 환자와 계속 만날 수 있다. 또 이 문구는 최면 후 암시의 신호가 된다. 다른 신호 문구로 "번쩍이는 색깔이 보일 겁니다"라고 말할 수도 있다. 나중에 치료 회기가 끝나고 한참 지나서도 환자는 번쩍이는 색깔을 볼 때마다 '번쩍이는 색깔' 암시가 주어질 때 함께 제시된 다른 최면 후 암시에 반응하는 것으로 나타났다.

최면 후 암시에는 명령과 관점이 포함될 수 있는데, 나중에는 내사한*** 부모나 초자아의 목소리로 (종종 에릭슨의 목소리로) '들릴' 것이다. 치료자의 목소리를 내사하는 현상은 모든 심리치료에 나타날 수

---

* reparenting, 내담자에게 일시적으로 새로운 부모상을 채택하게 하는 치료 방식.
** posthypnotic suggestion, 최면에서 깨어난 뒤의 생활에서 작용하는 암시를 최면 중에 주입하는 것.
*** introjected, 무의식중에 타인의 행동양식이나 생각을 자기 것으로 받아들이는 현상.

있지만, 특히 환자가 최면 상태일 때 자주 나타난다. 이 현상과 관련해 로런스 큐비Lawrence Kubie가 미국정신분석협회 모임에서 한 가지 가능성을 제시했다. 큐비 박사는 최면 상태에서는 치료자와 환자 사이의 구분이 사라진다면서, 환자는 치료자의 목소리를 마치 자기 머릿속에서 들리는 목소리, 곧 내면의 목소리로 듣는다고 설명했다. 에릭슨도 마찬가지였다. 에릭슨의 목소리가 우리의 목소리가 되고, 우리가 어디에 있든 그의 목소리는 우리와 함께했다.

물론 에릭슨 이야기의 효과를 온전히 전달하려면 비디오로 보여주거나 적어도 오디오로 들려주어야 할 것이다. 그러면 에릭슨의 목소리 변화, 중간에 말을 끊는 방식, 자세, 비언어적 단서의 중요성을 쉽게 알아차릴 것이다. 안타깝게도 현재 비디오 자료는 거의 남아 있지 않다. 오디오테이프도 녹음 상태가 좋지 않다. 그렇지만 이야기를 인쇄 형태로 읽으면 연구와 검토에 손쉽게 활용할 수 있다는 장점이 있다.

에릭슨의 비범한 치료법

에릭슨의 사례 보고서를 살펴보면 종종 치료가 마술처럼 일어나는 것처럼 보여서 못 미더워하는 사람도 있다. 또 허구의 보고서라고 생각하는 사람도 있다. 흥미롭게 짜인 이야기이긴 하지만 허구라는 것이다. 나는 에릭슨이 환자를 치료하는 동안 직접 참관한 적이 있어서 적어도 내가 목격한 일부는 허구가 아니라고 증언할 수 있다. 사실 나는 모든 보고서가 진실이라고 생각하지만, 일반적인 임상 보고서보다 읽기 쉽고 극적으로 전달하기 위해 어느 정도는 편집됐을 가능성은 있다고 본다. 에릭슨이 환자와 학생, 치료자에게 극적이고 실질적인 변화를 일으킨다고 믿는 일부 사람들은 다른 치료자들에게 전수할 수 없는 에릭슨의 특별한 카리스마 때문에 변화가 일어났다는 견해를 고수한다. 그러나 최근에 에릭슨의 대화 양식을 좀 더 분석적으로 연구하려는 시도가 있었다.

제이 헤일리는 《비범한 치료》에서 전략적인 측면을 강조한다. 헤일리는 '전략적 치료'를 "치료자가 치료 중 벌어지는 상황을 먼저 유도하고 각각의 문제에 맞는 특정 접근법을 설계하는" 치료라고 정의한다. 헤일리는 에릭슨이 환자와 은유로만 소통하는 것이 아니라 "은유 안에서 변화를 끌어내려고 노력"한다고 강조한다. 또한 에릭슨이 해석을 피하면서 "무의식적 소통에 대한 일반적인 '통찰' 해석은 셰익스피어의 희곡을 한 문장으로 요약하는 것만큼 터무니없이 환원주의적인 시도"라고 생각할 거라고 말한다. 더불어 에릭슨 치료법의 주된 특징으로 '저항 끌어내기' '더 나쁜 대안 제시하기' '반응을 방해해서 반응 끌어내기' '생각 심어주기' '편차 증폭시키기' '증상 처방하기'를 꼽는다.

리처드 밴들러와 존 그라인더는 '신경언어' 접근법으로 에릭슨의 소통을 현미경으로 들여다보듯 해석했다. 이를테면 두 연구자는 에릭슨이 종종 암시를 '표시'하면서 이야기에 심는다고 지적했다. '표시'는 예컨대 말을 끊는다든가 자세를 바꾼다든가 말투를 바꾸는 식으로 나타난다. 나아가 '표시된' 암시 앞에 환자의 이름을 끼워넣어서 표시하기도 한다.

어니스트 로시는《최면의 실제Hypnotic Realities》와《최면치료》에서 에릭슨의 최면 유도와 간접적인 암시 양식을 ① 주의를 고정시키기, ② 습관적인 기준과 신념 체계에서 힘을 빼기, ③ 무의식적 탐색, ④ 무의식적 과정, ⑤ 최면 반응이라는 다섯 단계로 나누었다. 각 단계는 다음 단계로 이어진다. 로시와 이 책의 공저자인 에릭슨은 그들의 접근법을 '최면치료의 활용법'이라고 명명했다. 이 두 권과 폴 바츨라비크의《변화의 언어》와《변화》에서는 에릭슨이 1차 과정*과 고대 언어, 감정과 공간, 형체(곧 이미지)를 주로 관장하는 우뇌와 소통한다는 가설을 제시한다.

제프리 지그는《밀턴 에릭슨과 함께하는 교육 세미나》에서 치료할 때 이야기를 활용하는 방법의 몇 가지 의의를 다음과 같이 꼽는다. ① 이야기는 위협적이지 않다. ② 이야기는 관심을 끈다. ③ 이야기는 독립심을 강화한다. 개인은 이야기의 메시지를 포착해서 스스로 결론을 내리거나 스스로 행동에 옮겨야 한다. ④ 이야기를 통해 변화에 대한 자연스러운 저항을 생략할 수 있다. ⑤ 이야기를 활용하면 인간관계를 통제할 수 있다. ⑥ 이야기는 융통성의 본보기를 제시한다. ⑦ 이야기는 혼란을 불러일으켜 최면 반응을 끌어낼 수 있다.

---

* primary process, 충동과 욕구를 무의식적 상상으로 충족시켜서 긴장과 불안을 감소시키는 본능적인 활동 과정.

⑧ 이야기는 기억에 식별 표식을 붙일 수 있다. "어떤 개념을 일화로 전달하면 더 잘 기억된다."

이야기를 치료에 적용하는 법

에릭슨의 가장 중요하고 유용한 접근법 중 하나를 '독심술'이라고 부를 수 있다. 에릭슨은 환자를 주의 깊게 관찰하고 환자의 행동과 반응을 반영해줌으로써 환자에게 마음이 읽히고 있으며 에릭슨은 진실로 그를 안다는 느낌을 전달한다.

이런 유형의 '인지knowing'는 아주 친밀한 관계로 이어진다. 모든 종류의 심리치료에 필수 요소인 '라포르'는 다른 심리치료보다 최면 치료에서 더 빠르게 형성되는 듯하다. (이와 관련하여 안톤 메스머Anton Mesmer* 가 최초로 '라포르'라는 용어를 심리치료에 사용한 점이 흥미롭다.) 대다 수 심리치료자는 '학파'를 막론하고 라포르, 곧 '치료자-환자 관계'가 무엇보다 중요하다는 데 동의할 것이다. 치료 관계가 공고하면 환자 는 이해받고 있으며 안전하다는 느낌을 받을 수 있다. 치료 관계 안 에서 지지받으면서 자신감이 강화되고 위험을 감수할 준비가 된 상 태로 내면세계와 바깥세상을 향해 과감하게 발을 내디딜 수 있다.

여기서 말하는 '인지' 유형은 정신분석 치료자가 환자에 '관해' 알

---

* 독일의 의학자.《동물자기론》(1755)을 발표하면서 최면술을 실시했다. 최면술을 뜻하는 'mesmerism'은 메스머의 이름에서 유래했다.

아가는 일반적인 방식과는 사뭇 다르다. 사실 에릭슨은 환자의 배경이나 환자의 증상에 관해 정보를 많이 수집할 필요가 없었다. 에릭슨이 '직관적'으로 인지했으리라고 추측할 수도 있지만, 에릭슨의 직관이 오랫동안 세심하고 집요하게 관찰하는 훈련을 토대로 한다는 사실을 간과해서는 안 된다. 에릭슨은 동작, 호흡, (목에 보이는) 맥박과 같은 단순한 반응뿐만 아니라 환자가 자기 이야기를 들을 때 보이는 반응까지 관찰했다. 예를 들어 환자가 이야기의 어느 한 대목에서 바짝 긴장했다면 그 내용이 환자의 어떤 면을 건드렸다는 신호였다. 그러면 에릭슨은 새로운 이야기를 꺼내거나 같은 이야기를 더 자세히 설명하면서 환자의 반응을 부추길 수 있다. 따라서 이야기는 치료 도구일 뿐 아니라 진단 도구이기도 하다.

이야기는 항상 치료에 사용됐으며, 에릭슨 치료법의 다른 여러 원칙과 반드시 연계해서 적용된다. 에릭슨의 치료 원칙으로는 헤일리와 그 밖의 연구자들이 설명한 증상 처방, 저항 활용, 재구성 같은 것이 있다. 에릭슨은 종종 활동과 시련까지 처방한다. 변화는 친밀하고 믿을 만한 치료자-환자 관계 속에서 활동과 정신내적 변화 사이의 상호작용으로 나타난다.

《최면치료》에서도 밝히듯 에릭슨은 이야기에 암시와 질문, 말장난과 해학을 풍부하게 섞어서 놀람과 충격, 의심과 혼동을 통해 환자의 주의를 끄는 원칙을 적용했다. 이야기마다 구조와 구성이 갖춰져 있고 종종 놀라운 결말로 끝난다. 이야기가 절정으로 치닫다가 안도감이나 성공이 뒤따르는 경우도 많다.

에릭슨이 이야기를 활용할 때는《최면의 실제》에서 소개한 원칙이 나타난다. "어려운 문제를 다룰 때는 문제에서 벗어나 흥미로운 설계를 구상하라. 다음으로, 흥미로운 설계에 집중하면서 그와 관련된 노고를 무시할 수 있다." 먼저, 환자의 반응과 증상에서 흥미로운 설계를 발견한다. 다음으로, 처음에는 환자의 설계와 비슷하고 이어서 더 나은 설계를 제안하는 이야기를 하나 또는 그 이상 선택한다. 아니면 에릭슨이 그의 며느리 '쿠키'에게 말했듯이 "우선 환자의 세계를 모델링modeling*하라. 다음으로 환자의 세계에서 역할 모델이 되어라." 마지막으로 소개하는 '사악한 쾌락' 이야기가 좋은 사례다.

마지막 이야기
사악한 쾌락

어느 30대 여성 환자가 찾아와 이렇게 말했다. "선생님은 저를 만나고 싶지 않으실 거예요." 나는 이렇게 대답했다. "그건 당신 추측이지요. 제 생각을 들어보시겠습니까?"

그녀가 말했다. "음, 저는 선생님에게 관심을 받을 자격이 없어요. 여섯 살 때부터 아버지한테 성추행을 당하기 시작해서 열일곱 살이 될 때까지 아버지의 성적 노리개로 살았어요. 일주일에도 몇 번씩 성추행을 당했어요. 아버지가 그 짓을 할 때마다 저는 공포에 떨었어

---

* 환자의 세계를 형상화해서 구체적으로 그려보는 작업.

요. 무서워서 꼼짝도 못했죠. 제가 더럽고 열등하고 부적절하고 수치스러운 인간 같았어요.

열일곱 살이 되자 아버지에게서 벗어날 만큼 힘이 생긴 것 같았어요. 혼자 힘으로 고등학교를 마쳤고, 그러면 자존감이 생길 줄 알았어요. 그런데 아니더군요. 그다음에는 학사학위를 받으면 자존감이 생길 줄 알았어요. 혼자 힘으로 대학을 다녔어요. 수치심과 열등감에 시달리고 추잡한 느낌에 사로잡혔어요. 지독한 절망감에 빠져들었죠. 석사학위를 따면 자존감이 생기지 않을까 싶었지만 그것도 아니었어요. 대학과 대학원에 다니는 내내 같이 자자고 하는 남자들이 있었어요. 그러니까 저 같은 사람은 자존감을 가질 자격이 없다는 사실이 입증된 거예요. 박사과정에 들어갈까도 생각해봤지만 남자들이 계속 섹스를 하자고 달라붙었어요. 그래서 다 그만두고 평범한 매춘부가 됐어요. 그다지 좋은 선택은 아니었죠. 어떤 남자가 같이 살자고 하더군요. 흠, 여자한테는 음식과 집이 필요하니까 저도 그러자고 했어요.

섹스는 정말 끔찍했어요. 남자의 성기가 너무 단단하고 무서워요. 그냥 겁에 질려서 수동적으로 받아들였어요. 고통스럽고 끔찍한 경험이었죠. 이런 일이 자꾸 반복돼서 선생님을 찾아온 거예요. 전 정말 더러운 여자 같아요. 발기한 성기만 보면 무섭고 무력하고 나약하고 수동적이 돼요. 남자가 그 짓을 끝내면 그저 다행이라는 생각이 들고요.

어쨌든 계속 살아가야 하잖아요. 옷도 사야 하고. 살 집도 있어야 하고요. 사실 저는 다른 걸로는 아무짝에도 쓸모가 없어요."

나는 이렇게 말했다. "슬픈 이야기네요. 정말로 슬픈 건, 당신이 멍청이라는 겁니다! 굵고 발기하고 단단한 성기가 무섭다고 하는데, 거참 어리석어요! 당신은 당신에게 질이 있다는 걸 알고, 나도 그걸 알아요. 여성의 질은 크고 굵고 당당한 페니스를 받아들여서 힘없이 덜렁거리는 물건으로 바꿀 수 있잖습니까.

그리고 당신의 질은 남자의 성기를 힘없이 덜렁거리는 물건으로 쪼그라들게 하면서 사악한 쾌락을 맛볼 수 있어요."

그녀의 얼굴에 나타난 변화는 경이로웠다. 그녀는 이렇게 말했다. "로스앤젤레스로 돌아갈래요. 한 달 뒤에 다시 찾아와도 될까요?" 내가 말했다. "물론입니다." 여자는 한 달 뒤 다시 와서 이렇게 말했다. "선생님 말이 맞았어요! 남자와 잠자리에 들고 그 남자를 무력하게 만드는 데서 사악한 쾌락을 맛보았어요. 별로 오래 걸리지도 않고 즐거웠어요. 다른 남자한테도 해봤어요. 역시 즐거웠어요. 그리고 또 다른 남자. 정말 신났어요! 이제 박사학위를 받고 상담사가 되려고요. 그리고 같이 살고 싶은 남자를 만날 때까지 기다릴 거예요."

나는 그 환자를 멍청이라고 불렀다. '진실로' 환자의 주의를 끈 것이다. 그리고 나는 '사악한 쾌락'이라고 말했다. 환자는 진심으로 남자들에게 화가 나 있었다.

에릭슨이 내게 이 이야기를 들려주었을 때 나는 이렇게 말했다. "선

생님이 단단한 성기를 기술하는 말을 들어보면 그게 무척 매력적으로 느껴집니다. 게다가 강렬한 호기심을 불러일으키고요. 말로 유혹하기 때문이겠죠. 선생님은 말과 상상으로 그 환자에게 삽입한 겁니다."

"사실 저는 다른 걸로는 아무짝에도 쓸모가 없어요"라고 끝나는 첫 번째 대목은 이 환자의 세계를 모델링한 것이다. 외적인 변화를 시도하지만 끝내 자기혐오를 극복하지 못하는 환자(대학을 나오고도 남에게 이용당하는 환자)에게 이 이야기를 들려주고 그 환자도 어떤 공포 자극('단단하고 위협적인 성기'로 표현되는 자극)에 위협을 느낀다면, 이 이야기가 적어도 무의식 차원에서는 이 환자의 세계와 비슷하다고 생각할 수 있다.

두 번째로 '환자의 세계에서 역할 모델이 되는' 단계는 에릭슨이 우선 환자의 주의를 끈 다음에 시작된다. 물론 누가 이 이야기를 전한다면 극적이고 충격적인 도입부부터 벌써 듣는 사람의 주의를 끌었을 것이다. '질'과 '굵고 발기하고 단단한 성기' '멍청이' 같은 말은 당연히 주의를 끌 수 있다.

실제로 역할 모델이 되는 작업은 에릭슨이 암시한 내용뿐 아니라 그가 이 환자의 문제를 다시 진술하고 재구성한 다음 환자가 '살아가기' 위해 시도한 행동을 재구성된 시각으로 바라보는 방식을 제시할 때의 가볍고 유머러스한 태도로도 나타난다. 남자에 대한 공포와 자기혐오라는 환자의 문제는 "당신은 굵고 발기하고 단단한 성기가 무섭다고 하는군요"라고 다시 진술된다. '무섭다'는 표현에는 남자뿐 아니라 삶에 대한 환자의 공포심이 응축되어 있다. 환자는 이런 공포가 '멍청하다'(그리고 환자는 스스로를 멍청하다고 여기는 데 익숙해졌다)는 단호한 말을 듣는다. "굵고 단단한 성기가 당신의 질로 들어갈 수 있다"는 말은 최면 후 암시다. 이 말로 환자는 예전의 위협적인 성기, 그러니까 에릭슨이 거듭 언급하면서 조롱한 '굵고 단단한 성기'를 어머니답고 엉뚱한 관점으로 떠올리게 되었다.

마지막으로 환자를 위해 명쾌하게 재구성해주는 단계는 "그리고 당신의 질은 남자의 성기를 힘없이 덜렁거리는 물건으로 쪼그라들게 하면서 사악한 쾌락을 맛볼 수 있어요"라는 문장으로 표현된다.

독자에게 역할 모델이 되어주기의 마지막 단계는 해결이나 치료인데, 이 사례에서 에릭슨은 환자 스스로 기술하게 만든다. 에릭슨이든 다른 누구든 이 이야기를 들려주면 우리는 이런 종류의 문제도 해결될 수 있다는 희망을 얻는다. 앞서 언급했듯이 '이런 종류의 문제'는 근친상간 문제에만 국한되지 않고 공포증의 공포나 불안을 유발하는 상황이나 자기주장에 관한 문제까지 포괄할 수 있다. 이 이야기에 나오는 은유는 다양한 '못'을 제공해서 자기주장과 분노, 무력감에 관한 문제를 고정시킬 수 있다.

'사악한 쾌락'은 재구성을 통해 수동적인 무력감을 적극적인 지배력으로 변형시킨 좋은 예다. 더불어 재구성을 통해 어떻게 환자를 '한 수' 앞서가는 위치로 끌어올릴 수 있는지 보여준다. 환자는 자신의 두려움과 무력감을 호소했지만, 에릭슨은 환자의 내면에 남자들을 향한 강렬한 분노가 도사리고 있다는 사실을 간파했다. 에릭슨은 이런 분노의 감정과 잠재된 쾌락을 한데 묶어서 암시적으로 '사악한 쾌락'을 제안했다.

이 이야기를 읽고 나면 우리도 내면의 분노를 고백하고 우리 자신을 책임지게 될까? 우리를 압박하는 듯한 힘에 다가가 그 힘을 무력하게 만들 수 있을까?

치료자가 에릭슨의 이야기를 활용해서 환자를 치료하면 실제로 치료자 자신의 관례적인 불안이 경감되는 경험을 하는 듯하다. 덕분에 치료자로서 해야 할 일, 그러니까 환자가 더 마음을 열고 참신한 해결책과 새로운 준거기준을 발견하게끔 돕는 데 집중할 수 있다. 치료자는 다양한 이야기를 확보하기만 해도 지배력과 통제감과 능숙함을 얻을 수 있다. 또한 에릭슨의 이야기를 읽어주거나 들려주면서 치료자 스스로도 최면 상태로 들어가는데, 이것은 에릭슨을 연상시키는 요소 때문이거나 이야기의 고유한 '최면 효과' 때문이다. 최면 상태로 들어가면 단지 습관적인 불안이 줄어들 뿐만 아니라 치료자가 자신의 무의식적인 연상에 더 열리게 된다. 따라서 치료자는 환자가 그 자신의 불안을 떨쳐내고, 내면의 잠재력을 탐색하고, 주어진 상황을 다양한 시각으로 바라보는 방법을 찾도록 도와줄 수 있다.

내가 아는 한 이야기를 선택하는 최선의 방법은 치료자 자신의 자유연상을 통해 선택하는 것이다. 여기서 자유연상이란 인지적인 자유연상뿐만 아니라 몸의 반응과 감정, 지각과 특히 이미지 연상까지 포괄한다. 다음은 내가 환자 두 명에게 에릭슨의 이야기를 들려주면서 치료한 사례다.

늦잠에서 이혼까지 이야기의 자유연상

먼저 서른 살의 하시디즘Hasidism* 유대인은 그의 아내가 내게 의뢰한 환자였다. 그의 아내는 에릭슨 치료법에 관해 읽은 뒤 오랜 세월 제때 일어나지 못하는 남편의 습관을 내가 고쳐줄 수 있으리라고 믿었다. 환자는 예시바** 10학년 때부터 오전 11시나 12시 전에는 일어나본 적이 없는 사람이었다. 그래서 직장을 구하지는 못했지만 가족 사업에는 잘 적응했다. 결혼한 지 1년쯤 됐는데, 그의 아내는 매일 아침 한 시간씩 남편을 깨우느라 화도 나고 생활이 불편하다고 말했다.

첫 번째 회기 동안 환자는 어느 유명한 최면치료자에게 몇 번 최면을 받아봤다고 말했다. 그 치료자는 환자가 최면에 걸린 줄 알고 만족스러워했지만 사실은 최면에 걸리지 않았다고 했다. 나는 환자에게 팔 들기 기법과 시선 고정 기법 같은 표준 최면 유도 절차를 진행했다. 환자는 눈꺼풀이 내려가고 팔이 무거워지는 느낌이 든다고 했다. 그러나 회기가 끝날 때쯤 자기는 최면에 걸리지 않았다면서, 협조하려고 애쓰지 말라고 한 내 경고를 무시하고 그저 나한테 협조한 것뿐이라고 우겼다. 첫 회기를 마친 뒤 환자에게서 전화가 왔다. 그는 나와 함께 최면을 진행한 과정을 아내에게 들려주었더니, 아내가 에릭슨식 치료법으로 인정할 만큼 정말 '비범한' 방식인지 의심했다

---

* 18세기에 폴란드와 우크라이나의 유대교도 사이에 일어난 신비주의적 경향의 신앙 부흥 운동.
** 정통파 유대교 계열의 학교.

고 말했다.

두 번째 회기를 시작하면서 나는 환자에게 이렇게 말했다. "그전에 다른 치료자나 내가 당신에게 최면을 걸었다고 해도 당신이 스스로 만족할 만큼 최면에 걸리지 않는다는 것은 벌써 밝혀졌군요. 그러니 더 이상 최면에 걸릴 수 있다고 당신을 설득하는 데 시간을 허비하지 맙시다."

그러자 환자는 아내와 함께 읽은 사례 하나를 들려주었다. 에릭슨이 야뇨증이 있는 부부를 매일 밤 침대에서 무릎을 꿇고 앉아 소변을 보게 해서 치료한 사례였다. 부부는 소변을 본 다음 젖은 침대에서 자야 했다. 내 환자는 이런 게 바로 '에릭슨식' 치료라고 주장했다.

나는 무의식의 가치를 두서없이 장황하게 논하기 시작했는데, 그러는 사이 환자가 눈에 띄게 편안한 표정으로 눈을 감고 최면에 빠져드는 것처럼 보였다. 나는 그에게 최면 상태로 깊이 들어가라고 요구하지 않았다. 그저 계속 말하면서 야뇨증 이야기를 연상시키고, 에릭슨이 다른 이야기의 마지막에 했던 말을 다시 꺼냈다. "오래 사는 가장 확실한 방법을 아십니까? 매일 아침에 깨어나는 겁니다! 그리고 매일 아침 확실히 깨어나려면 자기 전에 물을 많이 마시도록 하세요. 그러면 어쩔 수 없이 일어나야 합니다. 소변을 보러 화장실에 가야 하니까요."

나는 환자에게 이 이야기를 하면서, 밤마다 잠자리에 들기 한 시간 전에 물을 1리터 이상 마시고 2주 동안 매일 밤 30분 앞당겨 잠자리에 들라는 암시를 주었다. 지금까지 그는 새벽 3시쯤 잠들고 오전

11시쯤에 일어났다. 나는 환자에게 새벽 2시, 1시 반, 1시, 그리고 그의 아내가 잠드는 밤 12시에 잠자리에 들라고 암시를 주었다. 그리고 깨어 있는 채로는 침대에 눕지 말라고 말했다. 침대는 수면이나 성생활과 연결되어야 한다. 잠이 오지 않으면 반드시 침대에서 일어나 거실로 나가서 책을 읽거나 텔레비전을 봐야 한다. 다음으로 환자는 잠자리에 들기 전 1리터 이상씩 물을 마셔야 했다. 나는 그에게 이런 식으로 하면 아침 6시에서 8시쯤 방광이 가득 차기 때문에 어쩔 수 없이 침대에서 일어나 소변을 보러 가야 한다고 말했다.

소변을 보면 바로 샤워하고, 이왕이면 마지막에 찬물로 마무리해야 했다. 그런 다음 옷을 챙겨 입고, 아침을 먹고, 다시 침대에 들어가지 말고 바로 일터로 나가야 했다.

환자는 아침 샤워를 좋아하지 않으며, 샤워는 주로 밤에 한다고 반박했다. 나는 꼭 아침에 샤워를 해야 하며, 적어도 아침에 일어나는 문제를 해결할 때까지는 반드시 아침 샤워를 지켜야 한다고 거듭 강조했다. 환자는 그렇게 하겠다면서 2, 3주에 한 번 내게 전화해서 진척 상황을 보고하기로 약속했다. 2주 뒤, 환자가 이제는 아무 문제 없이 잠들고 일어난다고 전화로 알려왔다.

이튿날, 세련되고 지적인 여자 환자가 찾아왔다. 고통스러운 방광염 치료 문제와 수면장애로 도와달라고 찾아온 환자였다. 나는 회기를 시작할 때 일부러 환자의 방광 문제를 생각하지 않았다. 환자가 그 전 주에 법정에 출두해 이혼소송을 마무리한 것으로 알았는데, 진료실로 들어서는 환자는 비교적 차분하고 기분이 좋아 보였다. 나는 환자가 에릭슨 치료법에 관심이 있는 것을 알고 하시디즘 유대인 환자를 만난 이야기를 했다.

나는 환자에게 내가 그 유대인에게 잠자리에 들기 전 물을 마시라고 조언한 이야기를 들려주고, 에릭슨이 그 이야기를 들려줄 때 마지막에 한 논평을 덧붙였다. "누구나 태어난 순간부터 죽어갑니다. 어떤 사람은 남보다 더 빨리 죽어갑니다. 우리가 할 수 있는 일이라고는 삶을 즐기는 것밖에 없어요."

환자가 펑펑 울기 시작했다. 나는 그녀에게 왜 우는지 말하고 싶으냐고 물었다. (환자의 비뇨기 질환과 내가 들려준 소변 이야기가 연결돼서 우는 건지 궁금했다.) 환자는 죽음이라는 말을 듣자 갑자기 인생이 끝나버린 느낌이 들었다고 했다. 한동안 다 끝났다는 확신이 들었다고 했다. 환자는 일에서도 성공하고 두 자녀도 잘 키웠지만, 더는 살아갈 이유가 없다는 느낌에 사로잡혀 지냈다.

환자는 이런 느낌이 드는 이유를 열한 살 때 부모가 별거했지만 이혼은 하지 않은 탓이라고 생각했다. 어머니는 딸에게 아버지와 연락하지 말라고 했다. 아버지와 연락하면 어머니를 배신하는 것 같았다. 그래서 환자는 아버지와의 관계를 부정당한 느낌을 받았다. 만약 부모가 이혼했다면 아버지를 마음대로 만났을 거라고 했다. 아버지는 방문권을 얻었을 테고, 부녀관계는 꾸준히 이어졌을 것이다. 그래서 환자는 자신의 이혼을 두 자녀에게 자유를 주는 것과 연관시켰다. 동시에 이제 이혼을 마무리했으니 자기 삶은 끝났다고 생각한 것이다.

여기서 나는 다른 이야기 하나를 떠올리고 환자에게 들려주었다. 에릭슨을 처음 찾아간 뒤 나는 꿈을 하나 꾸었다. 꿈속에서 "너는 절대로 아무것도 마무리 짓지 못해"라는 글귀가 보였다. 그리고 7년 뒤 피닉스에서 에릭슨의 테이프를 듣던 중 이런 통찰을 얻었다. "무엇이든 꼭 마무리 지어야 하는 법이 어디 있나? 살아 있는 한 사실상 아무것도 완결되지 않아."

나는 환자에게 내 경험을 들려주면서, 아마도 그녀는 그녀의 삶을 부모의 삶의 연장선으로 생각하고 자녀들의 삶도 그녀의 삶의 연장선으로 여기는 것 같다고 말했다. 그리고 이런 과정은 인간이 지구상에 살아가는 한 계속 이어질 거라고 말했다. 그녀는 이 말에서 위안을 얻었다.

내가 이렇게 두 환자의 치료 회기를 다소 길게 소개한 이유는, 내가 이야기를 선택하는 방식이 미리 염두에 둔 생각으로 결정되는 것이 아니라 주로 자유연상에 따라 결정되고, 자유연상은 30년 이상의 임상 경험으로 단련된 내 삶의 경험에서 영향을 받는다는 점을 보여주기 위해서다. 더불어, 이야기를 선택하는 과정이 좋은 치료 관계의 맥락에서 일어난다는 점도 중요하다.

환자들은 그들에게 적용되는 요소를 선택했다. 내가 그들이 선택하리라 예상한 요소와 꼭 맞아떨어지는 것은 아니지만, 그래도 환자들은 도움을 받았다.

이런 이야기를 치료에 활용할 때는 일반적으로 상상력을 활용할 때처럼 상상의 경험이 실생활의 경험을 대체할 수도 있다는 위험이 따른다. 삶의 요구를 이미 다 충족시켰다고 생각하면 아침에 침대에서 일어날 이유가 없어진다. 물론 에릭슨처럼 행동주의 철학을 옹호하는 치료자라면 '무위無爲'의 존재 유형을 권하지 않을 것이다. 그리고 에릭슨의 이야기를 귀담아듣는 사람이라면 삶에서 물러나지는 않을 것이다.

때때로 내 환자들은 진료실에서 흥미진진한 시간을 보내면서 환상을 품거나 갈등이 해결되는 것으로 상상한 뒤에도 현실에서는 계속 이어지지 않는다는 사실을 알 것이다. 그들은 "제게 아무런 변화가 일어나지 않았어요. 진료실 밖에서는 행동이 전혀 바뀌지 않았어요"라고 불평한다. 이런 환자라면 내가 에릭슨의 이야기를 들려줄 때 묵묵히 앉아서 듣는 방법이 최선일 수도 있다. 예컨대 내가 아동기 발달에 관한 길고 지루한 이야기를 들려줄 수도 있다. 그러면 환자는 회기가 끝날 즈음 이번에는 지난 회기만큼 '좋지' 않았다면서 치료에 좀 더 적극적으로 임하고 싶다고 말할 것이다. 또 어쩌면 따분했다고 말할 수도 있다. 나는 우리의 작업이 무의식 차원에서 진행되기 때문에 환자가 의식적으로 무엇을 하는지는 중요하지 않다고 일깨워줄 것이다. 나중에 환자가 그의 삶에서 중요한 변화가 일어났다고 보고할 수도 있다. 예를 들면 사람들과의 관계에서 자기주장을 좀 더 펼치게 됐다든가, 새로운 인간관계를 맺었다든가, 직장을 옮겼다고 말할 수 있다. 말하자면 환자의 활동은 진료실 밖에서 일어난다. 회기 중에는 내가 활동을 책임진다.

물론 어떤 환자는 치료자가 아닌 다른 누군가가 지어낸 이야기를 듣고 싶어 하지 않을 수도 있다. 좀 더 자기에게 알맞은 접근법을 원할 수 있다. 에릭슨이 은유를 활용하는 데서 영감을 받아 저술한 데이비드 고든David Gordon의 《치료적 은유Therapeutic Metaphors》 같은 책은 에릭슨의 전반적인 치료법을 활용해서 자기만의 은유를 만들고 싶은 사람에게 유용하다.

에릭슨의 이야기 한두 편을 읽어주거나 들려주는 것만으로는 변형이 일어나지 않는다. 수용자와 전달자(치료자) 모두 수용적인 상태일 때 변형이 일어날 가능성이 높다. 앞서 언급했듯이 이렇게 수용적인 상태는 일반적인 최면 유도 기법으로 가장 쉽고 빠르게 도달할 수 있다. 가장 좋은 치료 관계는 흔히 말하는 '긍정적 전이'*라기보다는 치료자와 환자 사이에 '라포르'가 형성된 상태다. 라포르가 형성된 뒤에야 환자와 치료자의 무의식이 서로에게 가장 온전히 반응한다. 이른바 깨어 있는 상태에서는 '진부'하거나 '고리타분'하거나 '재미는 있어도 깨달음을 주지는 않는' 이야기로 들려서 거부감을 일으킬 수 있다. 그러나 최면 상태에서는 치료자가 하는 모든 말에서 의미가 부각되기 때문에 이야기 전체나 이야기에 나오는 한 단어가 선禪에서 말하는 작은 깨달음(悟)을 촉발하기도 한다.

---

* positive transference, 환자가 치료자에게 사랑과 호감 등의 긍정적인 감정을 느끼는 상태.

Bandler, Richard, and Grinder, John. *Patterns of the Hypnotic Techniques of Milton H. Erickson, M.D.* Vol. i. Cupertino, Calif.: Meta Publications, 1975.

Bateson, Gregory, and Mead, Margaret. "For God's Sake, Margaret." *Coevolution Quarterly* 10 (1976): 32.

Blake, William, *Complete Writings.* Edited by Geoffrey Keynes. London: Oxford University Press, 1957.

Bronowski, Jacob. *The Origins of Knowledge and Imagination.* New Haven: Yale University Press, 1978.

Daitzman, Reid J. *Mental Jogging.* New York: Marek, 1980.

DeRopp, Robert S. *The Master Came: Pathways to Higher Consciousness beyond the Drug Experience.* New York: Dell, 1968.

Erickson, Milton H., and Cooper, Linn. *Time Distortion in Hypnosis: An Experimental and Clinical Investigation,* 2d ed. Baltimore: Williams and Wilkins, 1959.

Erickson, Milton H. "The Identification of a Secure Reality." *Family Process* 1 (1962): 294-303.

Erickson, Milton H., Rossi, Ernest L., and Rossi, Shiela. *Hypnotic Realities. The Induction of Clinical Hypnosis and Forms of Indirect Suggestion.* New York: Irvington, 1976.

Erickson, Milton H,, and Rossi, Ernest L. *Hypnotherapy: An Exploratory Casebook.* New York: Irvington, 1979.

Frankl, Viktor E. From *Death-Camp to Existentialism: A Psychiatrist's Path to a New Therapy,* trans. I. Lasch. Boston: Beacon Press, 1959.

Gordon, David. *Therapeutic Metaphors.* Cupertino, Calif.: Meta Publications, 1978.

Grinder, John, Delozier, Judith, and Bandler, Richard. *Patterns of the Hypnotic Techniques of Milton H. Erickson, M.D.* Vol. 2. Cupertino, Calif.: Meta Publications, 1977.

Haley, Jay, ed. *Advanced Techniques of Hypnosis and Therapy: Selected Papers of Milton Erickson, M.D.* New York: Grune and Stratton, 1967.

Haley, Jay. *Uncommon Therapy: The Psychiatric Techniques of Milton H. Erickson, M.D.* New York: Norton, 1973.

Lindner, Robert. *Tiie Fifty-Minute Hour: A Collection of True Psychoanalytic Tales.* New York: Rinehart, 1955.

Mead, Margaret. "The Originality of Milton Erickson." *American Journal of Clinical Hypnosis* 20 (1977): 4-5.

Newell, Peter, *Topsys & Turvys.* New York: Dover, 1964.

Pearson, Robert E. "Communication and Motivation." *American Journal of Hypnosis* 9 (July 1966): 2off.

Rabkin, Richard. *Strategic Psychotherapy: Brief and Symptomatic Treatment,* New York: Basic Books, 1977.

Rajneesh, Bhagwan Shree. *The Book of the Secrets* 2, New York: Harper Colophon Books, 1979.

Rosen, Sidney, "The Philosophy and Values of Milton H. Erickson," in Zeig, Jeffrey, ed., *Proceedings of the International Congress on Ericksonian Hypnosis and Psychotherapy.* New York: Brunner/Mazel, in press.

Rubin, Theodore. *Compassion and Self-Hate: An Alternative to Despair.* New York: McKay, 1975.

Schiff, Jacqui Lee. *Transactional Analysis Treatment of Psychosis. Cathexis Reader.* New York: Harper & Row, 1975.

Spiegel, Herbert, and Spiegel, David. *Trance and Treatment.* New York: Basic Books, 1978.

Watzlawick, Paul, Weakland, John, and Fisch, Richard. *Change: Principles of Problem Formation and Problem Resolution.* New York: Norton, 1974.

Watzlawick, Paul. *The Language of Change: Elements of Therapeutic Communication.* New York: Basic Books, 1978. p. 11.

Wcnkart, Antonia. "Self Acceptance." *American Journal of Psychoanalysis* 15 (1955): 135-143.

Zcig, Jeffrey. *A Teaching Seminar with Milton H. Erickson, M.D.* New York: Brunner/Mazel, 1980.

MY VOICE WILL GO WITH YOU

옮긴이 문희경

서강대학교 사학과를 졸업하고, 가톨릭대학교 대학원에서 심리학을 전공했다. 전문
번역가로 활동하고 있으며 옮긴 책으로는《알고 있다는 착각》《프로이트의 숨겨진
환자들》《인생의 발견》《이야기의 탄생》《심리치료실에서 만난 사랑의 환자들》《타
인의 영향력》《우리는 왜 빠져드는가》《유혹하는 심리학》등이 있다.

밀턴 에릭슨의 심리치유 수업

초판   1쇄 발행 2015년 9월 25일
개정판 1쇄 발행 2022년 11월 7일
개정판 2쇄 발행 2024년 3월 15일

지은이 밀턴 H. 에릭슨
엮은이 시드니 로젠
옮긴이 문희경
발행인 김형보
편집 최윤경, 강태영, 임재희, 홍민기, 박찬재, 강민영
마케팅 이연실, 이다영, 송신아 **디자인** 송은비 **경영지원** 최윤영

발행처 어크로스출판그룹(주)
출판신고 2018년 12월 20일 제 2018-000339호
주소 서울시 마포구 양화로10길 50 마이빌딩 3층
전화 070-5080-4037(편집) 070-8724-5877(영업) **팩스** 02-6085-7676
이메일 across@acrossbook.com **홈페이지** www.acrossbook.com

한국어판 출판권 ⓒ 어크로스출판그룹(주) 2015

ISBN 979-11-6774-076-2 03180

만든 사람들
표지디자인 송은비 **조판** 박은진